20 世纪中国图书馆学文库·58

图书分类学

周继良 主编

周绍萍 俞君正 张燕飞 编著

國家圖書館出版社

本书据武汉大学出版社 1989 年 5 月第 1 版排印

前　言

　　图书分类学是图书馆学专业基础课之一，主要内容包括图书分类的基本原理、图书分类法、同类书排列法和图书分类标引工作与方法等问题。这是长期以来教学的基本内容，通常称为图书分类。这里把它作为一门科学，称为图书分类学，目的是要对有关的内容、问题进行系统归纳、总结提高，找出规律性，以便不断地丰富和完善这门科学。这是一个总的目标和要求。

　　本书是对 1980 年和 1984 年两次编写的《图书分类学》教材的修订。这次修订是在国家教委将《图书分类学》教材列入高等学校文科教材选编计划（1985 年—1990 年）之后进行的。结合武汉大学图书馆学专业的课程设置，由于有"情报检索语言"和"图书馆文献编目"两门课程，"图书分类学"课程中就不用专门章节讲述关于主题法和分类目录的内容。

　　这次修订，突出了部分章节，有的充实了内容，有的近似重新编写。各章节分别由以下教师编写：绪论、第二、三、五、六、八章由张燕飞编写；第一、四章由俞君立编写；第七、十三章由周继良编写；第九、十、十一、十二章由周绍萍编写。各章节间的内容协调，由周继良主持讨论取得一致。限于水平，一定还有不少缺点甚至错误，敬请读者批评指正。

　　1987 年 3 月底，国家教委委托武汉大学召开了《图书分类学》教材讨论会，参加会议的专家教授有：北京大学李严、中国科学院白国应、西北农业大学范世伟、东北电力学院黄万新、安徽大学邓以宁、中山大学骆伟、北京师范大学赵燕群、武汉大学张琪玉、孙冰炎,以及武汉大学出版社肖作铭和责任编辑严红等。与会者对本教材提出了一些具体的修订意见。对此,我们表示衷心感谢。

在编写过程中,引用、参考了一些学者的论著和文章,特别是白国应编著《图书分类学》、北京大学图书馆学系"图书分类"编写组编著《图书分类》、张琪玉编著《情报检索语言》以及其他有关同志的具体意见,在此,谨向这些同志表示感谢。

编者

1988 年 6 月

目　　次

绪　　论

　　图书分类学是一门古老而又年轻的学科。说它古老，是因为关于图书分类的研究和应用有着悠久的历史。据我国有关史料记载：分类作为认识事物、区分事物的一种方法运用于图书资料的管理和利用，距今已有两千多年的历史。两千多年来，历代许多著名学者，或在收集整理典籍，或在编制书目时，几乎都要从分类的角度来辨章学术源流。说它年轻，是因为，前人没有从理论上、方法论上去概括和总结图书分类的基本经验和规则，只是一些从事图书分类实际工作的人，根据需要编制一些图书分类法，并就使用图书分类法写出一些说明。直到 19 世纪末，图书分类学还是处于经验知识阶段，因而，一直被人认为是一种"方法"，一种"技术"，而不是理论知识。

　　本世纪以来，科学技术的发展，图书资料的大量积累，以及人们管理图书资料的方式和利用图书资料要求的变化，都猛烈地冲击着传统偏见。国内外的图书分类学者，在寻求揭示、系统组织和检索利用图书资料规律的过程中，对于图书分类学的一系列根本问题都进行了重新研究，形成了一套完整的学科体系，并以其特定的研究对象和丰富的研究内容使之作为一门独立的学科而自立于学科之林。

一、图书分类学的研究对象

什么是图书分类学？它的研究对象是什么？这是近年来国内图书情报界的分类学者所关注的问题。

在我国，由于将图书分类学作为一门独立学科的研究起步较晚，要想完整地给图书分类学下一条简单的定义，精确地说明图书分类学的研究对象，确实存在一定的困难。但是，探讨什么是图书分类学及其研究对象是有意义的，它对于完善这门学科，全面地、深入地认识图书分类学的性质、地位和作用是不无裨益的。

目前，我国图书情报界的分类学者对于图书分类学的基本含义及其研究对象的认识，存在着各种不同的看法。归纳起来，其主要见解有以下几种：

1. 文献说　持这种观点的论者认为，图书分类学是研究图书文献分类原理、规律和科学方法的科学。图书文献除了包括文字、图形和符号记录知识的载体外，还应包括声频、视频等手段记录的载体。因而，对于图书文献的分类就构成了图书分类学的研究对象。

2. 图书目录说　持这种观点的论者认为，图书分类学的研究对象首先是图书的分类，其次是图书目录的分类，两者不可偏废。因而可称之为书目分类学。

3. 馆藏文献说　持这种观点的论者认为，图书分类学是研究图书馆藏书分类理论与实践的科学。其研究对象可从广义和狭义两个方面理解。如果是广义的图书分类学，它的研究对象应该是一切知识的载体的分类问题。这种理解与文献说的观点基本相似。如果是狭义的图书分类学，它的研究对象则是图书馆收藏的图书文献的分类问题，并且进一步认为，由于图书分类学是图书馆学的一个分支，其研究对象似应以狭义的理解为宜。

4. 图书分类表说　这些论者认为，图书分类表是图书分类学研究的主要矛盾所在,它具有图书分类学的本质属性,决定着图书分类学这门学科的建立和发展。因此,图书分类学的研究对象应是图书分类表。

从上述各种观点来看,反映了一个问题,即人们对于图书分类学研究对象的认识还不够一致。

我们认为,考察图书分类学的研究对象,应当从这门学科的特殊矛盾入手。"如果不研究矛盾的特殊性,就无从确定一事物不同于他事物的特殊的本质,就无从发现事物运动发展的特殊的原因,或特殊的根据,也就无从辨别事物,无从区分科学研究的领域。"(《毛泽东著作选读》上册,人民出版社1986年版,第148页)

我们知道,图书分类属于一种社会现象,是人们的一种特殊实践活动。它是依据一定的分类系统,根据图书资料所反映的学科知识内容及其它特征,分门别类地、系统地揭示和组织图书资料的一种方法,其主要目的是为了满足人们按学科知识系统检索图书资料的要求。人们为了认识客观世界,并能动地改造客观世界,需要有一定的学科知识。知识的获得可以采取多种途径,其中一条重要途径就是通过图书资料,传递知识情报。在图书情报部门,要把所收集的大量图书资料提供给读者,就需要进行整理,使之系统化。图书分类就是图书情报部门从图书资料的学科知识内容方面揭示并系统组织图书资料的一种方法。它通过多层次的划分方法(即由最高的类依次分为较低的类、更低的类等)达到两个目的:其一,使分类系统作为反映学科知识系谱的总结系统;其二,分类系统作为知识信息的存取系统。依据学科知识分类的基本原理,结合图书资料的具体特征等,建立一定的分类体系,主要是为了使图书情报部门将大量的图书资料按其学科系统揭示出来,组织起来,从而方便读者按学科(或专业)系统检索利用图书资料。

一般说来,分类检索系统要求相对稳定,能适应较长时期的使用,但是随着科学技术的发展,图书资料数量的增加和内容的变

3

化,读者的检索需求的改变等,必定会与检索系统产生矛盾。这种矛盾也给揭示并系统组织图书资料造成一定的困难,其矛盾的焦点又集中地反映在复杂的图书资料内容的揭示、系统组织与人们检索利用的关系上。

如何将图书情报部门所收藏的大量图书资料分门别类地揭示出来,组织起来,并及时地提供给读者,这是图书分类学研究的核心问题。尤其是在图书资料内容日益复杂的情况下,一本图书资料所包含的内容往往不是一个简单的标题所指,常涉及多个方面,因而读者会从不同角度查找它。正因为如此,现代图书分类已不限于揭示学科知识载体的重点属性,而需要揭示图书资料所载的知识单元。当然,揭示图书资料的内容也可采用其它(如主题法)的方法,但是图书分类学是从学科知识系统方面探讨图书资料的揭示、系统组织与检索利用问题的。从这个意义上来说,图书分类学是研究图书资料所载知识单元的揭示、系统组织与检索利用之间规律的一门学科。这一规律总是伴随科学的发展,图书资料的增长和人们需求、利用的变换而不断改变其方式。研究图书分类学,就要考察图书分类与科学发展的关系,解决从学科知识系统方面揭示、系统组织与检索利用图书资料之间的特殊矛盾,探索它的一般发展规律。

以上是我们目前对图书分类学的含义和研究对象的基本认识,并据此来探讨图书分类学的研究内容。

二、图书分类学的研究内容

图书分类学是在长期的图书分类工作实践的基础上产生和发展起来的一门科学。它的历史悠久,研究内容十分丰富。概括起来有如下几个方面:

1. 关于图书分类学基本理论的研究 图书分类学的基本理论是指系统化了的理性认识,是图书分类学领域的基本概念、原理等

4

的体系。它是在长期的图书分类工作实践中形成的,并随着图书分类工作实践的深入而不断深化。具体包括:①图书分类学的有关概念、术语及规范化的研究;②图书分类工作的地位和作用的研究;③图书分类与科学分类异同的探讨;④图书分类学研究对象、研究范围的论述;⑤图书分类学的学科性质及其任务的研究;⑥图书分类学与相关学科关系的揭示;⑦图书分类学的研究方法等。

2. 关于图书分类法的研究　图书分类法是一种重要的情报检索语言,是揭示、组织图书资料的一种工具。属于这方面的内容有:①各类型图书分类法的构成原理;②图书分类法体系结构的分析;③图书分类法标记符号的种类及编号方法;④图书分类法中的复分、组配和使用复分表的方法;⑤图书分类法索引的编制与使用;⑥图书分类法的产生及发展趋势;⑦图书分类法的管理与修订等。

3. 关于图书分类工作的研究　图书分类工作在图书情报部门中是一项特别重要的,对图书资料起组织作用的基础工作。它主要探讨图书分类工作的组织与管理以及图书分类工作的方法论。其内容包括:①图书分类法的选择与调整;②图书分类工作程序的制定;③图书分类工作的质量管理;④认识图书分类法的基本方法;⑤了解图书资料内容的途径与方法;⑥图书资料分类标引工作的方式与一般方法等。

4. 关于图书资料分类标引方法的研究　这是比较具体的工作,它要求在掌握辨类、归类的基本规律的基础上,结合图书情报部门的实际及读者的检索要求,研究各种主题、各种类型和各学科门类图书资料的归类原则与方法。它包括:①单主题、多主题图书资料的分类标引方法;②各类型图书资料的分类标引方法;③各学科门类图书资料的分类标引方法。

5. 关于分类排架和分类目录组织的研究　图书分类的作用体现在图书情报部门主要是方便管理和利用。组织分类排架,编制分类目录,尤其是编制分类目录,国内几乎所有的图书情报部门都要做这项工作。因为依据一定的分类体系揭示图书资料的目的,就在于按照学科知识系统建立一套高质量的检索工具,以利于读者按类求书。因而关于分类排架和分类目录组织的研究也是图书分类学研究的重要课题之一。属于这方面的内容有:①同类书排列的意义与作用;②同类书排列的主要方法;③不同分类目录的组织方法等问题。

总之,图书分类学的实践性很强,研究内容也很丰富。虽然我们列举了上述基本内容,但还不全面。在我国,图书分类学仍属于草创时期,有许多认识亟待统一,有许多问题需要努力探索和研究。

三、图书分类学的性质和任务

1. 图书分类学的性质　研究学科的属性是科学分类的一个重要课题,而每一门学科的性质则是由其自身的研究对象决定的。目前由于我国图书情报界对于图书分类学研究对象的认识存在分歧,因而导致对这门学科性质的看法也不完全相同。

一种观点认为,图书分类学是一门综合性科学。其理由是,由于图书馆藏书广泛,内容复杂多样,而且综合,对图书馆藏书的分类要以科学分类为基础,并且要运用哲学、社会科学、自然科学等方面的知识,因而它属于综合性科学。

另一种观点认为,图书分类学应是一门技术科学。其理由概括起来有三点:第一,图书分类从一开始就是一种技术方法的运用,它在很大程度上是纯客观性的;第二,图书分类理论著作的产生,是由于图书分类法编制技术发展所致;第三,图书分类的标准化和统一化问题的提出,也可以作为图书分类学是一门技术科学的佐证,因为,标准是一种制订和应用某种技术的规定或规范过程。

我们认为,考察图书分类学的学科性质,应从这门学科的研究对象入手。如前所述,图书分类学是图书分类工作实践的概括和总结,它所研究的是图书资料的揭示、系统组织与读者检索利用之间的规律,它要解决的是复杂的图书资料内容与人们特定需求之间的矛盾。图书分类学发展的基本规律,图书分类学领域的特殊矛盾等,都属于社会现象。从客观上分析,图书分类工作是人们的一种社会实践活动,而人则是这个活动的主体。人们在从事图书分类工作时,总是要受时间、地点、社会条件等因素制约。在不同的历史时期、不同的地区和不同的社会条件(如社会政治、文化、经济等状况)下,图书分类工作的内容和性质是有区别的。主要表现在用什么样的思想观点揭示图书和组织图书、为谁利用、如何利用、达到什么目的等问题上。因而,在概括和总结图书分类工作的客观规律,解释它的现象和揭示它的基本矛盾时,必然会受到一定的世界观、方法论以及社会历史条件的制约。

图书分类学作为一门独立的学科,在整个学科体系中应占有其所属的位置。从图书分类学的产生和发展的进程来看,它与周围各门学科是相互联系、相互渗透的。尤其是在当代科学技术高度分化、高度综合的情况下,更是如此。解决图书分类学领域的特殊矛盾,可以运用有关学科的方法;丰富和发展图书分类学的内容,需要吸收有关学科的研究成果,包括引进先进的技术方法;图书分类工作的进行,明显的需要有各门学科的知识。但是,这些都是属于借鉴和利用的问题,不是图书分类学的研究对象,并不能改变其学科的属性。它并不是综合研究多学科的理论与方法的问题,也不具备技术科学着重研究技术及其应用问题的基本特点。因此,从学科研究对象来说,不宜把图书分类学归属为一门综合性科学或技术科学。如果从学科之间的关系来说,把图书分类学称为一门综合性科学,以表明与有关学科的关系,这是许多学科所共有的现象,不足以揭示一门学科的独特性质,不利于首先把握它,再去发展它。现阶段的图书分类学正是如此。

综上所述,我们认为图书分类学属于社会科学的范畴,更确切一点说,它属于一门应用文科。如此认定图书分类学的学科性质,才有利于分析、归纳图书分类工作实际中的诸现象和问题,探索其中的规律性,从而把握和发展图书分类学。

2. **图书分类学的任务**　根据国内外图书分类学的发展状况,结合我国的具体情况,目前我国图书分类学的研究任务是:

①坚持以马克思列宁主义、毛泽东思想为指导,深入开展图书分类学基本理论的研究。图书分类学的基本理论是很丰富的。但是,由于传统的偏见,我国以前对图书分类学基本理论深入研究不够,因此,有些认识还很不一致,同国外某些国家相比,我国的理论研究还很薄弱。我们应该继承我国古代图书分类学研究的优秀遗产,吸收国外的研究成果,抓住重点,统一认识,建立和完善具有我国特色的图书分类学理论体系。

②认真总结建国以来我国开展图书分类学研究的基本经验,探索图书分类学研究的新方法,不断开拓图书分类学研究的新领域。

③适应新技术革命的需要,广泛开展现代技术在图书分类学领域应用的研究,把研究的重点放在提高图书资料检索效率上,充分发挥图书资料在四化建设中的作用。

在相当长一段时期内,我们的总目标是,以辩证唯物主义和历史唯物主义为指导,努力探索图书分类学发展的基本规律,建立一套完整的、具有中国特色的图书分类学新体系。

四、图书分类学与相关学科的关系

图书分类学产生于图书分类工作,它具有广泛的实践基础。在其形成和发展过程中,图书分类学与其他学科相互渗透交叉,产生了一定的联系。正确地区分图书分类学与相关学科的关系,对

8

于发展和完善图书分类学是有重要意义的。

1. **图书分类学与目录学**　我国是最早把分类思想应用到图书资料编排上的国家。公元前1世纪,在我国历史上完成的第一部综合性的图书分类目录——《七略》,就是利用分类的方法揭示和组织图书资料的。它的产生标志着我国古典目录学的诞生。从此以后,历代目录学家都极为重视研究图书分类,提出了各种不同的分类主张,图书分类学也逐渐形成为一种专门的学问。这种研究结果,又推动了目录学的发展。南宋著名的史学家、目录学家郑樵在辨章学术时,不仅在实践中应用了图书分类的方法,而且还从理论上概括和总结了图书分类的意义与作用,提出了"欲明书者,在于明类例","类例既分,学术自明"的学说,他把分类、图书编排和研究学术三者有机地联系在一起,论证了图书分类学和目录学的关系。以后,随着目录学研究的发展,目录学著作的不断发表,图书分类学的研究也不断深入。直至现在,在目录学研究书目编排法中,分类编排法仍然占据很重要的地位。这就说明,图书分类学与目录学是相辅相成,共同发展的。研究图书分类学,则目录学必然成为一门不可缺少的相关学科。

2. **图书分类学与情报学**　情报学是20世纪50年代诞生的一门新兴科学。开展情报工作,需要将大量的情报源加以整理,使之系统化,以满足情报用户的各种需求。这就是说,情报的组织与传递离不开情报检索语言。分类法是一种重要的情报检索语言,是图书分类学研究的重要内容之一。情报学研究的深入发展,情报收集整理和传递工作方式的变革,不仅可以深化情报学的某些理论,而且也能丰富图书分类学的研究内容。随着图书分类学研究的发展,分类检索语言的不断改造与创新,一定会促进情报交流工作的开展,提高情报的利用率。这就使图书分类学和情报学相互促进地向前发展。

3. **图书分类学与情报检索语言**　图书分类学与情报检索语言

属于交叉关系。有人认为,图书分类学是情报检索语言的基础,这种看法有一定的道理。图书分类学主要是从纵的方面研究分类检索语言的原理、体系结构以及分类标引方法等问题的;而情报检索语言则是从横向方面研究各类型情报检索语言的原理、编制方法、使用法、功能等在方法上互相吸取的情况。任何一种情报检索语言,不论是分类检索语言,还是主题检索语言,都是建立在概念逻辑和知识分类的基础上的。图书分类学所研究的分类检索语言和情报检索语言所研究的各类型情报检索语言有着共同的理论基础,尤其是当代,在各类型情报检索语言相互渗透、相互补充的情况下更是如此。

要研究各类型情报检索语言的优异性能,提高情报检索语言的检索效率,必须首先研究分类检索语言;而广泛、深入地开展对分类检索语言的功能、特征、分类标引方法的研究,不仅可以丰富图书分类学的研究内容,而且还能促进情报检索语言的发展。现在国内外所展开的分类—主题一体化的讨论便是佐证。因此,我们认为,图书分类学和情报检索语言之间的关系是交叉关系。

4. 图书分类学与术语学 术语学是随着近代科学技术的飞速发展,以及国际标准化活动的开展而形成的一门边缘性学科。它是研究术语概念,术语创造、发展,以至统一的科学。它与图书分类学的关系属于应用与被应用的关系。术语学中所研究的概念及其术语的标准化,既是图书分类学研究的重要内容,同时也是研究分类检索语言编制的重要依据。我们知道,情报检索语言存在的价值就在于使标引者的语言与检索者的语言一致。苏联著名情报学家切尔内(А. И. Черный)曾强调,情报检索语言的词和短语只能是单义的,不允许有多种解释。因此,借鉴术语学的研究成果,尤其是关于概念和术语标准化的研究,对于编制图书分类法有着重要意义。它既能提高图书分类法的质量,又能扩大分类法的兼容性。这些都有助于丰富图书分类学的研究内容,促进图书分类学的发展。

5.图书分类学与符号学　符号,一般是指字母、电码、语言、数学符号、化学符号、交通标志符等。而符号学则是 19 世纪末 20 世纪初兴起的一门学科。它主要研究符号,特别是研究有关语言符号的一般理论。分类学中所研究的分类检索语言是一种以符号为标志的标识系统。它既涉及字母、数字符号,也涉及语言符号。在分类检索语言中,一个符号代表着一个概念。分类符号是连结分类标引者和分类检索者的纽带,是分类检索语言的重要组成部分。由于符号学具有横跨各门学科及综合性科学的性质,因而引起了各学科专家的注意。在图书分类学领域中,图书分类学家也极为重视符号学的具体应用。从美国图书分类学家杜威第一次将数字符号应用于分类检索语言之后,用符号代表类目的概念成为图书分类学家研究的重要课题。他们从不同方面探讨了符号在图书分类学中的应用价值,以及不断追求最佳的标记方法,从而推动了分类检索语言的发展。可以这样说,符号学已为图书分类学提供了有效的辅助手段和方法,图书分类学内容的丰富和发展,需要借鉴符号学的理论与方法,两者属于应用与被应用的关系。

此外,由于图书分类学应用广泛,还与其它一些学科有着密切的联系,诸如图书馆学、发行学、档案学等。这里就不一一赘述了。

五、图书分类学的研究方法

图书分类学应用广泛,实践性强,而且与其它学科相互渗透,关系密切。因此,可运用多种方法来对它进行研究。

1.马克思主义的方法论是研究图书分类学的总的方法　图书分类作为一种社会现象,是一定历史时期的产物。在研究图书分类学时,应将其放在一定社会的有机体中进行考察。总结图书分类工作的基本经验,探索图书分类的基本规律,马克思主义的基本原理就是研究图书分类学的指导思想。

2.历史方法和逻辑方法　要掌握图书分类学的发展规律,就必须弄清图书分类学发展的历史,总结各历史阶段图书分类学的特点。这样,历史方法就成为研究图书分类学中必不可少的一种方法。又因为图书分类学的发展同其它学科的发展一样,总是要遵循其内在的逻辑联系的,所以逻辑方法也是图书分类学研究的重要方法。在研究图书分类学的过程中,历史方法和逻辑方法不可能截然分开,而要相互补充、相互结合。

3.系统方法和比较方法　图书分类学作为一门学科,是由各个要素组成的一个完整的统一体。研究图书分类学,就应研究其组成要素以及要素之间的关系,考察它们之间的相互联系和相互作用。因此,系统方法是研究图书分类学的一种重要方法。另外,在研究图书分类学的过程中,不能只局限一个地区、一个国家的情况,要扩大到世界范围,研究各国图书分类学产生发展的历史、现状及其动向,将各种学派、各种观点进行系统比较,总结共同规律,找出各自特点,这就要求我们善于运用比较方法。

4.数学方法　随着研究工作的深入,图书分类学的研究已从定性研究进入定量的研究。在现实的研究过程中,数学中的集合论、数理统计、模糊数学等方法已经在图书分类学研究中得以应用。数学方法的应用,解决了一些图书分类学中无法从定性角度解释的问题,丰富了图书分类学的研究内容。伴随计算机等现代先进技术的应用,数学方法已成为研究图书分类学的极其重要的方法。

5.理论与实践相结合的方法　图书分类学是一门实践性很强的学科,它的许多理论问题都是实践经验的总结。目前,在图书分类学领域内,人们都想运用图书分类学的基本理论来促进这门学科的发展,这是一件十分可喜的事情。但是,我们要注意一种倾向,在研究图书分类学基本理论时忽视其应用方面的研究,会造成理论脱离实际。因此,要发展我国的图书分类学,建立具有中国特色的图书分类学体系,在研究过程中坚持理论与实践相结合的方法是十分重要的。

参考文献

1. 白国应:《图书分类学》 书目文献出版社 1981 年。

2. 王钢、邵晋蓉:辨析图书分类学的研究对象、内容与性质 载《图书馆学研究》 1985 年第 6 期。

3. 吴锡鑫:图书分类学应是一门技术科学 载《图书馆杂志》 1986 年第 1 期。

4. 周继良:图书分类学导论(纲要) 载《四川图书馆学报》 1985 年第 4 期。

5. 来新夏:《古典目录学浅说》 中华书局 1981 年。

第一章　图书分类与图书分类标准

第一节　图书分类的意义

一、图书分类的涵义

要明确什么是图书分类,首先应该明确什么是类,什么是分类。

类是指具有某种共同属性的个别事物的集合,表明某些个别事物共有的一种概念。我们知道,在客观世界中,每一个别事物都具有这样或那样的属性,而任何属性也都是某种事物的属性。事实上,这一事物与另一事物的相同或相异,就是这一事物的属性与另一事物的属性的相同或相异。由于事物属性的相同或相异,客观世界中也就形成各种不同的事物类。具有相同属性的事物形成一类,具有不同属性的事物又分别地形成不同的类。类在图书分类体系中又称为类目。表示类目概念的名称叫做类名,类名不仅体现类目概念的名称,使其区别于其他类,而且还规定类目的性质与内容范围。例如,《中图法》中 TN95 雷达类下的"侦测雷达"这一类名,既区别于"脉冲调幅制雷达"、"激光雷达"等,又规定了该类目是以雷达的用途作为分类根据的,其范围包括各种侦测雷达,如警戒雷达、目标识别雷达等。

分类是指以事物的本质属性或其他显著属性特征作为根据,

把各种事物集合成类的过程。它是人们认识事物、区分事物、组织事物的一种逻辑方法。事物的属性分为本质属性与非本质属性。本质属性是事物本身具有的、较稳定的、起决定作用的属性,而且通过这种属性可以与其他事物区别开来。非本质属性是指除了本质属性以外的其他属性。对事物的分类要求以事物的本质属性作为分类根据,这是因为事物的本质属性能揭示事物之间的内在联系,有助于人们深入地认识事物。当然,对事物的分类,并非一律都要以事物的本质属性作为分类根据,按照人们认识事物的需要,以事物的其他显著属性特征作为分类根据也是具有实际作用的。

对事物的分类还应明确两个问题:一是,由于事物的属性是多方面的,因此对事物的分类,既可采用某一种属性特征作为分类根据,又可采用另一种属性特征作为分类根据。例如,对于玻璃,按其成分可分为锂玻璃、钠玻璃、钾玻璃等;按其形状则可分为平板玻璃、管状玻璃、棒状玻璃等;按其用途还可分为建筑用玻璃、医药卫生用玻璃、实验室用玻璃等。二是,对事物的分类,是可以连续进行的。根据某种属性特征,可以将具有该属性特征的事物归并为一组,与没有该属性特征的事物区分开来;或是根据诸多事物共同具有某属性特征的差别,区分为许多组;再在同一组中又根据另一属性进行区分,从而依次逐级区分下去形成一个严密系统。例如,对于文学作品,按国家、体裁、时代等逐级划分,就能形成一个层次分明的分类体系。

明确了类与分类的涵义,就容易理解图书分类概念。什么是图书分类呢? 图书分类就是以图书分类法为工具,根据图书资料所反映的学科知识内容与其他显著属性特征,分门别类地系统地组织与揭示图书资料的一种方法。

上述图书分类概念的涵义体现了四个方面的意思:

第一,图书分类的对象是图书、情报等机构所收集与使用的古今中外各种图书资料等知识载体。随着社会的进步、科学技术的发展,当前印刷型出版物大量出版,印刷型出版物中不仅包括传统的图书,而且还包括数量丰富的期刊、科技报告、会议文献、学位论文、专利说明书、技术标准、产品样本等。同时,缩微型(如缩微胶卷、缩微平片、缩微卡片等)、视听型(如录音带、录像带、科技电影、唱片等)、计算机阅读型等知识载体也大量涌现,这些知识载体为图书、情报部门所广泛收集与使用。因此,现代图书分类的对象已经突破了传统的范围,并不是单纯地只对印刷型出版物中的图书进行分类,还要对其他类型的知识载体进行分类。正因为如此,现在有许多人考虑到文献是指"记录有知识的一切载体",故主张将"图书分类"改称为"文献分类",这也有一定道理。

第二,图书分类的根据是图书资料的学科内容属性与其他显著属性特征。如同对其他事物的分类一样,对图书资料的分类,也是以其本质属性与其他显著特征作为根据的。由于图书资料是作为人类各种知识的记录与传播而存在的;读者阅读图书资料的目的无非是利用其所载的知识,他们也往往习惯于从学科、专业的角度来查阅图书资料。因此,从图书资料本身所具有的社会价值以及从读者查阅图书资料的目的来考察,图书资料所体现的学科知识内容是图书资料的本质属性。图书资料的学科知识内容主要包括:①学科门类及分支;②学科的研究对象与诸问题;③学科的基本理论、原理、数据;④学说、学派、观点;⑤事物的种类、成因、性质与相互联系;⑥自然现象、社会现象与历史事件;⑦实验、技法、生产工艺;⑧研究对象、事物、事件等所涉及的地域、时代与环境等。图书资料的其他显著属性特征是指除了学科知识内容以外的具有检索利用意义的一些属性特征,主要包括:①出版物的种类,如图书、期刊、科技报告、专利说明书、学位论文、技术标准、产品样本等;②参考工具书的类型,如字典、辞典、手册、百科全书、书目、索引等;③信息符号特征,如各种语言文字、图形、编码等;④体裁、形式,如小说、诗歌、多幕剧等;⑤载体特征,如缩微胶卷、录音磁带等;⑥编著者及写作或出版日期、版本等;⑦使用对象,如盲人用书、儿童用书、注释读物。上述图书资料的学科知识内容与其他显著属性特征都可以用来作为图书分类的根据。

第三,图书分类的工具是图书分类法。对图书资料进行分类,必须依据一定的图书分类法。图书分类法是一种重要的情报检索语言,使用图书分类法类分图书资料,一方面能够使图书资料按其学科知识内容与其他显著属性特征,将学科内容性质相同的或具有某种属性特征的图书资料聚集在一起,便于人们检索利用;另一方面使分类人员在选择分类根据时有一个可靠的、统一的标准,保证图书资料分类的准确性与一致性。应该提及的是,有些初学者容易产生一种急于求成的心理,以为只要记住图书分类规则就可以进行图书分类了。诚然,图书分类规则对于保证图书分类的质量十分重要,但图书分类规则及其运用毕竟不能脱离所使用的图书分类法。要高质量地进行图书分类,首先应该扎实地掌握图书分类法的编制原理、体系结构、标记符号、复分表及组配方法、同类书的排列等内容。在此基础上,再进一步掌握图书分类规则。上述内容,在本书后面各章分别介绍。

第四,图书分类的主要目的是按学科知识的系统性分门别类地组织与揭示图书资料。如前所述,图书资料的知识内容是图书资料的本质属性,揭示图书资料的知识内容是图书、情报等机构满足读者检索利用图书资料的前提。在图书情报工作中,揭示图书资料知识内容的方法主要有两种,一种是分类法,另一种是主题法。主题法主要是从具体事物、对象和问题的主题名称字顺系统来揭示图书资料的知识内容,能够把同一主题的图书资料加以集中,以适应人们对事物对象与问题进行特性检索的需要,但它不能体现知识内容之间的学科性质区分与学科之间的相互联系,这样就使同一学科性质的图书资料分散了。而分类法则主要是从具体事物、对象和问题的学科性质出发来揭示图书资料的知识内容,把具体事物、对象和问题置于一定的学科体系之中，能够把同一学科性质的图书资料加以集中，以满足人们从学科门类对事物对象与问题进行族性检索的需要，但却把同一主题的图书资料分散了。

图书分类是按"学科知识的系统性来组织与揭示图书资"，就是说无论是建立图书分类体系还是将具体的图书资料归入既定的分类体系或读者检索图书资料时，都主要着眼于图书资料的知识内容是属于什么学科门类及各学科门类之间的相互联系，而并非主要着眼于图书资料知识内容的主题名称及其字顺系统。当然，分类体系与主题系统并非是相互"绝缘"的，分类体系中有主题法的因素，主题系统中也有分类法的因素，特别是在当前，分类法与主题法相互渗透、相互影响、相互补充、共同发展的特点十分明显，图书分类法中有不少类目突破了学科的界限，按主题集中列类，将同一事物、同一对象的各个方面的问题，集中于某类目之下。但是，图书分类按学科知识的系统性来组织与揭示图书资料这个基本特征仍然是不应改变的。

二、图书分类的作用

前面我们提到，图书分类的主要目的有两个：一是按学科知识的系统性组织图书资料，二是按学科知识的系统性揭示图书资料。图书分类的这两个目的，具体表现在组织分类排架与编制分类目录两个方面，这两个方面也就是图书分类的两个主要作用。

1. 组织分类排架　我们知道，图书、情报等机构收集的图书资料少则几万、几十万，多则几百万、几千万册。任何一个图书情报机构对收集的图书资料必然要按一定的方法加以组织，使每一本书都有一个明确的排列位置。图书资料的排列方法有多种，每种排列方法各有利弊，但比较起来，以学科知识的系统性来排列图书资料，即分类排架，其效果比较理想。它有四个突出的优点：第一，能够使藏书体现学科的系统性，使内容相同的书集中在一起，内容相近的书联系在一起,内容不同的书区别开来,便于人们按学科系统来利用藏书;第二,采用分类排架,图书情报人员能够按类来熟悉藏书、研究藏书,便于向读者宣传、推荐与提供有关的图书资料;第三,采用分类排架有利于提高开架借阅的质量;第四,采用分类排架,这就有条件可以按类来统计图书借阅情况,了解与分析读者的借阅要求与阅读倾向,并能为藏书建设提供一定的可靠数据。由此看来,分类排架是一种比较合理的图书排架方式。但是,图书资料要采用分类排架的前提是,必须要对图书资料进行分类。图书资料经过分类,便有了一个表示它的学科内容或其他显著属性特征的分类号,从而能按照一定的分类体系将图书资料组成一个系统。

2. 编制分类目录　图书分类按学科知识的系统性揭示图书资料,这主要表现在编制分类目录上。分类目录是我国图书情报等部门的目录体系中使用频率比较高的一种目录。分类目录是按照图书分类法的类目体系组织起来的,由于类目体系一方面体现着每一门学科的系统性,另一方面在一定程度上揭示了各门学科之间的相互联系与相互交叉、相互渗透的关系,因此,这种类目体系反映在分类目录上,就便于人们从学科知识系统,按类检索查找图书资料,达到鸟瞰全貌、触类旁通的效果。而要编制分类目录,其前提也必然是首先要对图书资料进行分类,图书资料不经过分类,就无法编制分类目录。

由上所述,我们知道了图书分类的作用具体表现在组织分类排架与编制分类目录两个方面。但应该明确的是,分类排架与分类目录从其检索图书资料的作用来说是不同的,分类目录大大优于分类排架,分类排架远远不及分类目录。固然,分类排架也体现有一定的检索作用,但这种检索作用由于受分类排架自身要求的限制——它要求分类体系固定,类号简短,一种书在书架上只能有一个位置,一种书涉及几类时只能选择其中之一等——只能提供一种检索途径。而且书架上的图书资料处于动态之中,经常要被借出,难以体现图书资料的实际情况。因此,分类排架所体现的检索作用是相当微弱的。分类目录则不受上述因素的影响,能够通过采用互见、参见、分析以及分类号组配与轮排相结合等多种方式方法,从而提供多途径检索。由此看来,要充分发挥图书资料的作用,便于读者检索利用,图书分类应首先保证分类目录的检索效率,适当兼顾分类排架的要求。以往对图书分类作用的认识,虽然也提到在分类目录中的作用,但实际上,无论是编制图书分类法还是制定图书分类规则,或对图书资料进行分类标引,大都是着重于分类排架。现在看来,这种情况是应该改变的。图书分类如何适应分类检索系统(手检分类目录、电子计算机检索系统)的需要,保证分类检索系统有较高的检索效率,是一个值得重视的问题。

第二节 图书分类标准

一、图书分类标准的涵义

图书分类标准,也称为图书分类根据,是指划分某一类图书资料时所依据的某种属性特征。图书分类应以图书资料的本质属性,即图书资料所体现的学科知识内容作为图书分类的主要标准,以图书资料的其他属性特征作为图书分类的辅助标准。

图书资料作为知识的载体,必然记载着这种或那种知识内容,脱离知识内容的图书资料是不存在的;图书资料的其他属性的存在也必然要依附于知识内容属性。根据图书资料的学科知识内容属性进行分类,能够将千千万万种不同的图书资料从本质上区别开来,并使许许多多种图书资料之间体现出这样或那样的联系。同时,图书资料的存在又是作为人类知识的传播而存在的,人们查找图书资料,就是为了获得图书资料中所记载的各种知识,以便从事科学研究、生产活动和进行学习。读者也往往从学科知识内容的角度来查找自己所需要的图书资料。因此,以图书资料的学科知识内容作为图书分类的主要标准,就能够使图书分类具有稳定性与客观性。

图书分类还可以用图书资料的其他显著属性特征作为分类标准,这也是由方便读者检索、有效利用图书资料所决定的。例如,对于有些图书资料,不仅要揭示其学科内容属性,而且还必须要揭示其使用对象、出版物类型、信息符号特征等属性特征,只有这样才能全面地、准确地反映这些图书资料的客观面貌。还有些图书资料,为了考虑方便读者使用,也需要按其他属性特征来分类,如文学作品应以国别、时代及作品的体裁作为分类标准,而不宜首先以作品的内容要素作为分类标准。

由上所述,我们可以知道,以图书资料的本质属性,即学科知识内容作为主要分类标准,具有科学认识上的意义与检索利用价值;以图书资料的其他显著属性特征作为辅助分类标准,也能适应读者的某些检索利用要求。需要指出的是,图书分类在大多数情况下,首先要采用主要标准,然后再采用辅助标准,但有时却需要首先采用辅助标准。由此看来,主要标准并不意味着必须要首先采用,辅助标准也并不意味着一律是最后采用。先采用什么标准,后采用什么标准,取决于读者有效检索利用图书资料的要求与需要。

二、图书分类标准的选择与运用次序

正确地选择分类标准,合理地规定分类标准的运用次序,对于形成完善的分类体系,提供有效的检索途径,有着很大的作用。

1. 确定分类标准及其运用次序的意义　图书分类标准的选择是指在图书资料的诸种可作为分类标准的属性特征中选择什么属

性特征作为分类标准。图书资料中可作为分类标准的属性特征是多方面的,既可选择这一个属性特征作为分类标准,也可选择另一个属性特征作为分类标准。如果图书资料的某一种属性特征被选用作为分类标准,就能够将具有该种属性特征的所有图书资料分别加以集中,为人们提供按该种属性特征检索图书资料的途径。反过来说,如果图书资料的另一种属性特征未被选用作为分类标准,这样本来可以按这个属性特征集中的图书资料就会被分散到各类,也难以为人们提供按该种属性特征来检索图书资料的途径。例如,各种桥梁都具有"用途"、"结构"、"材料"等属性特征,如果选择"用途"作为分类标准,各种桥梁的图书资料可按人行桥、公路桥、铁路桥等分别加以集中,这就为读者提供了按桥梁用途检索各种桥梁图书资料的途径。但从桥梁结构的角度来检索梁式桥、拱桥、立交桥等图书资料,或从桥梁材料的角度来检索石桥、混凝土桥、钢桥等图书资料就困难了。因为这些图书资料都被分散在人行桥、公路桥、铁路桥等类中。由此可见,分类标准的选择,对于从什么角度集中图书资料以及提供什么检索途径起了很大作用。

分类标准的运用次序是指当某类图书资料需要采用几种分类标准时,这几种分类标准运用的先后次序。在建立图书分类体系或将图书资料归入既定的分类体系时,对有些图书资料固然可以只采用一种分类标准,但对于许多图书资料来说,却需要采用多种分类标准,方能适应读者的检索要求。于是就产生了一个先采用什么属性特征作为分类标准,后采用什么属性特征作为分类标准的问题。分类标准运用次序的不同,分类体系也随之不同。例如,将桥梁的"用途"、"结构"、"材料"等属性特征都用来作为分类标准,按其运用次序的不同,可分别形成如下三种分类体系(按排列组合可形成六种),见23页的表:

a. 用途→结构→材料	b. 结构→用途→材料	c. 材料→结构→用途
人行桥	梁式桥	石　桥
梁式桥	人行桥	梁式桥
石桥	石桥	人行桥
钢桥	钢桥	公路桥
……	……	……
拱式桥	公路桥	拱式桥
石桥	石桥	人行桥
钢桥	钢桥	公路桥
……	……	……
公路桥	拱式桥	钢　桥
梁式桥	人行桥	梁式桥
石桥	石桥	人行桥
钢桥	钢桥	公路桥
……	……	……
拱式桥	公路桥	拱式桥
石桥	石桥	人行桥
钢桥	钢桥	公路桥
……	……	……
……	……	……

　　从表中可以看到,分类标准的运用次序若采用"a. 用途→结构→材料",则能分别集中人行桥、公路桥等图书资料,但各种结构、各种材料桥梁等图书资料就会程度不同地分散到各种用途桥梁类中;分类标准的运用次序若采用"b. 结构→用途→材料",则能分别集中梁式桥、拱式桥等图书资料,但各种用途、各种材料桥梁等图书资料就会程度不同地分散到各种结构桥梁类中;分类标准的运用次序若采用,"c. 材料→结构→用途",则能分别集中石桥、钢桥等图书资料,但各种结构、各种用途桥梁等图书资料就会程度不同地分散到各种材料桥梁类中。由此可见,当采用几个分

类标准时,图书资料只能按最先采用的一个分类标准分别加以集中,越是后来采用的分类标准,有关图书资料的分散程度就越大。所以,分类标准的运用次序实际上也存在着按什么分类标准集中图书资料,形成什么分类体系,提供什么检索途径的问题。

2. 确定分类标准及其运用次序的依据 选择分类标准与确定分类标准的运用次序,应依据以下几个方面:

①要符合读者的检索要求与检索特点 选择分类标准与确定分类标准的运用次序要符合读者的检索要求与检索特点。这有两个方面的含义:一是指要适应不同职业读者的检索要求与检索特点;二是指要根据读者的不同需要集中有关图书资料。不同职业的读者,对图书资料的检索要求与检索特点是不尽一致的。例如,科研人员大都要求从学科性强的图书资料、期刊、科研报告、学术论文等知识载体中获得有关具有高度专门化的知识信息。他们往往从学科研究对象、学说、学派、观点等角度来检索图书资料。工程技术人员检索图书资料一般侧重于从产品的原理、设计、结构、性能、生产工艺、应用效果或工程种类的划分以及勘测、设计、材料、设备、施工等角度来查阅图书资料。他们很重视利用专利、产品样本、技术标准等知识载体。教学人员因教材建设与提高教学质量的需要,要求获得国内外同类教材的状况比较,有关领域里的最新研究成果和教学方法的更新与改革等知识内容。他们习惯于从各层次教育的划分与专业设置的角度来检索图书资料。管理人员作为国家机关、科研机构、工矿企业、高等学校等制定或贯彻有关方针、政策、路线、规划的决策者与执行者,他们很重视利用专题述评、总结报告、动态综述、进展通讯、信息预测等三次文献,以便从中获得带有方向性、全局性的有关知识信息,作为其制定或贯彻有关方针、政策、路线、规划的依据。从上面的例举中,我们可以看到,不同职业读者的检索要求与检索特点是不相同的。在选择分类标准与确定分类标准的运用次序时,应充分考虑这个因素。

确定分类标准及其运用次序还要考虑按读者的不同需要来集中有关图书资料。例如,对有关法律的图书资料,虽有许多属性特征可用来作为分类标准,但把法律的内容性质与制定法律的国家选择为分类标准是符合读者的一般习惯的。分类标准的运用次序若同时分别采用"制定法律的国家→法律的内容性质"与"法律的内容性质→制定法律的国家"两种方式,则会形成一个以国家为主的与一个以法律的内容性质为主的两种分类体系:

a. 国家→法律的内名	b. 法律的内容→国家

中国
    宪法
    民法
    刑法
    诉讼法
    ……
	宪法
	    中国
	    日本
	    朝鲜
	    泰国
	    ……

日本
    宪法
    民法
    刑法
    诉讼法
    ……
	民法
	    中国
	    日本
	    朝鲜
	    泰国
	    ……

朝鲜
    宪法
    民法
    刑法
    诉讼法
    ……
	刑法
	    中国
	    日本
	    朝鲜
	    泰国
	    ……

泰国
    宪法
    民法
    刑法
    诉讼法
    ……
	诉讼法
	    中国
	    日本
	    朝鲜
	    泰国
	    ……

显然,这两种不同的分类体系,能分别集中有关某国各种法律的图书资料与某种法律的各国图书资料,从而便于图书情报部门选择使用,以满足读者的不同需要。

②要适应具体国家的实际情况　适应具体国家的实际情况有三个方面的含义:一是指一个国家的社会政治制度、国民经济与科学、文化、教育事业的发展对图书资料的检索要求;二是指国家机关、科研机构、工矿企业、高等学校对图书资料的不同检索要求;三是指一个国家的民族历史与文化传统对图书资料的特殊检索要求。对图书资料进行分类,在选择分类标准与确定其运用次序时,应考虑上述三方面的检索要求。例如,在我国马列主义、毛泽东思想是指导我们思想的理论基础,为便于人们研究与学习马克思主义经典著作,对经典著作的分类,以经典作家及其著作的编辑出版形式、写作时间作为分类标准,是符合我国的实际情况的。又如,对有关世界各国哲学图书资料的分类,一般以"国家→时代→主要哲学家"作为分类标准,而对有关中国先秦哲学图书资料,则以"国家→时代→学派→代表人物"作为分类标准。采用这种分类标准,既能客观地反映当时"百家争鸣"的实际,又便于人们查找"诸子百家"的图书资料。而且事实上,读者检索有关先秦哲学的图书资料也往往是以"学派"及"代表人物"作为检索途径的。

③要按照学科、专业分类的一般规定　每门学科、每个专业在其发展过程中,必然会按照各自的分类标准将其研究内容形成特定的分类体系。例如,生物学中对生物的分类,是把生物组合成种、属、科、目、纲、门、界的自小而大的类群,其中还可附加若干层次。又如,语言学界对各种语言的分类往往采用"谱系分类法",按各种语言之间的亲属关系,以"语系—语族—语支"作为分类标准,把世界上的语言分为若干语系(如汉藏语系、阿尔泰语系、印欧语系等);每一语系再分为若干语族(如汉藏语系分为壮侗语族、藏缅语族、苗瑶语族等);每一语族又分为若干语支(如壮侗语

族分为壮傣语支、侗水语支、黎语支等）；每一语支下再集中各种语言，如在壮傣语支下集中壮语、布依语、傣语等。对图书资料进行分类，可以充分利用各门学科、各种专业的分类规定。例如，对有关各种语言图书资料的分类，就应该选择"语系—语族与语支"作为分类标准。当然，从图书分类的实际需要出发，对某些常用语言，不以"语系—语族与语支"作为分类标准，而以语种作为分类标准，将其区分为汉语、英语、法语、德语、西班牙语、俄语、日语、阿拉伯语等，也是具有检索意义的。又如，对于文化、科学、教育、地理等许多学科中所涉及的国家、地区特点，学术界一般以自然区划、地理位置作为分类标准，对有关这方面图书资料的分类，也应该选择自然区划、地理位置作为分类标准，而不宜以政治制度作为分类标准。

④要根据图书资料出版与收藏的实际情况　由于社会需要的不同，各种学科、专业发展程度的不同，各种学科、专业的图书资料在出版的种类与数量上是不一致的。有的学科、专业的图书资料出版量较大，有的学科、专业的图书资料出版量较小。同时，图书情报部门由于担负的具体任务与读者对象不同，在收藏图书资料的种类与数量方面也必然各不相同。因此，选择什么分类标准、确定分类标准的运用次序，还应该结合各学科、专业图书资料当前与今后出版、收藏的实际情况，也就是说，要以图书资料的实际情况作为一种依据。图书资料多，选用的分类标准可以多一些；图书资料少，选用的分类标准可以少一些。具体地说：

a. 若某学科、专业的图书资料出版得较多，又属于本单位的收藏重点，选用分类标准应该多一些，并确定其适当的运用次序。例如，关于各国哲学方面的图书资料出版量较大，就综合性高等学校图书馆而言，一般属于收藏重点。对于这方面的图书资料宜选用"国家"、"时代"、"哲学家"等多种分类标准，并确定其运用次序为"国家→时代→哲学家"。

b.若某学科、专业的图书资料出版得较多，但不属于本单位的收藏重点，选用分类标准可以少一些。例如，就厂矿企业图书馆来说，对各国哲学图书资料一般只选择"国家"或采用"国家→哲学家"作为分类标准即可。

c.若某学科、专业的图书资料出版得较少，但属于本单位的收藏重点，选用分类标准可以适当多一些，并确定其适当的运用次序。例如，关于宗教方面的图书资料相对于有些学科、专业来说，出版量较少，就宗教研究单位而言，属于收藏重点。对于这方面的图书资料，应该选用宗教派别、教派、组织、国家地区等多种分类标准。

d.若某学科、专业的图书资料出版量较少，又不属于本单位的收藏重点，不宜选用过多的分类标准。例如，对于工会图书馆来说，宗教方面的图书资料只以宗教派别作为分类标准即可。

⑤要遵守概念的划分规则，但有时不能囿于这种划分规则

形式逻辑关于概念的划分规则是：a.划分所得的各子项的外延之和应该等于母项的外延；b.划分的各子项，其外延应互相排斥；c.每次划分必须按同一标准进行；d.划分必须按层次逐级进行。遵守概念的划分规则，能够把属于母项的任何一个事物划分到而且也只划分到一个子目中，并且各个子目之间的关系是明确的。毫无疑问，对图书资料进行分类，应该基本遵守概念的划分规则。但在图书分类实践中，对所有图书资料的分类都要求严格遵守概念的划分规则是困难的。例如，为了使综合研究彩色电视、工业电视的图书资料分别加以集中，在对有关电视图书资料进行分类时，就要同时采用"体制"、"用途"两个分类标准，在电视类下同时分别建立两个平行的子目系列：

```
电视
  按体制分的电视
   黑白电视
   彩色电视
   ……
  按用途分的电视
   工业电视
   教育电视
   军用电视
   ……
```

显然，在电视类下，同时采用"体制"与"用途"作为分类标准，建立起来的两个子目系列之间在内容上是相互交叉的。虽然这种分类方法不符合形式逻辑对概念的划分规则，但却能集中综合研究彩色电视、工业电视的图书资料。反过来说，对有关电视图书资料的分类，如果严格遵守概念的划分规则，每次划分只按同一分类标准进行，那末要集中或查找彩色电视、工业电视的图书资料就相当困难了。因此，从图书资料的实际情况与满足读者的某些检索要求出发，在选用分类标准与确定其运用次序时，在有些情况下，可以不囿于概念的划分规则。这些情况主要是：

a. 当需要集中对某一事物从不同角度进行综合研究的图书资料时，可以不严格遵守"每次划分须按同一标准进行"与"划分所得的各子项，其外延必须互相排斥"这两条规则。如上述对电视图书资料的分类。

b. 当需要重点突出某类图书资料时，可以不严格遵守"划分必须按层次逐级进行"这一条规则。如对有关论述中国哲学、经济、政治、文化、科学、教育等方面的图书资料，可以越级划分。以经济类为例：

经济
　　中国经济
　　亚洲经济
　　　东亚经济
　　　朝鲜经济
　　　……

　　c.当对某类图书资料不需要全部再按其他分类标准细分,只需要将该类中某个(或某些)方面的图书资料加以集中时,可以不严格遵守"划分所得的各子项的外延之和应该等于母项的外延"这一条规则。如对有关家庭教育类图书资料,如不需要再按其他标准细分,但要集中该类中有关家庭教师的著作,即在家庭教育类下只列出"家庭教师"这一子目,不再列出其他子目,这也是允许的。

第三节　图书分类与科学分类

　　图书分类与科学分类两者的联系与区别,是图书分类学的研究内容之一。学习这个问题不仅能加深对图书分类和图书分类标准的理解,而且有助于理解图书分类法的类目结构及列类标准。

一、科学分类概述

　　我们知道,科学就是关于自然、社会和思维的知识体系。科学是适应人们实践活动的需要而产生和发展的。据统计,现在总共已有两千多门学科。这许许多多门学科每一门都有自己特定的研究对象与一定的研究内容。由于学科之间的相互渗透和人们不断运用先进的研究方法与手段,以致各门学科的研究范围都处于动态之中,不断涌现出新的学科分支。就各门学科之间的关系来说,它们并非是互相孤立、毫不相干的,而是有着这样或那样的联系。由于边缘学科、综合性学科的不断出现,以及自然科学与社会科学之间的相互渗透、相互制约、共同发展,使整个科学体系成为一个纵横交错的有机统一体。由此就提出了一个问题:如何把各种知识系统化,建立相应的科学体系。这就涉及到了科学分类的问题。所谓科学分类就是一门研究科学体系结构的学问。具体地说,就是根据各门学科的研究对象与它们之间的相互关系,对各门学科进行区分和组织,确定每门科学在学科总联系中的地位,揭示整个科学的内部结构,建立起符合科学发展规律的分类体系。

人们对学科知识进行分类,所形成的科学分类体系有正确的,也有不够正确或不正确的。在19世纪中叶以前,许多哲学家、科学家都提出过科学分类体系。其中有些分类体系,在历史上起过积极的作用。但也有一些分类体系,由于对思维和存在的关系问题不同程度地缺乏正确的反映,以致这些分类体系虽然其中含有某些合理的因素和方面,但从整体上看,难以正确地、客观地揭示出各门学科之间的固有联系。19世纪中叶,由于细胞学说、进化论、能量守恒和转化定律的发现,以及随着资本主义机器大工业的发展,自然科学也得到了巨大的发展,在力学、数学、物理学、化学、生物学、地质学、天文学等领域里的研究取得了巨大的进展。自然科学的重大发现和自然科学各个领域里的成就,使人们对自然界一切现象之间的辩证联系和对自然界的发展规律有了深刻的认识,这就为建立正确的科学分类体系提供了可靠的基础。恩格斯以辩证唯物主义观点总结了自然科学发展的全部成果,同时吸取了历史上各种科学分类思想的合理部分,批判地继承了圣西门科学分类思想中的唯物主义原则和黑格尔科学分类的辩证发展的合理思想,把科学分类的客观原则和发展原则有机地统一起来,以物质运动形式的区别和固有次序作为区分和排列各门科学的根据。他在《自然辩证法》中精辟地指出:"每一门科学都是分析某一个别的运动形式或一系列互相关联和互相转化的运动形式的","科学分类就是这些运动形式本身依据其内部所固有的次序的分类和排列"。在实践上,恩格斯根据当时科学发展水平和已有的材料,把各种运动形式概括为具有相互关系和相互转化性质的五种基本运动形式,即机械的、物理的、化学的、生物的、社会的五种基本运动形式。按照物质运动本身从简单到复杂、由低级到高级的发展顺序来描绘自然界的图景,排列各门科学。应该说,恩格斯的科学分类理论是科学分类思想史上的一次伟大革命。毛泽东继承和丰富了恩格斯的科学分类思想。他指出:"人的认识物质,就是认识物质的运动形式","每一物质的运动形式所具有的特殊的本质,为它自己的特殊的矛盾所规定","科学研究的区分,就是根据科学对象所具有的特殊的矛盾性。因此,对于某一现象的领域所特有的某一种矛盾的研究,就构成某一门科学的对象"(《毛泽东著作选读》上册,人民出版社 1986 年版,第 147—148 页)。一个世纪以来,特别是本世纪 60 年代以来,科学技术的发展突飞猛进,日新月异,在科学研究的各个领域中,人们发现了许多新的物质形态和运动形式。许多科学家、哲学家对科学分类问题提出了新的见解,科学分类体系必将随着人类认识的深化而不断充实和完善。

二、图书分类与科学分类的联系

图书分类与科学分类的联系主要是指图书分类要以科学分类为基础,图书分类体系的建立要充分利用科学分类的成果。

建立图书分类体系为什么要以科学分类为基础呢？这是因为科学分类能够为建立图书分类体系提供可靠的依据。科学分类要遵循两条原则,一条是客观原则,另一条是发展原则。客观原则要求按物质运动形式的区别和固有联系对学科知识进行区分和排列。发展原则要求对学科知识的划分和排列要体现学科知识从低级到高级、从简单到复杂的发展规律。正因为科学分类遵循客观

32

原则和发展原则,所以它能够确定每一门学科在科学总体中的地位和作用,划清各门学科的研究范围,反映科学的发生、发展的过程与发展的趋势,揭示出各门学科之间的固有联系与相互渗透、相互影响的关系,形象地描绘出客观世界中科学发展的辩证图景。而图书资料是各门学科知识的载体,图书分类法又是类分图书资料的工具,在确定图书分类体系时,如果遵循科学分类的客观原则与发展原则,显然能够使图书分类体系在很大程度上体现出各门学科的研究范围及其相互间的关系。运用这种分类体系去组织图书资料,就能够使图书资料的排列体现出科学知识的系统性与发展性,特别是这种分类体系运用在图书资料的检索系统上,就能够为人们提供一种按学科、专业来检索图书资料的有效途径,也便于人们从与本学科、专业有内在联系的或相关的学科门类中,查阅到能够解决问题的图书资料。图书分类体系的建立要以科学分类体系为基础,问题只是在于以什么性质的科学分类体系为基础。《杜威十进分类法》采用了17世纪初英国哲学家培根的科学分类体系,在顺序上加以倒排(倒转培根法)。社会主义图书分类法应该以辩证唯物主义观点指导的科学分类体系为基础。

三、图书分类与科学分类的区别

图书分类体系要建立在正确的科学分类体系的基础上,但是这并不等于说,科学分类体系能够代替图书分类体系。图书分类与科学分类毕竟是有区别的,主要表现在以下几个方面:

1. 分类对象　科学分类的对象是各门科学知识。作为知识形态的科学是人们认识世界和改造世界的经验总结,是对客观事物的本质及其运动规律的反映。随着人们认识的不断深入,新的认识代替旧的认识,对科学知识的分类,可以随时用真实概念代替虚假概念,用深刻概念代替初步概念。图书分类的对象是图书情报部门所收集的古今中外图书资料等各种知识载体。图书资料的内容并非一律要遵守学科之间的界限,例如,有综合各门科学知识的图书——百科全书,但没有包罗一切知识的学科。同时,对图书资料的分类没有选择性,对具有科学认识意义与实用价值的图书资料需要进行分类,并加以保存与利用;对那些错误地或不正确地认识与解释客观世界各种事物、现象的图书资料,仍然需要进行分类,加以保存与利用。

2. 分类标准　科学分类是以各门学科研究的特殊对象与特殊运动形式作为唯一的分类标准。平时我们所说的科学分类以学科知识作为分类标准,就是对上述提法的一种通俗说法。应该说明的是,客观事物的特殊对象、特殊运动形式,并非是指科学分类有两个分类标准,而是指一个分类标准的不同表述方式。特殊对象是指客观世界中不同事物所具有的特殊本质,而任何特殊对象都具有特殊的运动形式。比如,生命是客观世界中的一种特殊事物,是科学研究的一种特殊对象,这种特殊对象由于它具有同化和异化的特殊矛盾,使它呈现出通过新陈代谢实现自我更新的运动形式。而图书分类有两个分类标准:其一,以图书资料所反映的学科知识内容作为主要分类标准;其二,以图书资料的其他显著属性特征作为辅助分类标准。

3. 分类体系及其表现形式　科学分类体系有两个显著的特点:第一,在分类体系中,反映着客观世界的三大基本领域,即自然科学、社会科学和思维科学,以及每一基本领域所包括的各门学科及其各种分支学科、边缘学科。这些基本领域、各门学科与各种分支学科、边缘学科组成了一个相互联系、相互渗透和相互转化的网状结构。第二,分类体系的变革更新比较自由,处于动态之中。这是由于物质世界永远按照自己固有的规律运动着、发展着。随着人们认识和实践的不断深入,随着科学的不断发展,科学分类体系必然会日益充实和完善,它不可能是一个终极的封闭系统。

图书分类体系不完全等同于科学分类体系,它也具有两个特点:第一,这种分类体系,一方面体现着以科学分类为基础,另一方面体现着图书资料的各种特点,许多类目的设置与排列有着适应人们有效利用图书资料的特殊性。分类体系中的客观内容既要体现出科学分类体系中所反映的各种学科门类,又要体现出各门学科研究中的许多重要问题、方面与研究手段以及各级、各类学校,特别是高等学校专业设置与课程安排的特点,还要设置那些符合人们检索习惯的类目。同时,图书分类体系中各种类目的容量也不同于科学分类体系那样使人一目了然,它有着多种情况。有的类目容量很单一,只能容纳论述某个学科、事物或某个问题的图书资料;有的类目可以容纳论述几门学科、多种事物或多方面问题的图书资料;还有许多类目既可以容纳从某方面来论述某个主题的图书资料,又可以容纳从多方面来论述某一主题的图书资料。需要指出的是,图书分类体系中的各级、各种类目,许多是以类组的形式来体现的(如《中图法》中"G 文化、科学、教育、体育","U 664.2 船舶轴承、传动装置、并车装置")。第二,分类体系的变革更新不像科学分类体系那样自由,而要求有相对的稳定性。这是因为:图书分类体系是用来类分古今中外各种图书资料的,分类体系不能"朝令夕改",否则就会引起图书情报部门藏书的频繁改编,以致影响服务工作。当然图书分类体系的相对稳定性是同科学分类体系比较而言的,它并非是一个绝对静止的封闭系统。事实上,图书分类体系也是处于不断修改的动态之中。

科学分类体系的表现形式具有两个特点:第一,在描述方式上,可以是线性序列,也可以采用列表式,还可以利用示意图,如角椎形、圆锥形、树枝形等示意图。目前一般认为示意图是比较合理的描述方式。第二,科学分类体系不需要采用一套标记符号。图书分类体系的表现形式不同于科学分类体系。由于图书分类的作用主要体现在组织分类排架和编制分类目录上,因此,图书分类体系的表现形式具有自己的特殊性:其一,各种类目必然要采取线性排列的形式；其二，必须要用一套标记符号来表示各种类目及其相互之间的关系。

4. 任务与作用　科学分类的任务是以物质运动形式的区别和固有次序，对各门学科进行区分和组织，确定每门学科在科学总联系中的地位，揭示整个科学的内部结构。其作用体现在：为制定出符合科学发展规律的科学研究规划、确定科学研究的战略目标与科学发展的重点、合理地建立科研体制与科研机构、正确地设置专业、组织不同专业人员协同作战，提供可靠的理论依据。

图书分类的任务是：揭示图书资料的学科知识内容与其他显著属性特征；把具有某种或某些相同属性特征的图书资料聚集在一起；使千千万万种不同的图书资料形成一个符合人们检索利用需要的体系。图书分类的作用主要体现在为组织分类排架与编制分类目录提供先决条件。

参考文献

1. 北京大学图书馆学系《图书分类》编写组：《图书分类》　书目文献出版社　1983 年。

2. 北京大学、武汉大学《图书馆藏书与目录》编辑小组：《图书馆藏书与目录讲稿》第二篇　图书分类与图书标题　1961 年。

3. 武汉大学图书馆学系《图书分类学》教学小组：《图书分类学》　1984 年。

4. 白国应：《图书分类学》　书目文献出版社　1981 年。

5. 李兴辉：《图书分类》（北京图书馆职工业余大学教材）　北京图书馆 1983 年。

6. 张琪玉：《情报检索语言》　武汉大学出版社　1983 年。

7. 周继良：图书分类学导论（纲要）　载《四川图书馆学报》　1985 年第 4 期。

8. 张琪玉：文献主题的构成因素及层次　载《图书情报知识》　1985 年第 1 期。

9. 李景正：情报学与科学分类问题　载《情报科学》　1982 年第 3 期。

10. 陈克晶、吴大青:《科学分类问题》 高等教育出版社 1980 年。

11. 金岳霖:《形式逻辑》 人民出版社 1979 年。

第二章　图书分类法的结构原理

图书分类法是用来对图书资料进行分类的"法典"。它是指把图书分类对象的集合,按其特征之间所存在的相互关联关系,事先规定成为一种有序的结构的方法。它的表现形式是图书分类表。通常所指的分类法是由主表,标记符号,复分表,说明和注释,索引等五个部分所组成。

分类表作为分类法的主体,是分类体系的具体体现,它是依据一定的编制目的与要求,按照一定的原理进行区分和排列的。本章将重点介绍分类法的编制目的与原则要求,主表的结构以及说明和注释的作用。

第一节　图书分类法的编制目的与原则要求

编制任何一部图书分类法,应根据图书分类的要求,明确规定编制的目的和意图,订出一些具体的原则要求,以其作为准绳,并贯彻在编制的全过程中。

一、编制图书分类法的目的

编制图书分类法应当明确以下两个问题:

1.图书分类法的用途　如前所述,图书分类法主要有两种用途:其一是用于组织分类排架;其二是用于编制分类目录。由于图书分类法具有这样两个用途,因而长期被图书情报部门用来组织图书资料。然而应当明确的是,分类排架和分类目录对于图书分类法的要求是不同的。

分类排架是图书情报部门按照一定的分类体系,排列图书资料的一种方法。这种排架方法的最大特点是内容性质相同的图书资料在书架上集中,相邻的图书资料在架上也相邻。因此,在开架阅览的情况下,读者可亲自在书架上查找自己所需要的图书资料,并且经过亲自过目,可在同类书中挑选更合适的图书资料。无疑,这种方法无论是对读者直接利用图书资料,还是对图书馆员组织管理,或为读者提供图书资料是最为有效的。分类排架对图书分类法的要求是:

①分类体系要相对稳定,不能随意更改其类目所属位置,否则,就会牵一发而动全身,造成改编和倒架的困难;

②分类号码要求单纯、简短,能清晰地反映图书资料在书架上的顺序;有助记性,便于管理人员和读者取归图书;

③分类体系应为线性排列,不宜交叉,使每本图书资料只占据书架的一个位置;

④类目要相对概括,不宜分得太细,以免因类目专细而造成分类体系的频繁更改。

分类目录,是依据一定的分类体系组织起来,供读者检索图书资料的一种工具。它不仅要从整体上揭示图书资料的主要特征,而且还要揭示图书资料所载知识单元的内容。无论是从揭示图书资料的广度,还是深度,分类目录远远高于分类排架对分类法的要求,而且组织方式也不尽相同。它对图书分类法的要求是:

①类目要有较高的专指度,确切地表达图书资料的内容;

②能使图书资料多向成族,即多方面反映图书资料的内容,提供多种检索途径;

③分类体系可以自由一些,能随时增加新类目,以便能准确、及时地揭示新的学科内容;并能视读者的检索需要,随时扩大或缩小检索范围;

④类目之间应具有较强的组配能力,能较好地处理交叉学科的集中与分散问题,既能满足族性检索的要求,又能达到特性检索的目的;

⑤分类号码力求清楚,具有表达性和容纳性,组配能力强,并能实行轮排。

由于分类排架和分类目录对图书分类法的要求有些差异,所以在设计、编制图书分类法之前应先明确其用途,是供图书排架用?还是供目录检索用?或两者兼顾。用途不同,设计的方案和形成的分类体系也就不完全一样了。

2.图书分类法的使用范围　图书分类法是供图书情报部门类分图书资料的工具。就图书馆而言,按其藏书的学科性质分,可以分为综合性图书馆和专业性图书馆。其性质不同,对分类法的要求也不一样。

综合性图书馆因其所收藏图书资料的内容广泛,涉及各个学科领域,它要求分类法编得全面而概括,各门学科类目的设置要适当,不能有所偏废,从总体上处理好学科之间的交叉关系和集中与分散的问题,并给专业性图书馆提供使用的基础和方法措施。而专业性图书馆因其所收藏的图书资料专深,它要求分类法能体现专业特色,或编制专门的图书分类法,能将有关专业的图书资料集中,并尽量细分。

总之,掌握图书分类法的用途,明确图书分类法的应用范围,是设计、编制图书分类法的出发点。

二、编制图书分类法的原则要求

明确图书分类法的用途和应用范围,是设计、编制图书分类法的第一步。如同写文章一样,首先是选题,接着就应考虑文章的中心思想和写作方法。对于编制图书分类法来说,第二步是要求制定设计、编制图书分类法的指导思想。

建国以后,我国图书情报界的专家、学者在总结前人编制图书分类法经验的基础上,结合我国的具体情况,对图书分类法的编制提出了三条原则要求,即思想性、科学性和实用性,并以此作为衡量图书分类法质量的标准。

1.**思想性** 把思想性作为编制图书分类法的一项原则要求,既是一个理论问题,也是一个实际问题。

我们知道,图书分类法是用来类分图书资料的工具。它存在的价值,虽然在于能以其自身的体系来体现图书资料的学科知识系统,但也体现了人们对这一体系结构的看法以及人们利用图书资料的有效性,其中所渗透的人们的世界观和社会政治因素,可归结为图书分类法的思想性。客观地考察图书分类法,其思想性可从两个方面分析:

①从图书分类体系的来源看 知识一旦被组成为系统的科学,科学知识分类就属于哲学范畴。哲学家或科学家对于科学知识的分类,主要是根据学科知识之间的某种关系来进行的,并试图从学科知识的某种排列中得出有利于反映各自哲学思想的结果。以往的哲学家和科学家曾多次阐述过科学知识分类的思想,由于不同时代的哲学家和科学家受科学发展水平的影响和世界观的制约,所主张的科学分类思想具有明显的时代性,体现了一定的世界观。正如恩格斯所说:"我们只能在我们时代的条件下认识事物,而这些条件达到什么程度,我们便认识到什么程度。"(《马克思恩格斯选集》第 3 卷,人民出版社 1972 年版,第 562 页)

弗·培根可以说是近代试图描述科学知识体系的主要代表人物之一。他依据当时的条件,认为科学的发展是人类理性能力的表现,并从人的理性出发,将记忆、想象和判断三种官能的差异作为区分科学的标准,将科学知识划分为三大类,即历史、诗歌、艺术、哲学。而恩格斯则以辩证唯物主义的观点,在分析和概括19世纪自然科学优秀成果的基础上,批判地继承了历史上一切合理的科学分类思想,创立了按照物质运动形式进行科学分类的理论。毛泽东继承和发展了恩格斯的科学分类思想,将科学知识概括划分为哲学、社会科学和自然科学三大类。

由此可见,哲学家和科学家所处的时代不同,世界观不同,对科学知识划分与概括也是不一样的。

图书分类法作为图书情报部门类分图书资料的工具,主要是从知识内容方面使图书资料系统化的。纵观其历史,图书分类体系的形成主要来源于科学知识分类的体系。美国杜威的《十进分类法》是根据培根关于科学知识分类的思想而编制的,只不过在排列顺序上"倒转"了培根的科学知识分类体系。建国后,我国所编制的几部影响较大的图书分类法,如《中国人民大学图书馆图书分类法》、《中国科学院图书馆图书分类法》、《中国图书馆图书分类法》等,都是以恩格斯和毛泽东关于科学知识分类的思想为依据编制的,它们都较好地体现了辩证唯物主义和历史唯物主义的世界观。

②从图书资料的内容来看　图书分类的对象是图书资料,具体地说,主要是图书资料所载学科知识内容。它包括图书资料所论述的学科性质和编著者在其中所体现的思想性质两个方面,两者既相联系,又有区别。

图书资料内容的学科性质是指其学科属性。一般说来,揭示图书资料内容的学科性质较为容易做到。因为图书分类的一个重要目的在于建立一个反映图书资料学科知识内容之间的相互联系与关系的体系结构,便于人们从学科系统方面来检索利用图书资料。建立这个体系结构的依据(或称基础)就是科学知识分类体系,现代图书分类法基本上能实现这个目的。

图书资料的思想性质主要是指正确地表现事物的本质内容。在图书分类过程中，要揭示图书资料内容的思想性质是比较困难的，它要求分类人员具有一定的思想水平。因而，有人认为，揭示图书资料内容的思想性质，不应是图书分类的任务。其实，这是一种片面的看法，同时也不符合图书资料内容的实际情况。

图书资料（尤其是哲学、社会科学方面的图书资料）的内容，难免反映作者的世界观，往往带有作者的思想倾向。有人说，读者在检索图书资料时，首先是从学科入手，而不是从思想观点入手，这是对的。但是读者在查检到有关学科的类目之后，还要不要辨别图书资料内容的思想观点，分清哪些是正确的，哪些是错误的呢？这个问题是不能回避的。当然读者可根据自己的观点去判断，但作为类分图书资料的工具——图书分类法能在一定程度上为读者提供辨别图书资料的思想观点的方便，岂不更为有利吗？特别是有些图书资料中显而易见的思想观点，图书分类法应理所当然的有能予以反映的措施。因此，图书分类法既要揭示图书资料内容的学科性质，又要有能客观地反映图书资料内容中思想倾向的措施，两者是辩证的统一，不可偏废。

诚然，贯彻图书分类法的思想性原则是一项十分慎重的工作。这项工作做好了，能增强图书分类法的科学性和实用性，否则，就会破坏图书分类法的科学系统性，影响图书分类法的实际应用价值。

总之，在编制图书分类法时，贯彻思想性原则是十分重要的问题。那么如何体现图书分类法的思想性原则呢？从建国以来我国编制图书分类法的实践来看，大致有这么几点是可供参考的。

第一，以马克思列宁主义、毛泽东思想指导图书分类法的编制，以辩证唯物主义和历史唯物主义的观点来安排分类体系；

第二，以图书资料的学科内容作为立类的主要标准，实事求是地反映图书资料中明显存在而必须予以揭示的思想观点；

第三，结合本国的具体实际需要，重点突出和细分有关学科及其方针、政策、法令，充分反映新学科、新技术、新事物等；

第四，在类目名称的措词上，力求科学、准确、简洁，既要强调概括性，又要注意倾向性，必要时可通过注释说明来解决。

2. **科学性**　图书分类法主要是在科学知识分类的基础上，按照各门学科之间的内在联系和相互关系，并结合图书资料的特征去区分和排列，使之成为一个有条理的、能反映图书资料特点的、便于人们按类检索的科学系统。

要建立一个严密的科学系统，则需要在编制图书分类法时遵循科学性原则。我们知道，图书分类法是一种独特的系统，它不能同科学知识分类体系划等号。基于这一点，在理解图书分类法的科学性原则时，不能拘泥于其是否符合科学知识分类的体系结构，而应该结合图书资料的特征，读者的检索要求和检索习惯等全面考察。具体地说，可以从如下四个方面理解图书分类法的科学性。

第一，正确体现科学知识分类的客观发展原则。

这是首要的问题，是设计、编制图书分类法的基础。科学知识本身具有客观性和动态性。按照科学知识分类体系设计、编制图书分类法，必须遵循科学知识分类的两项原则，即客观原则和发展原则。各门学科是以概念逻辑形式来反映世界的，它的内容是客观的，是事物发展的规律。图书资料是记载人类知识的物质载体，就其内容而言也是客观的。世界上存在着的或存在过的每一学科知识，大量的主要的是通过图书资料这一物质实体反映出来，传播开去。遵循科学知识分类的客观原则就是要：①把握学科、事物的本质特征；②分析其本质特征，并抽象为简洁、准确的概念，安排在图书分类体系中；③考察物质运动的形式，并依据其相互关联关系加以排列。人们的认识和科学又是发展的，它始终遵循着由表及里，由浅入深，由一般到特殊，从低级到高级，从简单到复杂这样一个规律。安排图书分类体系，也应该遵循发展原则。其重要意义在于:①使图书分类体系能揭示整个科学的体系结构,显示各门学科之间的区别和联系,并在一定程度上反映科学的发展过程;②避免图书分类体系僵化,使之成为一个开放系统,能随时增加新的学科、新的事物;③能适应按学科组织图书资料的需要,满足读者"鸟瞰全貌"的要求。

第二,妥善处理好交叉学科的关系。

现代科学高度分化、高度综合的趋势,使各门学科之间的关系日益复杂化。遵循科学知识分类的基本原则,就要正确显示学科之间的错综复杂关系,既要注意纵向的深入展开,又要考虑学科之间的横向联系。现代图书分类法为了加强学科类目之间的横向联系,通常采用了如下几种方法:

①因组织图书分类体系的特殊需要单独集中列类,而图书资料内容涉及有关学科的,就采用互见的方法。例如,《中图法》的"马克思主义、列宁主义、毛泽东思想"类,是根据我国具体情况设置的,其内容涉及各门学科,故在该类下注明,有关"科学专著,均按学科内容,在有关各类作互见"。

②对于边缘科学以及具有双重或多重从属关系的学科,通过设置交替类目,并在目录中用参照的方法解决。

③对于相关学科,通过类目"参见"注释,指出学科间的联系,划清类目范围。

④因"以应用到的学科为主"的列类原则安排图书分类体系而造成"集中与分散"矛盾的,于被应用的学科类目下,用注释指明集中的方法。

⑤规定采用组配方法,以便从不同方面集中有关图书资料,以及显示学科之间的联系。

上述几种方法的应用,既加强了学科之间的相互联系,又较好地体现了图书分类法按学科列类的系统性。

第三,适应图书资料的特点。

图书分类有别于科学分类的重要特点之一,是依图书固有的形式特征作为区分图书资料的辅助标准。这些形式特征包括:写作形式,出版方式,出版物的类型,所用语言;图书资料所涉及的时代、地区、民族等。由于是图书资料固有的特征,因此,必须按其不同方面,加以系统地安排。

第四,满足读者的特殊检索要求和检索习惯。

揭示和组织图书资料,最终是为了有效地利用,以便最大限度地发挥图书资料的作用。上述第一、二、三能适应一般读者的检索要求和检索习惯。但有些特定读者,如盲人、少年儿童等有其特殊要求,编制图书分类法不能不考虑。对于这些读者所需求的图书资料,如果严格按照科学分类的原则去区分和排列,既不便于管理,又不便于利用。因此,图书分类法一般可采取集中列类,自成系统的办法。

严格地说,第三、四两点,不符合科学分类的标准,但它们是在科学知识分类的基础上,结合图书资料的特征和读者的需求,所拟定的编制图书分类法的科学方法,是符合图书分类的实际要求的,因而是构成图书分类法科学性原则的重要因素。

3. **实用性** 编制图书分类法,在贯彻思想性和科学性两项原则要求的同时,还应贯彻实用性原则。忽视了这一点,所编的图书分类法必然经不起实践的检验,会成为一种不能付诸使用的设计方案。

在讨论上述两项原则的过程中,已涉及到图书分类法的实用性问题。这里再具体补充几点,以构成一个完整答案。

第一,由于图书分类法是用来类分图书资料的一种工具,而不是一种纯理论的探讨和设想。因此,考虑它的实用价值,首先应考虑图书分类法的用途。如前所述,用途不一,编制的要求也各异,明确其重点,对于充分发挥图书分类法的优异功能是极其重要的。

第二,使用单位的类型不同,对分类法的要求也不一样。比如全面收藏的综合性图书馆要求所编分类法全面系统,各类详略适中;而重点收藏的专业性图书馆则要求分类相应按专业集中,有所侧重。如果编制一部适应各类型图书馆使用的综合性图书分类法,就应当处理好边缘学科、交叉学科的关系,同时要解决好总论与分论,综合性与专门性,应用与被应用学科的集中与分散问题,以便各类图书馆酌情使用。

第三,现代图书分类法的特点之一,是有一套符号来标记类目,以之作为图书资料经过分类后的代号。标记符号的选择、配备是至关重要的问题,这个问题解决不好,将直接影响图书分类法的使用价值。

第四,在编制技术上,既要注意类目设置的逻辑性,又要注意使用标记符号的助记性。对于性质相同或相近的类目划分,还要注意体系(体例)的一致性。

第五,要考虑电子计算机在图书分类工作中的应用,为自动分类标引、自动检索创造条件。

图书分类法的思想性、科学性和实用性(图书馆界通称"三性")原则,是一个有机整体,是辩证的统一。它们相互依存,缺一不可。正确理解图书分类法的"三性"原则,对于指导图书分类法的修订与创新,促进图书分类学理论的发展有着极为重要的意义。

第二节　图书分类法的特征及构成原理

一、图书分类法的特征

图书分类法作为用于情报检索的一种人工语言,须用符号形式表达图书资料内容的概念及其相互关系来体现其结构系统。系统,一般是指由若干既有区别而又相互联系、相互作用的要素所组成,处在一定的环境之中,为达到规定的目的而存在的有机集合体。图书分类法就是一种由成千上万概括图书资料内容的类目所组成,为揭示、组织和检索利用图书资料而存在的有机集合体。它具有四个方面的特征:

1. 集合性 它是一部概括图书资料内容概念的"类目词典",将成千上万条类目组织在一起,并赋予一种特殊的排列方法。

2. 系统性 它通过一定的组织排列形式和方式,显示类目之间的内在联系与相互关系,构成一个系统。

3. 目的性 它是图书情报部门用来揭示、组织图书资料和读者检索利用图书资料的工具,是沟通图书情报部门与读者之间的桥梁。

4. 开放性 它是一种动态系统,随着科学的发展、图书资料的变化和读者检索利用要求的变化而不断地改变自己的系统结构。

二、图书分类法的构成原理

任何一种分类法都是依据一定的原理编制的。其构成原理不同,所形成的分类体系也不一样。

有些分类法主要是以概念的划分和概括的原理为其编制基础的。据以进行划分和概括的图书资料的特征称为分类的根据(或称标准),它依据划分和概括的层次不同而采用不同的特征。编制这种分类法时,必须使每一个表明概念的类目在分类体系中占有确定的位置。

一般地说,编制和分析这种类目表,可应用形式逻辑关于概念的划分规则来作如下理解:

(1)类目的划分,每次应按同一标准进行,不能同时采用两个或两个以上的标准;

(2)每个类所划分出来的子类应是互相排斥的;

(3)所划分出的诸子类外延之和要等于其母类的外延;

（4）划分类的子类应当是连续性的，不能出现跳类现象，即是说，每一次划分必须把母类划分为它的最邻近的子类。

如不符合形式逻辑规则时，则根据图书资料分类的特点，将其概括为类组，或者利用类目注释加以说明；但是在理顺其体系结构时，仍可用形式逻辑规则来判明这种情况。

按照以上形式逻辑规则，把所划分出来的类目组成一个系统，就形成一个层层划分、层层隶属的等级系统。如下图所示：

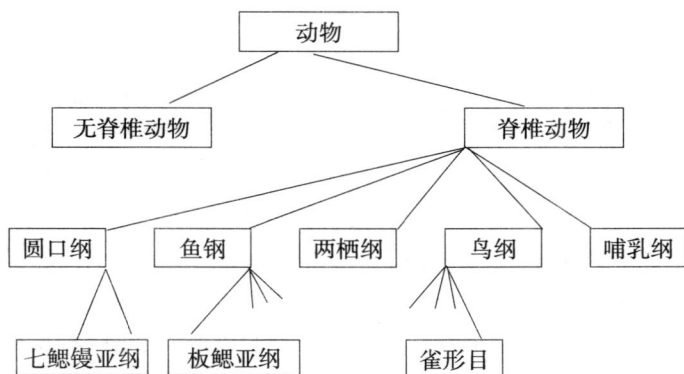

由于是采取尽量列举的方法编制图书分类法，所以把这种分类法称作列举式分类法，或等级体系分类法。美国的《杜威十进分类法》和我国的《中图法》基本上属于这种类型的分类法。

等级体系分类法从古代起就广泛应用于图书馆中对图书资料的分类和检索，现在它仍然是图书情报界广为使用的一种重要的情报检索语言，它具有许多重要的优点：

（1）由于它的特点是强调知识的系统化组织，所以它便于读者按学科（或专业）系统检索有关图书资料，族性检索的适应性强；

（2）它适用于具有任何物质形式的手工目录或索引，并不要求为编制和使用分类目录或索引配备特种设备和装置；

（3）用等级体系分类法类分（标引）图书资料，通常比其他检索语言（如组配分类法等）类分（标引）图书资料所花费的脑力劳动少；

（4）按学科或专业进行情报检索时，手工分类目录或索引的检索效率并不低于机械化和自动化情报检索系统，并且检索费用低于这些系统；

（5）由于等级体系及分类法类目的标识通常采用国际广泛使用的阿拉伯数字和拉丁字母，这就使国际统一分类达到资源共享成为可能。

众所周知，等级体系分类法对类目是采取尽量列举的方式，但是，任何一部等级体系分类法都不可能详尽无遗地列举一切类目，也不能做到包罗万象。因而，它有很大的局限性。具体表现在：

（1）受其体系结构的限制，直接的专指性差；

（2）不适用于多观点标引和检索；

（3）它往往落后于科学技术的发展水平，不能及时反映新学科、新事物，需要不断地修订和补充。并且，由于类表结构呆板，修订和增补也有很多困难。

有的分类法是以概念的分析和综合的原理为其基础编制的。编制这种分类法不是像等级体系分类法那样，事先列举所有可能构成图书资料主题的概念，并为这些主题提供一系列现成的类目表，而是将构成图书资料主题的概念首先分析成为单元或分面，然后再以综合的方法组建类号。印度图书馆学家阮冈纳赞认为，这种类表仅仅是包括若干标准单元的类表。使用时，依照分类法规定的循环置换与组合原则，按各种不同标准单元表的类号组配类目，并为一切可能存在的主题组建类号。简言之，这种分类法的目的在于将主题细分成为单元，然后依一定的规则予以再综合。依据概念分析和综合原理编制的分类法称为组配分类法，或称分面组配分类法。阮冈纳赞的《冒号分类法》基本属于这种类型。

分面组配分类法是对等级体系分类法的发展,它能克服等级体系分类法的列举方法所造成的不能无限容纳概念的局限性。它犹如用 7 个音符能自由地组成千歌万曲,用 26 个拉丁字母组成千言万语一样,分面组配分类法能以其有限的类目,通过一定的规则来表达图书资料的各种复杂概念,且具有广阔发展潜在类目的自由。它的主要优点是:

(1)对图书资料能进行多面标引,提供多种检索途径;

(2)能集中某一问题或主题的全部资料,克服等级体系分类法的线性排列方式所造成的集中与分散的矛盾;

(3)与等级体系分类法相比,它能达到更高的专指度;

(4)分类体系比较自由、灵活,能随时增加新出现的学科或事物;

(5)由于避免了类目的连续重复,因而其体积比等级体系分类法小,而表达的类目概念却多于等级体系分类法。

另外,介于等级体系分类法和分面组配分类法之间的还有体系—组配分类法和组配—体系分类法。这两种分类法既应用了概念划分和概括的原理,又应用了概念的分析和综合原理,只不过是侧重点不同。前者侧重于概念的划分和概括原理,例如《国际十进分类法》;后者侧重于概念的分析和综合原理。其实,现代图书分类法几乎都要应用概念的划分和概括、概念的分析和综合原理,所不同之点是应用的幅度问题。如何应用图书分类法的构成原理,是当前图书分类学领域内值得认真研究的一个重要问题。

第三节　分类法主表的结构

一、等级体系分类法主表的结构

属于这种类型的分类法很多,其主表结构大同小异。大致包括基本部类、基本大类、简表和详表四个层次部分。为了便于学习,我们主要以《中国图书馆图书分类法》(以下简称《中图法》)为例,介绍等级体系分类法主表的结构。

1. 基本部类　基本部类是图书分类表的一种最概括的类目。它是依据图书分类法的编制原则,将反映人类全部知识的图书资料作最概括的区分。建国以后,我国新编的几部图书分类法多属于"五分法",也就是将反映人类全部知识的图书资料区分为五个基本部类。

关于知识分类,毛泽东曾指出,"自从有阶级的社会存在以来,世界上的知识只有两门。一门叫做生产斗争知识,一门叫做阶级斗争知识。自然科学、社会科学,就是这两门知识的结晶,哲学则是关于自然知识和社会知识的概括和总结。"(《毛泽东著作选读》下册,人民出版社1986年版,第492页)在这段话里,毛泽东根据辩证唯物主义和历史唯物主义的基本原理,将人类全部知识分为自然科学、社会科学和哲学三大门类。建国以后,我国出版的几部在国内影响较大的图书分类法,基本上是按照毛泽东的这一思想来确定基本结构,将图书资料首先区分为自然科学、社会科学和哲学三大部类的。

在此基础上,《中图法》还结合我国图书馆的性质、任务和图书资料本身的特点,将马列主义、毛泽东思想经典作家的著作概括为一个基本部类,以及将一些内容庞杂,类无专属,无法按某一学科内容性质分类的图书资料,概括为"综合性图书",作为一个基本部类。

对于基本部类的序列,《中图法》按照从一般到具体,先内容的概括后形式的综合,理论指导实践的原则,首先序列"马克思主义、列宁主义、毛泽东思想"和"哲学"。因为马列主义、毛泽东思想是各门学科的理论基础,也是总结社会发展,进行社会主义现代化建设的指导思想,"哲学"是社会科学和自然科学的概括和总结,所以将其序列在基本部类的前列。对于社会科学和自然科学先后次序的安排,主要是从整个序列的内在联系考虑的。"社会科学"其中包括马克思主义政治经济学和科学社会主义两个部分,它们都是指导社会活动、包括科学活动的科学。任何科学研究和生产活动,都首先与社会经济和政治联系着,因而社会科学与马克思列宁主义的关系比自然科学更为密切。并且就马克思主义的三个组成部分(马克思主义哲学、马克思主义政治经济学和科学社会主义)来说,在"哲学"之后紧列"社会科学",有助于对马克思主义的三个组成部分连续序列。其后依次列出自然科学和综合性图书,其排列顺序如下:

马克思主义、列宁主义、毛泽东思想

哲学

社会科学

自然科学

综合性图书

2. 基本大类　基本大类是图书分类表中较为概括的大学科领域的划分,是整个分类表中的基本类目。它一般是在基本部类的基础上,根据科学技术的发展水平,图书资料的出版情况确定的。美国《杜威十进分类法》将反映人类全部知识的图书资料分为十个大类,我国建国以后新编的各种分类法都突破了"为适应阿拉伯数字的十分原则",其基本大类一般在二十个左右。如《中图法》,鉴于社会科学和自然科学发展很快,图书资料与日俱增,因此在这两个部类下各自展开为九大类和十大类,连同"马克思主义、列宁主义、毛泽东思想"、"哲学"和"综合性图书"三类,构成了二十二个基本大类。其序列为:

A 马克思主义、列宁主义、毛泽东思想

B 哲学

C 社会科学总论

D 政治、法律

E 军事

F 经济

G 文化、科学、教育、体育

H 语言、文字

I 文学

J 艺术

K 历史、地理

N 自然科学总论

O 数理科学和化学

P 天文学、地球科学

Q 生物科学

R 医药、卫生

S 农业科学

T 工业技术

U 交通运输

V 航空、航天

X 环境科学

Z 综合性图书

图书分类法基本大类的序列并非任意的,而是建立在一定理论基础之上的。其序列能否反映各门学科之间的内在联系及其次

54

序,与当时的科学技术发展水平,图书资料的出版情况有关,也与编者的世界观和认识水平有关。

《中图法》将社会科学领域中的三个重要组成部分:政治,经济,文化概括为三个大类。并且首先序列"政治、法律"大类,在"政治、法律"类后序列与之关系密切的"军事",其次序列"经济"。

一定的文化是一定社会政治、经济的反映,同时又对社会政治、经济给予巨大的影响。文化、科学、教育,文学、艺术等社会意识形态,都属于通称的相对于政治、经济的"文化"范畴。因此,在"政治、法律","军事","经济"类之后,分别(或以类组形式)列出上述有关"文化"各类。由于"语言、文字"对于发展文化有着重要的作用,同时与文学、艺术的关系甚为密切,故《中图法》将其列在"文学"、"艺术"大类之前。

历史科学是研究人类社会发展的具体过程及其规律的科学。《中图法》将"历史、地理",包括经济地理与自然地理的综合论述和历史地理组成一个类组,排在社会科学末尾,与自然科学相衔接。

自然科学各类的排列,《中图法》主要遵循从基础理论到应用技术,从简单到复杂,从低级到高级的原则,反映了学科之间的内在联系。对于新兴科学、尖端技术给予较显著的地位。在基本大类中,突出编列了"交通运输","航空、航天","环境科学"三大类。这样编制,不仅反映了科学技术的发展水平,而且体现了图书分类法的时代特征。

与《中图法》相比,国内几部新编的图书分类法,像《人大法》、《科图法》等,在其基本大类的划分和序列上稍微有些区别,这反映了编者应用马列主义理论于图书分类法的认识与理解程度。

3. 简表 简表也称基本类目表,是分类表的基本概貌和纲要,一般的主要学科和问题应得到反映。它一般由基本大类再作一、

二度区分后出来的类目和基本大类构成。《中图法》的简表区分
到三级类目。在通常情况下,基本大类是分类表的第一级类目,由
基本大类再度区分出来的类目是分类表的第二级类目,由第二级
类目直接区分出来的类目,称为第三级类目,例如:

0	数理科学和化学	（一级类目）
1	数学	（二级类目）
3	力学	（二级类目）
4	物理学	（二级类目）
6	化学	（二级类目）
61	无机化学	（三级类目）
62	有机化学	（三级类目）

简表里各基本大类的进一步区分,大致是依据马克思主义关
于该学科方法论的思想,结合图书资料的特点和图书馆的需要来
处理的。

简表的主要作用有二:①承上启下,便于通过它查找所需要的
详细类目;②可用来为藏书不多的中小型图书馆类分图书资料。
当然,在使用时可结合具体图书馆的性质,藏书特点,读者对象等,
参照图书分类法的详表作适当的调整和补充。

4.详表 在简表的基础上,根据各门学科的发展和图书资料
的出版情况,再逐步展开就构成详表。详表是分类表的最后完成,
它由一切不同等级的类目所组成(包括各种辅助表和复分方法的
使用),是分类表的正文部分,是类分图书资料的实际依据。一部
大型的综合图书分类法对于详表的要求是:完整准确,全面系统,
等级分明,次第清楚。

二、分面组配分类法的类表结构

分面组配分类法的类表结构与等级体系分类法完全不相同。
这种分类法的类表极其简洁,篇幅不大,但所能包含的类目却十分

丰富。它不像等级体系分类法那样,事先列举当时所需的一切类目,而是根据各学科、技术领域的具体情况,在对这一领域一定数量的图书资料进行仔细研究后,编制一个这一领域中使用的主要范畴表或主题类目表。这些范畴或类目是根据所属概念的分析就其属性特征拟定的,表征其属性特征的类目叫做分面,每个分面还可细分成子分面,或子子分面等。然后根据各学科领域情报检索的需要,将各个分面排成一个固定的次序,并为每个面配备代号,为每个面中的概念配备分类标记。各个分面类号在图书资料检索标识中的固定序列就称为分面公式。如阮冈纳赞《冒号分类法》中的 PMEST 即为分面公式。

分面组配分类法有不同类型,各种类型的分面组配分类法的类表结构是不尽相同的。下面就以《冒号分类法》(第6版)为例,简要介绍分面组配分类法的类表结构。

1.**基本大类** 《冒号分类法》是一部综合性的图书分类法。它也是以一组基本大类(或称主表)为开端,将知识划分为同序惯用区域,形成第一组同类序列,使其在知识领域内各占一方,详尽无遗。例如其中列有 Z 综合类,2 图书馆学,A 自然科学,B 数学,M 实用技术,R 哲学,∑ 社会科学,V 历史,W 政治,X 经济等。就基本大类而论,《冒号分类法》同其它分类法别无二样,它的主要特点及可资借鉴之处,就在于各类内部完全采用分面结构这一点上。

2.**类的划分** 《冒号分类法》每个大类的细分,不是采取层层划分,层层隶属的方法,而是应用面的分析法。即是说,每一基本大类再按分类特征的不同系列分为若干分面。现摘取《冒号分类法》中图书馆学分面类表片断加以说明。

《冒号分类法》中图书馆学的分面公式为:

2〔P〕;〔M〕:〔E〕〔2 P〕

上述公式涵义为:图书馆学〔本体〕;〔物质〕:〔能量〕〔本体

面,第 2 巡〕。分面图示如下:

分 面	词	（孤立点号）用
〔P〕	图书馆	列 举
〔M〕	物 质	列 举
〔E〕〔2P〕	问 题	列 举

从上图分析,图书馆学是由"图书馆","图书资料"和"问题"等三个分面所组成的,并分别以〔P〕,〔M〕,〔E〕〔2P〕等分面符号表示。三个分面系列的片断举例如下:

     图书馆学
     2〔P〕;〔M〕:〔E〕〔2 P〕
在〔P〕中的焦点
1   超地方性的
11   世界
13   国家
14   地区
15   州(省邦)
16   区
〔M〕中的焦点同普通目录学〔P〕中的焦点
1   按编制形式
11   书板
12   抄本
128 档案
13   有声图书
14   印刷本
15   照相复制
   …………
〔E〕和〔2P〕中的焦点
1   选书
2   组织

3	功能
4	馆际协调
5	技术处理
51	分类
55	编目
6	流通
61	咨询
62	外借
7	参考服务

…………

三、等级体系分类法与分面组配分类法类表结构的比较

等级体系分类法和分面组配分类法同属于分类检索语言。它们的基本原理是一致的，都是以概念逻辑和知识分类作为自己的基础。但是，由于两者在应用概念逻辑时，分别采用了两种不同的逻辑方法（概念的划分与概括，概念的分析与综合），因而所建立的结构体系也不相同，具体表现在：

（1）等级体系分类法是从整体上对人类全部知识进行层层划分的。在划分及排列过程中，采取了从一般到具体，从简单到复杂，由低级到高级等项原则，因而形成层层划分、层层隶属的等级系统；而分面组配分类法一开始就从范畴出发（有的分类也按传统学科划分），将人类全部知识的概念（在分类法中称为类目）分成不同的组面。

（2）等级体系分类法的每次划分一般只使用一种划分标准，不使用多种标准；而分面组配分类法则可运用多种划分标准，允许类列交叉。

（3）等级体系分类法旨在为每门学科、每个问题事先列举一个详细的类目，强调图书资料内容与分类法类目的相符性；而分面组配分类法只列出简单类目，采用组合的方式表达图书资料的主

题内容。即首先确定图书资料的主题,然后采用不同的组配特征组合起来表示。

(4)等级体系分类法力图依据一定的原理为各种图书资料列举一个类目(这是难以达到的),因而结构复杂,体系臃肿;而分面组配分类法则是将表达图书资料主题的概念分成不同的组面,并以一定的分面公式来构成图书资料的主题,整个分类表犹如各种复分表组成,从而结构简洁,类表体积则比等级体系分类法小得多。

(5)等级体系分类法是以整个知识结构作为类表的体系,它必须随科学的发展而不断更新,由于结构呆板,增加新类目有一定的困难;而分面组配分类法则是由各分面组成的分类体系,它可依据科学的发展,随之增加新的内容,其分类体系比较自由、灵活。

尽管如此,两者也有很多共同之处,尤其是现代图书分类法,都力图吸收各自的优点,克服自身的缺点,其相互渗透,互为补充的趋势日益加强。可以说,两者的有机结合将是现代图书分类法的发展趋势。

第四节 分类表类目间的关系

图书分类法是以概念逻辑和知识分类为基础的,因而分类表类目之间的关系也体现了概念间的逻辑关系。概念是对客观事物本质属性加以反映的思维形式。作为一部严谨的图书分类法,其类目要能正确地反映客观事物的本质属性,力求达到科学、准确、简洁。

在客观世界中,事物与现象之间是普遍联系与相互依存的,因而反映事物与现象的概念,也就彼此之间存在着一定的关系。由于客观事物间的关系是复杂的,所以概念之间的关系也是复杂的。

一部大型的综合性图书分类法的类目成千上万，它们是依据一定的逻辑原理区分出来的，同反映客观事物与现象的概念一样，分类表类目彼此之间也存在着一定的关系。正是由于这种普遍存在与相互依存的关系，才使这些类目构成了一个有机的整体——图书分类系统。

那么，体现图书分类系统的分类表（类目表）显示了类目之间的哪些关系呢？这些关系在分类表中的表现形式又是怎样的呢？概括起来，有两大类型：相容关系与不相容关系。下面就以《中图法》第2版为例，具体分析这两种关系在分类表中的表现形式。

一、相容关系

概念间的外延全部或一部分重合，这样的概念叫做相容概念。在分类表中，相容类目有三种形式。

1. 同一关系 同一关系是指两个概念的外延完全重合。它们从不同角度反映同一对象，但内涵却有差别。在分类表中，同一关系是指两个类目所反映的图书资料的内容是完全相同的。分类法采用了设交替类目的方法来处理同一关系。

设立交替类目是等级体系分类法为缓和"集中与分散"的矛盾而采用的一种方法。由于等级体系分类法的层层划分、层层隶属，就使分类表成为线性排列的形式。这样，边缘学科和一些具有双重从属关系的学科（或事物）就只能简单地归入某一类下，而在另一类下设立交替类目，例如：

X　环境科学	P5　　地质学
X14 环境地质学	〔P69〕环境地质学
	宜入 X14。

等级体系分类法设立交替类目的目的，是为了解决学科（或事物）多向成族的一种方法，也是为了满足专业性图书馆或情报部门对综合性图书分类法的不同需求，从而使同一性质的图书资

料在某一具体图书馆能相对集中,便于组织和利用。需要指出的是,交替类目和正式类目的类号,各自所表示的内容范围并非都属于完全的同一关系。

2. 从属关系　具有从属关系的两个概念,其中一个概念的外延是另一个概念的外延的一部分。例如,"动物","脊椎动物"。其中"脊椎动物"这个概念的外延被包含在"动物"这个概念的外延之中,它们之间的关系便是从属关系。

在分类表中,凡是具有上位类和下位类关系的类目就构成从属关系。依据某种属性对某一类进行划分所产生的一系列类目称为下位类(或称之为子项),被划分的类称为上位类(或叫做母项)。例如:

S　农业科学

　　1　农业基础科学

　　2　农业工程

　　3　农学(农艺学)

　　4　植物保护

　　5　农作物

　　51　禾谷类作物

　　52　豆类作物

　　53　薯类作物

上例中,"S 农业科学"与"S1 农业基础科学"、"S5 农作物"等的关系是从属关系;"S5 农作物"与"S51 禾谷类作物"等的关系也是从属关系。"S 农业科学"是"S1 农业基础科学"、"S5 农作物"等的上位类;而"S1 农业基础科学"……"S5 农作物"则是"S 农业科学"的下位类。"S5 农作物"是"S51 禾谷类作物"等的上位类,而"S51 禾谷类作物"等则是"S5 农作物"的下位类。由此可知,分类表中的上位类和下位类是一个相对概念。一般说来,上位类一定能包含它所属的下位类,下位类一定带有其上位类的属性。

在等级体系分类表中从属关系有三种表现形式:

①属种关系。例如,"戏剧"和"京剧"这两个概念就是属种关系。相对"京剧"来说,"戏剧"是属概念,相对"戏剧"而言,"京剧"是种概念。

②整体与部分的关系。例如,"汽车"与"汽车车轮"这两个概念就是整体与部分的关系,其中汽车是整体,而"汽车车轮"则是构成汽车的一部分。

③全面与方面的关系。例如,"电机"与"电机材料"这两个概念就是全面与方面的关系,其中"电机"这个概念概括了电机的全部问题,如原理、设计、结构、材料、制造工艺等,而"电机材料"仅仅说明了电机一个方面的问题。

在类分图书资料时,掌握类目的从属关系是很重要的,凡是能归入某一类的图书资料,必定能归入它的上位类。否则,所分的类是错误的。

3.交叉关系　概念间的外延只有一部分相重合,它们之间的关系就叫做交叉关系(也称部分重合关系)。在分类表中,凡是相关类目都具有交叉关系。《中图法》显示交叉关系的方法有:

①用"参见"表示。例如,在"J5 工艺美术"类下注明:"参见TS93","TS93"为"工艺美术制品工业"。

②采用多重列类法(即同一层次同时采用几个标准进行划分列类)。例如,"J31 雕塑技法"类下列有"J312 各种样式雕塑法","J313 各种题材和体裁雕塑法","J314 各种材料雕塑法"等。其中"各种样式雕塑法"、"各种题材和体裁雕塑法"和"各种材料雕塑法"等几个类目是交叉类目,因为它们之间具有部分重合的关系。

二、不相容关系

概念间的外延全部不重合,即是说两个概念的外延完全不同,这两个概念叫做不相容关系。在分类表中,类目之间的不相容关系也有三种情况：

1. 并列关系　并列关系是指同一个上位概念之下采用同一标准划分出来的几个下位概念之间的关系。在分类表中，凡是同位类一般都具有并列关系。所谓同位类是指由一个类直接区分出来的各个类，彼此之间称为同位类。同位类之间一般是互相排斥的；凡是能分入某一类的图书资料，一般不能归入它的同位类。例如：

G861　　水上运动

.1　　游泳

.2　　跳水

.3　　水球

.4　　划船

.5　　潜水

上例中，由"水上运动"这个类直接区分出来的"游泳"、"跳水"、"水球"、"划船"、"潜水"等类目之间的关系就是同位类的关系。显然，内容为"游泳"的图书资料，取号只能是 G861.1，而不是其它。

按照逻辑划分规则，一个概念划分出来的诸子项除互相排斥外，还必须使子项外延之和等于母项的外延，如果不相等便是不完全的划分。分类表中同位类的划分基本上遵循了这一规则。但是，考虑图书资料的实际情况，无必要一一突出列举，因而某一类划分出来的诸同位类外延之和有时不与该类的外延相等。在这种情况下，分类表常在某类所直接划分出来的各类之后编列"其他"一类，以便未被划分出来而具有某类属性的图书资料有类可归。

在分类法中，同位类的排列顺序是很重要的，除个别情况按事物名称字顺以外，一般情况应以分类标准来分析和安排，体现相互之间的联系和关系。分别不同性质的同位类，《中图法》主要采用了如下几种排列方法：

①从基础理论到应用技术，例如：

O　数理科学和化学

P　天文学、地球科学

Q　生物科学

R　医药、卫生

S　农业科学

T　工业技术

U　交通运输

V　航空、航天

②从低级到高级，例如：

G 6　各级教育

61　学前教育、幼儿教育

62　初等教育

63　中等教育

64　高等教育

③从一般到具体，例如：

Q 5　生物化学

50　一般性问题

51　蛋白质

52　核酸

53　糖（醣）

54　酯类

55　酶

56　维生素

57　激素

④从总到分，例如：

C　社会科学总论

D　政治、法律

E　军事

F　经济

⑤从古到今，例如：

I109　文学史、文学思想史

　.2　　古代

　.3　　中世纪

　.4　　近代

　.5　　现代

⑥从中到外，由近及远，例如：

K2　　中国史

　3　　亚洲史

　4　　非洲史

　5　　欧洲史

　6　　大洋洲史

　7　　美洲史

除此之外，还有按重要性、工艺流程、反纪年等方法来排列同位类的。图书分类人员掌握同位类的列类方法，能更好地理解图书分类法的体系结构，正确地类分图书资料。

2.矛盾关系　　在同一个属概念下的两个种概念的外延完全不同，但这两个种概念的外延之和等于其属概念的外延。例如，"脊椎动物"和"无脊椎动物"这两个概念之间的关系属矛盾关系，两者外延之和等于其属概念"动物"的外延。

3.对立关系　　指两个种概念的外延完全不同，互相排斥，而且这两个概念的外延之和小于其属概念的外延。例如，"原始社会"和"奴隶社会"它们的外延完全不同，而且这两个概念的外延相加之和不等于"社会"这个属概念的外延。

在分类表中，矛盾关系和对立关系是并列关系的两种特殊形式。它们同并列关系的类目一样，同属分类表中的同位类。严格地讲，同位类是互相排斥，不相容的关系。但是在分类表中，有许多同位类之间并不相互排斥，而是相互交叉，这是图书分类法的特殊之点。分类法的类目虽然要遵循形式逻辑对概念的划分规则，但也要考虑图书资料的特点、读者的检索习惯以及不同要求等。

总之,图书分类表就是根据上述概念逻辑原理,以概念的本质属性为基础,将成千上万的类目按一定的规则组成一个有机整体。如果严格按照概念的外延连续进行划分,就可以形成一个层层隶属的等级分类系统;如果对概念的外延按其多种属性分别进行划分列类,并用不同属性的类目分别进行多种交叉结合,就形成一种组配的分类系统。

第五节　说明和注释

说明和注释是图书分类法的重要组成部分,它可以帮助分类人员正确地理解图书分类法,明确类目的涵义,保证图书资料归类的准确性。由于它与图书分类表的结构关系甚为密切,故在此章加以介绍。

一、说明

说明是对分类法结构原理和使用方法的揭示。图书分类法的大小类目依据一定的原则和方法排列好以后,是需要用简练的文字进一步加以说明的,否则,就不能很好地理解和掌握图书分类法的体系结构和使用方法。通常情况下,人们将论述整个分类表的理论基础,结构原理;适用范围和使用方法;各个基本大类的结构原理、内容范围及相关门类的处理办法称为说明。《中图法》有编制说明和使用说明两种。编制说明(详见《中图法》1980 年版)包括:编制原则、体系结构、标记符号等方面的问题;使用说明(详见《中图法》使用说明　书目文献出版社 1981 年版)主要阐述了《中图法》各大类的结构原理、一般分类规则和各类分书规则等方面的问题。

二、类目注释

注释是类名的补充。有些类目名称不能准确表达类目的涵义,它要通过注释来明确。注释可进一步指明一类的内容范围,指出类目之间的关系,规定如何进一步细分或用什么方式细分(或者指出排列方法),规定一类的特殊分类规则和方法等。

类目注释是帮助分类人员了解类目涵义,明确类目间的关系,掌握分类法的重要依据。同时,它是提高图书分类法质量的一种重要手段。注释的种类很多,各种分类法的注释也不完全一致,现以《中图法》为例来说明注释的类型和作用。

1. 指明类目的内容范围 其主要目的在于帮助人们明确一个类所包括的内容范围。

例一,B849　应用心理学

　　　　　总论入此,专论心理学在某一方面应用的著作入有关各类。

　　　　　例:教育心理学入 G44。

例二,J526　金属工艺美术

　　　　　金属器物,景泰蓝,珐琅,像章,微雕,钱币等美术。

例三,G254.13　同类书排列法

　　　　　著者号码表等入此。

在分类法中,这种注释最多也最重要。它一般是采用重点列举的办法,举出有关例子。分类时不能只限于注释中所列出的内容,不能将××入此的注释或举例,误认为是仅此或全部内容的注释。例如:《论书次号的地位与作用》编号为 G254.13,它和著者号码表一样,同属于"同类书排列法"这一类。

2. 指明类目"参见"参照 类目参见,在于帮助分类人员明确互有关联、性质相近的类目,说明类目之间的关系,认清它们之间的差异。分书时,应根据图书资料的内容归入最恰当的门类中去,例如:

TF125.8　磁性材料制品

参见 TM272。

注释中的 TM272 是"电工材料"类中的"磁性粉末冶金材料",这两个类目在分类法中是性质相近、互有关联的类目,由于两者在分类法中列入了不同门类,故通过"参见"注释显示两者之间的关系,供分类人员类分图书资料时作参考。

3. 指明交替类目　交替类目又叫选择类目,它是可以隶属于两个或两个以上的学科或事物的类目,视其需要选择其中之一作为正式使用类目,其它的非正式类目就叫做交替类目。它不能直接用于类分图书资料,其类号前后用方括号括起,表明交替类号。并且类下注明"宜入××"。若某一图书馆决定启用交替类目,则需要作适当的技术处理,例如:

〔Q945.8〕　植物病理学
　　　　　宜入 S432.1。

上例中的"植物病理学",同时隶属于"Q94 植物学"和"S4 植物保护"类。《中图法》在"S4 植物保护"类下设立正式类目,而在"Q94 植物学"类下列出非正式类目,并用"宜入"注释引见正式类目。如果某图书馆需要将"植物病理学"的图书资料集中在"Q94 植物学"类下,则去掉表明交替类的符号,而将"S4 植物保护"类下所列的"植物病理学"的类号用方括号括起,改为"入"注的形式(亦即一种类目"见"参照)。例如,上例经技术处理后,则为:

Q945.8　　植物病理学
〔S432.1〕　植物病理学
　　　　　入 Q945.8。

4. 指出细分的方法

①指明利用通用复分表分。例如:

G279.3/.7　各国档案事业
　　　　　　依世界地区表分。

②指明用专类复分表分。例如:

E27　各军、兵种

69

以下各军、兵种,均可依下表分。

(参看《中图法》1980 年版,第 109 页)

③指明"仿×××分"或"仿××/××分"。例如:

F425　工业企业组织和管理

仿 F406 分。

Q946　植物生物化学

仿 Q51/56 分。

④指明具体问题仿一般性问题细分。例如:

TG508　机床厂

以下 TG51/56 均可仿 TG 5O 细分。

(参看《中图法》1980 年版,第 461—462 页)

⑤指明细分的先后次序,先"依××分,再依××分"。例如:

I3/7　各国文学

依世界地区表分,再依下表分。

(参看《中图法》1980 年版,第 179 页)

5.指示特殊的分类规则　例如:

U448　各种桥梁

涉及多种分类标准的著作入前面编列的类。如拱式公路桥
入 U448.14。

按照等级体系分类法类目划分规则,在每一次划分时,只使用
一个分类标准,不同时使用两个或两个以上的划分标准。否则会
出现划分后所得各子目互相交叉的现象。但是分类法中确有少数
类目在划分时采用了几个分类标准,分别建立几个平行的子目系
列。例如:

U448　各种桥梁

.1　各种用途桥梁

.13　铁路桥

.14　公路桥

.2　各种结构桥梁

.21　梁式桥

.22　拱桥

.3　各种材料桥梁

.32　石桥

.34　钢筋混凝土桥

这种列类方法称为多重列类法。为了解决多重列类和实际类分图书资料的矛盾,《中图法》规定了特殊的分类规则:涉及多种分类标准的著作入前面编列的类或入后面编列的类(就分类目录说,实际上这种列类方法只有与最前标号法和最后标号法连用时,才能提高检索效率)。

6.指示给号的方法　例如:

K2　中国史

20　通史

201　革命斗争史

……　……

209　普及读物

以下各代史均可仿 K20 分。例:总论南北朝农民起义的著作号码是 K239.01。

7.指明同类书的排列方法

例一,D145　第二国际会议

会议的有关论述及文献资料入此。依会议时期排。

例二,P112　天文台(观象台)

依世界地区表分,再按台名排。

8.指出在分类目录中的互见方法

例一,A16　专题汇编

汇编某一专题的著作、摘录和语录者入此,并在有关各类作互见。

例二,K825　中国各科人物传记

各科人物传记入以下各类,并在有关各学科作互见。例:中国农业科学家传记,入 K826.3,互见到 S-092。

互见的目的主要是指在组织分类目录时,将此种图书资料于有关各类重复反映(例一,详见推荐符号"a"的用法)。

从以上举例分析可以看出,说明和注释犹如一把钥匙,它可以帮助分类法的使用者了解和掌握图书分类法。有人将分类表和说明、注释的关系比作骨头和血肉的关系,充分指出了说明和注释的重要性。因此,对于各种形式的说明和注释,应予以重视。

参考文献

1.《中国图书馆图书分类法》编委会:《中国图书馆图书分类法》 书目文献出版社 1980年第2版。

2.(苏)切尔内著 赵宗仁等译:《情报检索理论概述》 科学技术出版社 1980年。

3.张琪玉:《情报检索语言》 武汉大学出版社 1983年。

4.苏天辅:《形式逻辑》 四川人民出版社 1981年。

5.宋克强、许培基:《冒号分类法解说及类表》 书目文献出版社 1986年。

6.张欣毅:分类法和分类目录、分类排架的关系 载《黑龙江图书馆》 1983年第1期。

7.韩承铎、李兴辉:图书分类法的思想性、科学性及实用性初探 载《中国图书馆学会第一次科学讨论会论文集》 1979年。

8.杨春谱:文献分类系统分析 载《图书情报工作》 1985年第6期。

第三章　标记符号

图书分类法是以标记符号表达各种概念的情报检索语言。所谓标记符号,是指分类法中用以表示其类目的代号,或称分类号。标记符号作为类目的代号,具有固定类目的位置,明确各级类目的先后次序,和在一定程度上显示类目之间关系的作用。在图书分类的实践中,对具体图书资料的一一归类,即按分类法归类,就是用类表中相应类目的号码作标识,表示已分入某类。然后图书馆员便可根据所给定的类号,对图书资料进行分类排架,或编制分类目录;读者也可根据类号检索特定的图书资料。用标记符号来代表类目,是现代图书分类法的一个重要特征。因而,标记符号是图书分类法的一个重要组成部分。

第一节　标记符号与类目体系

分类表的使用价值在很大程度上取决于标记符号的性质。在通常情况下,分类号配备得合理,就便于分类表使用,否则,分类表的使用价值就受到影响。因此,在编制图书分类法时,除要求贯彻类名的科学性、准确性和简洁性等项要求外,还必须掌握标记符号的性质,注意处理好标记符号和类目体系之间的关系。

一、标记符号与类目体系的关系

分类表中的各级类目按照一定的形式排列好之后,还不能据此来处理图书馆的日常工作。例如,图书资料的标引上架,分类目录的组织,图书馆员的出纳工作等。因为图书分类表的类目成千上万,它们的先后次序是依据类目间所显示的各种关系排列的。这些类目若脱离具体的分类体系,就只是一些表示学科(或事物)的概念,这些概念都是用自然语言表示的,例如,"有机化学"、"哲学"、"图书馆学"、"情报学"等。如果使用这些自然语言作分类标记直接表示分类法中的类目概念,其结果是各概念之间会出现一种非逻辑状态,人们就很难迅速地确定某一概念在分类体系中的明确位置,因为自然语言除字顺外,缺乏明显的逻辑顺序性,不宜用作分类标记来进行频繁的工作。因此,现代图书分类法几乎都是以一种简明而有顺序性的符号来代替类目。标记符号作为类目的代号,既能表示类目在分类体系中的位置,确定类目的先后次序,又能作为图书资料进行频繁排检的简明符号(用自然语言直接标记类目之间的逻辑次序,在日常工作中是不可想象和难以达到的)。一部好的分类法,如果缺乏一套运用方便的标记符号,就会直接影响分类法的推广使用,给组织和利用图书资料带来困难和麻烦。在图书分类学史上,由于标记符号配备不当,而影响分类法使用价值的情况并不少见。造成这种状况的主要弊端是由于将标记符号只是作为一种纯粹的技术问题去研究,而没有从理论或学术的高度来认识这个问题。

我们应当看到,类目体系配上标记符号后虽给图书分类法的使用带来极大的方便,但是,却又在一定程度上会束缚分类体系的发展,主要表现在:

(1)由于每个类目都有相应的号码,它在分类体系中的位置就固定了,因而不便改变其所处的先后次序。

（2）如果配号方法使用得不恰当，增加新类目就会受到很大的限制，有碍于图书分类法的发展。

由此可以看出，标记符号和类目体系之间的关系，是形式和内容的关系。一定的形式要服从一定的内容，同时，它又反作用于一定的内容。所以既要看到标记符号对类目体系的积极作用，又要充分认识标记符号对类目体系的限制作用，应尽量处理好这个矛盾。在我国，尤其需要着重研究标记符号的理论问题，改革传统的标记制度，以适应图书资料检索工作的需要，满足电子计算机检索的要求。

二、类目体系对标记符号的要求

类目体系对标记符号的要求，既是编制图书分类法，配备标记符号应当注意的实际问题，同时又是需要研究的理论问题，开展对于这个问题的研究，无论是对提高图书分类法的使用价值，还是对标记制度理论的发展都有积极的意义。从编制图书分类法实践经验的总结来看，类目体系对标记符号有如下四点要求：

1.简短性　简短性是标记符号所应具有的性质之一，即要求号码简短明了，便于排检，尤其是在手工排检目录和分类排架的情况下更是如此。因为，图书馆员在排列图书资料和组织分类目录时经常与号码打交道，读者在检索图书资料时如果查检分类目录，也要利用分类号。号码长，必然会影响排检速度，而且容易出现差错；而号码简短便可一望而知，方便排检。标记符号的简短性基于如下几个条件：

①所用符号的基数长度。符号的基数越长，则容纳的类目就越多，因而，可利用的短号也越多。例如，用阿拉伯数字做标记只有 10 个，若用拉丁字母作标记，则有 26 个。

②分类表类目的专指度。通常情况下，专指度越高，号码就越长，若类目比较概括，则号码就较短。

③号码配备的均匀度。分配均匀则号码比较简短。

④是否采用层累制。采用层累制号码就长,若不采用层累制而是采用顺序制则号码就较为容易达到简短的要求。

⑤类号是否组配。组配是指用两个或两个以上的简单号码组合成复合号码。很显然,不采用组配方式的号码必然比采用组配方式的号码要简短得多。

2. **助记性** 助记性要求号码便于记忆。号码简短是助记性的条件之一,但不是唯一的条件,除此之外,助记性是要求号码:①所用符号本身要有习惯的自然顺序;②清楚明白,易于拼出;③所用符号种类不复杂;④最终集中时要求对共性概念类目的排列和标记要一致,才方便记忆。

3. **表达性** 表达性要求号码能够表示类表的结构,显示类目在分类体系中的层次与次第位置。从具有表达性的类号形式上,可判断两个或几个类目之间的关系。具有表达性的分类号清楚明白,易懂,易记,便于扩检或缩检。无论是等级体系分类法,还是分面组配分类法,都可以配备表达性的号码。例如,DC 基本是等级制表达性的号码,CC 是组面制表达性的号码。表达性标记的缺点是类号不够简短,不便在同一层次的号码(同级号码)中间扩充类号,以适应类目的发展。

4. **容纳性** 容纳性又叫扩充性,是标记符号的一种重要性质。前面提到,标记符号是为类目体系服务的,类目体系决定标记符号。我们知道,图书分类法是时代的产物,在一定时期内,它有相对的稳定性。但是,随着时代的发展,科学的进步,图书分类法也要发展,需要补充新的类目。这样,在编制图书分类法配备标记符号时,既要照顾分类法的相对稳定性,同对,也要考虑分类法发展扩充的可能性。不能只顾眼前利益,使标记符号难以扩充而造成分类体系的僵化。要使一部分类法能较好地适应科学的发展,具有长久的生命力,就必须使标记符号具有最大可能的容纳性。图书分类法标记符号的历史,就是一部不断追求标记符号的最佳容纳性的历史。具体地说,容纳性要求标记符号不束缚类目体系的发展,能适应任何类系和类列的必要细分和增补,能为任何新出现的学科或问题配上恰当的标记符号。

上述四点,是类目体系对标记符号的具体要求,也是一种好的标记系统应具备的属性。诚然,要使一种标记系统同时达到上述四种性能是难以做到的。在一般情况下,只能依某一种或两种性能为主,其它为辅。要正确体现标记符号的各种属性,使所采用的标记符号能适应科学的发展,满足读者的检索要求,与选择哪一种号码和运用哪一种配号制度有关,在编制图书分类法时应慎重考虑标记符号的配备问题。

第二节　标记符号的种类与标记制度

一、标记符号的种类

按其所用符号的形式,标记符号可分为单纯号码和混合号码两种。

1.单纯号码　凡是采用一种有固定次序的号码系统称之为单纯号码。单纯号码又可以分成单纯数字和单纯字母两种。采用单纯数字作为号码的图书分类法比较多,如美国的《杜威十进分类法》,我国的《科图法》等。采用单纯字母作为号码的分类法比较少见(尤其是国内)。原因是不够简明,读出比数字困难。

2.混合号码　凡采用两种或两种以上有固定次序的号码系统称为混合号码。这种号码在国内外分类法中应用比较普遍。如《冒号分类法》、《中图法》等均采用混合号码。

此外,有些分类法还采用了一些辅助符号,以增加号码的表达性、灵活性和助记性。

标记符号之所以必须以数字、字母或两者结合为基础,是因为数字、字母能普遍为人们所接受,其排列顺序是人们所熟悉而唯一的符号。以较为通用的单纯数字号码和字母与数字相结合的混合号码相比,单纯数字号码顺序明确,易读易记,便于排检,而且数字是国际通用的,有可能成为世界通用的标记语言。但是,由于数字基数短,一般只能容纳 10 个同位类,同位类超过 10 个,就得增加号码的级位,从而影响号码的简短性。为了解决这个矛盾,一般分类法采用了字母与数字相结合的混合号码。如《中图法》等就是用字母标识基本大类,用数字标识大类以下各级类目序列的。其优点是基数多,层次清楚。虽不及单纯数字易读易写,但却是一种值得研究的号码。

二、标记制度

分类号的编号方法称做标记制度。比较常见的标记制度有三种:

1. 结构型标记制   结构型标记制是一种能够揭示分类表的层次结构及组配结构的编号方法。应用较为普遍的有两种:

①层累制   层累制,又叫等级标记制,是一种与类目相适应,层次分明的标记制度,一般只用一位数字或一个字母表示大类,再加一位数字或字母表示它的下位类。如此层层累加,用来表示类目的层层划分。层累制的特点是,等级分明,号码的级位与类目的级别完全相适应;下位类号必须包括其上位类号,同位类号的前几位必然相同,从类号上可以看出类与类之间的关系,是一种最为常见的结构型标记制。如我国的《人大法》采用的就是层累制的编号方法。它的每一位类号代表一个级位的类目,如遇到两位(10除外)一类时,则在其后注小圆点"·"表示仍代表一个级位的类目。现摘取《人大法》(第 5 版)中"艺术"类的一段来加以说明:

78

8	艺术
81	综合艺术作品集
82	绘画
821	绘画理论与技法
822	中国绘画
1	壁画
2	国画
……	……
8	铅笔画
9	钢笔画
10	粉笔画
11	素描
12	速写
13	民间画,年画
14	儿童画
15	连环画
16	插图
17	宣传画,漫画

从上例中可以看出,《人大法》是用一位数字表示一级类目,如"8"代表"艺术";用两位数表示二级类目,如"82"代表"绘画";用三位数表示三级类目,如,"822"代表"中国绘画";用四位数表示四级类目,如,"8222"代表国画,如此类推。如果一个划分出来的同位类过多,超过了10个时,就用两位数(10除外)后加"·"的办法容纳同位类目,如"82212.",仍表示四级类目,代表"速写",它与"8222国画"是同级类目。

层累制的优点是:表达性强;便于扩大或缩小检索范围;有利于机器检索。但由于号码级位随类目的等级增加,所以类目愈细,类号就愈长,一个类划分出的同位类多于所用符号基数时,就得用双位符号表示同级类目,同时,用严格的层累制标记,其同级号码的中间和前面难以扩充新号,使容纳性受到一定的影响,这些乃是层累制的缺点。

②分面标记制　又称分段标记制。它是伴随组配方法的应用而产生的一种编号制度。其特点是能够显示类目的组配结构。这种标记制度不仅能够使分类标记表述相应类目的完整的主题概念，而且还能从分类标记的节段形式上反映构成这一主题概念（类目）的各个主题因素。分面标记制度为《国际十进分类法》所首创，后被《冒号分类法》以及其他分面组配分类法广泛应用。

这种标记制度往往在每一节段的开始采用大写字母，以后采用小写字母（如《伦敦教育分类法》）或数字（也可用数字开头，以后采用字母），或者在每一节段号码之间加上分面符号或分隔符号（如《冒号分类法》等）。这样便可使各面分明，以利于新类目的插入。分面标记制度的表达性和容纳性都要比层累制强，便于利用电子计算机进行扩检或缩检。其缺点是号码较长，分类标引较为复杂。

2. 非结构型标记制　又称顺序标记制。是一种不按类目的等级，只按类目的先后次序分配号码，利用标记符号固有顺序来标志全部类目的编号方法。这种编号方法只反映类目排列的先后次序，不显示类表的结构特点，从类号长度上不能够判断类目的上、下位类和同位类之间的关系，因此称之为非结构型标记制。由于这种标记制度是利用标记符号本身固有的顺序来标记全部类目，因此，它既可以按整数固有的顺序，也可以按小数或字母固有的顺序来为类目配备标记符号。其编号方法举例如下（以下号码和类目是为说明顺序标记制而拟定的）：

01　　图书馆学,图书馆事业

02　　　图书馆学

03　　　　图书馆的方针,任务

04　　　　图书馆的组织与管理

05　　　　图书馆建筑与设备

不论采用哪一种顺序制,其共同优点是号码特别简短。其缺点是不能反映类目之间的逻辑关系,缺乏表达性和助记性。建国以后,我国新编的几部主要图书分类法没有完全采用顺序标记制的。但是,国外近一二十年来所编制的专业分类法采用顺序制(主要是小数或字母顺序制)的越来越多。原因是,一些人认为追求标记的表达性而采用层累制,就会束缚类目的发展。一般说来,标记符号的表达性和容纳性是很难相协调的。而采用顺序制,追求标记的容纳性,则能够适应任何类列和类系的无限细分或增补,能够为新出现的主题配上恰当的标记符号。

3.混合标记制　混合标记制是结构型标记制和非结构型标记制相结合的一种办法,也称为压缩层累制。

混合标记制是将分类号分成两部分,一部分用顺序制,一部分用层累制。这种编号方法是使号码的级位不严格反映类目的等级,而采用一种取长补短的方法。从上面的分析可以看出,顺序制和层累制各有优缺点,为了做到既使标记符号达到简短性的要求,又能使它在一定程度上显示类目之间的逻辑关系,特别是适应类目体系发展的容纳性,因此就产生了混合标记制。混合标记制虽力求综合顺序制和层累制的优点,但编制比较复杂,真正做好也很不容易。

混合制可以分为两种基本形式:

①顺序—层累标记制

②层累—顺序标记制

《科图法》采用的基本上是顺序—层累标记制。例如：

00	马克思列宁主义、毛泽东思想	} （一级类目）
10	哲学	
11	马克思主义哲学	} （二级类目）
12	哲学史	
13	中国哲学	（三级类目）
.1	先秦哲学	（四级类目）
.11	周易	} （五级类目）
.12	儒家	
14	亚洲哲学	（三级类目）
15	欧洲,非洲,美洲,大洋洲哲学	（三级类目）
16	逻辑学	（二级类目）

以上三种标记制度,各有其优缺点,要达到类目体系对标记符号的要求,对于标记制度仍需作深入的探讨和研究。

第三节 《中图法》的标记符号

图书分类法所用的标记符号,历来为图书分类学家所重视,他们在改造传统分类法和编制新型分类法的过程中,总是将标记符号的改革作为一项重要的内容。从某种意义上说,图书分类法的发展史实质上是一部不断追求最佳标记的历史。建国以后,我国所编制的各种分类法,不仅在体系结构方面有所突破,而且在标记符号的配备方面也不断得以改进。其基本特点是在展开编号原则的前提下,运用了多种编号方法。如《人大法》采用的是严格层累制;《科图法》采用了顺序—层累的编号方法。《中图法》的标记符号,是在总结国内已有分类法的编号方法基础上,吸收国外某些分类法标记符号的长处,而采用的另一种形式的编号方法。

一、《中图法》的编号方法

《中图法》所用的标记符号是汉语拼音字母与阿拉伯数字相结合的混合号码。用字母的顺序表示 22 个基本大类(参见《中图法》第 2 版第 1 页),在字母后面,用数字表示以下类目的划分,数字的设置采用小数制。所谓小数制是将全部标记数字视为小数的编号方法,用 0—9 作为标记,并以数值的大小来排列类目的先后次序,它在一定程度上可以表示类目之间的等级关系,还可以随类目的发展和深入细分而无限地扩充和延伸,不致改动原有的分类号。当一个类号的数字超过三位时,为了醒目、易读、易记,规定从左至右每三位数字与其后一位之间注一小圆点"·",这个小圆点称为间隔符号,对类号所代表的类目不发生任何影响。

在标记制度上,《中图法》基本遵循了层累制原则,尽可能使号码的级位代表类目的等级,并能显示类目之间的各种逻辑关系。

《中图法》是采用一个字母标志一个大类,以字母顺序反映大类序列的。但由于工业技术类内容复杂,涉及面较广,因此,采用双字母表示工业技术类下的二级类目(参看《中图法》第 2 版第417 页"T 工业技术"类)。

虽然,《中图法》的标记制度基本上是遵从层累制原则的,但是,考虑到类目设置的复杂性和符号本身的局限性,而采用了一系列变通的编号方法。

1.八分法 八分法是一种扇形编号法,为印度图书分类学家阮冈纳赞所创。即以"9"作为空位号,进行以阿拉伯数字外推方式来扩展类列,因而又有"扩九法"之称。这是当同位类超过 8 位以上,而阿拉伯数字的基数又不足时所采用的一种编号方法。具体办法是,用 1—8 表示 8 个同位类,超过 8 个时,从第 9 个类目开始用 91,92,93,94……98 来标记;若超过 16 个时,则不用 99 而用

991,992······998 来表示。

采用这种编号方法,虽然在数值上突破了号码的级位代表类目级别的等级性,但是在形式上,它是将9作为空位,连同其后的数字可看作一个级位的号码,与前面的1—8一样,仍然能有规律地代表类目级别的等级性,只不过是号码长一些罢了。重要的是,八分法增加了类列无限扩充的可能性,例如:

TL　原子能技术

1　基础理论

2　核燃料及其生产

3　原子能反应堆工程

4　各种原子能核反应堆

5　加速器

6　受控热核反应

7　辐射防护

8　射线探测技术与核子仪器

91　核爆炸

98　核动力厂

2. 双位制　双位制又称百分法,也是为了实现类列有较好的容纳性而采用的一种编号方法。具体作法是,在一个学科类目下,当直接展开的下位类过多时,就对其同位类部分地采用两位数字表示,这种方法既能容纳更多的同位类,较之八分法来说,还能相应缩短号码。两位数的形式是11—99,例如:

TQ　化学工业

11　基本无机化学工业

12　非金属元素及其无机化合物化学工业

13　金属元素的无机化合物化学工业

15　电化学工业

16　电热工业、高温制品工业

17　硅酸盐工业

············　　·············

61　染料和中间体工业

62　颜料工业

63　涂料工业

64　油脂和脂的化学加工工业、肥皂工业

65　香料和化妆品工业

这种编号方法虽有百分法之称,但不用00—09,10,20……90等。实际上它只能容纳81个同位类。从同位类的展开不是无限罗列,而是有一定的综合概括来看,有81个同级类号是够用的。不过,这种方法在分类法中用得较少,并且往往只是采用1—9中个别的双位制,或舍弃个别双位制,仍用其单位数,以缩短号码。如果一律采用双位制,也可用作层累制的编号方法,这样号码就普遍长了,不符合号码简短性的要求。

3. 借号法　借号法是为了避免严格按前两种办法对类目安排的局限性,和更好地适应类目体系对标记符号的要求,而采用同位类借用相应的上级号码、下级号码和同级号码的一种编号方法。

①在个别同位类中,借用了下级号码,例如:

Q 96　昆虫学

961　昆虫演化与发展

962　昆虫细胞学

963　昆虫遗传学

964　昆虫形态学

965　昆虫生理学

　.8　昆虫病理学

　.9　昆虫毒理学

966　昆虫生物化学

967　昆虫生物物理学

……　　……

这里"Q965.8昆虫病理学"、"Q965.9昆虫毒理学"与"Q965昆虫生理学"、"Q966昆虫生物化学"等都是同位类,其类号则使用了下级号码。

借下级号码为任何两个号码之间扩充类目、配给号码提供了可能,因为任何两个小数之间的小数是无穷的。例如《中图法》第2版在第1版的"P14 天体物理学"与"P15 恒星天文学"两个相邻同位类之间,就用借下级号码的方法扩充了两个同位类"P148 天体化学"和"P149 天体生物学",这两个类目与"P14 天体物理学"、"P15 恒星天文学"都是同位类。

②有时为了缩短号码,或对重点类目给予较宽裕的号码,采用了下位类借用上级号码的办法,例如:

Q949.4　种子植物,显花植物

　　.5　　　有管有胚植物门

　　.6　　　　裸子植物亚门

　　.7　　　　被子植物亚门

上例"Q949.5 有管有胚植物门"是"Q949.4 种子植物,显花植物"的下位类;"Q949.6 裸子植物亚门"和"Q949.7 被子植物亚门"是"Q949.5 有管有胚植物门"的下位类。对每一个类目来说,借用了相应的上一级号码;就不同等级的一组类目而言,也可以说是采用了一个等级的小数顺序号码。

③借用同级号码,例如:

TU 22　房屋构造设计

　　222　　基础、底脚

　　223　　梁

　　……　　……

　　229　　楼梯、坡道、电梯

　　231　　屋顶(屋面)

　　……　　……

　　238　　建筑装饰

上例中的"TU222 基础,底脚"等与"TU231 屋顶"……"TU238 建筑装饰"等是同位类,其类号也是同级的。可是后一部

86

分号码不是在上级类号 TU22 下展开的,而是借用 TU23 下面展开的同级号码,它不同于在 TU22 下用双位制 TU2231—TU2238,它缩短了一位号码。

4.间隔编号法 也称空号法。即在同级号码之间或前后预留一定的空号,以适应同位类的扩充而备用的一种方法。一部图书分类法,不可能将所有的学科、事物收罗无遗。随着科学的发展,人们认识的不断深入,必定要出现一些新学科、新事物。因此,在配备类号时,编者总是有目的地留下空号,以备扩充。这种方法是各分类法常用的一种方法。例如:

S727　特种林营造
　　.3　　经济林
　　.4　　薪炭林
　　.5　　渔牧林
　　.6　　矿柱林
　　.9　　狩猎林

上例中的 S727.1、S727.2、S727.7、S727.8 等类号就空着没用,若"S727 特种林营造"类下要增加新类目,就可利用预备的空号。

5.对应编号法 这是一种具有助记性的编号方法,例如:

H 1　　汉语
　11　　语音(音韵学)
　12　　文字学
　13　　语义、词汇、词义
　14　　语法
　15　　修辞
　159　 翻译
　16　　字典、词典、古代字书
　17　　方言
　19　　汉语教学

H31	英语
311	语音
312	文字
313	语义、词汇、词义
314	语法
315	修辞，作文
.9	翻译
316	词典
317	方言
319	语文教学

上例中，无论是汉语，还是英语，其类号尾数的 1 代表语音，2 代表文字，3 代表语义、词汇、词义，4 代表语法，5 代表修辞，6 代表词典，7 代表方言，9 代表语文教学。这里同样的符号代表着相同的概念，一看到这些符号就容易同那个概念联系起来，而且容易记忆，有人称这种编号方法为"系统记忆法"。

6.《中图法》中 0 的应用　数字中的"0"在分类法中是一个十分活跃的号码，各种分类法都很重视 0 的作用。《中图法》中 0 的应用也比较广泛，概括起来主要有以下几点：

①在类目表中作为主类号的组成部分。

a. 代表某学科理论性的类目，例如：

B0	哲学理论
E40	工业经济理论

b. 表示某学科总论性的类目。例如：

G510	世界教育政策

　　　　　　　总论各国教育政策的著作入此。

K10	世界通史

c. 表示有关学科或事物的"一般性问题"。例如：

R730	肿瘤学一般性问题
Q550	酶的一般性问题

88

②作为某些分类复分表中子类号的标记。例如：

01	气候旬报
02	气候月报
03	气候年报
04	气候累年报
05	单项要素的报告
09	其他气候资料

③作为转换分类标准的标记。例如：

"南亚语言学家传"编号为 K833.505.5

关于数字 0 的用法，各分类法不尽一致。数字 0 在分类法中是一种很有意义的符号，如何应用需要认真加以研究。

二、《中图法》的辅助符号

辅助符号是用以表示类目特定含义的符号，它具有规定类目特殊职能的作用，故也可以称之为图书分类法的职能符号。《中图法》所用的辅助符号有如下几种：

1. "a"推荐符号　这个符号主要是为了目录里除 A 大类以外在有关各类突出反映马列经典作家的著作。《中图法》规定：马克思、恩格斯、列宁、斯大林、毛泽东的科学专著，除集中在第一大类外，还应在各学科作互见，并加符号"a"作为推荐的标志。组织目录时，凡带有"a"的，应排在不带"a"的相同类号之首，例如：

毛泽东《矛盾论》（1937 年 8 月），编号为 A424，互见号为 B024a，组织目录时 B024a 应排在 B024 之前。

2. "－"总论复分号　这个符号只限于使用总论复分表。有些图书资料，按其学科内容归入既定的门类之后，还要依总论复分表细分。凡带有"－"（总论复分号）的，应排在该类同级号码"0"之前。例如：

《简明政治经济学词典》编号为 F－61，F－61 应排在"F0 政治经济学"之前。

3."（ ）"国家区分号　主要用于某些图书资料必须区分国家，而类表中未注明"依世界地区表分"的情况。例如：《中国南方水稻育种经验》编号为 S511.03（2）

4." ＝"时代区分号　主要用于某些图书资料必须依时代划分，而类表中未注明依时代区分的情况。例如：

《近两年来的肿瘤疗法经验》编号为 R730.5 ＝54

5."："组配复分号　主要用于缓和类表的线性排列而造成集中与分散矛盾的一种编号方法。例如：

"O39 应用力学"类下注：总论入此，专论在某方面的应用入有关各类。例如：工程力学入 TB12，如愿将力学在各方面应用的著作集中于此者，可用组配方法按本表序列排。例：工程力学为 O39：TB12。

《中图法》的详本《中国图书资料分类法》为适应资料分类的需要，除把"："称作关联符号以外，还增加了" ＋"联合符号，"〈 〉"通用时间、地点区分符号，"《》"民族区分符号等（具体用法可参见《中国图书资料分类法》，1982 年第 2 版）。

此外，《中图法》还有两种辅助符号：

1."/"起止符号　用来指明号码所表示类目的范围。例如，"D1/3 国际共产主义运动、共产党"，表明从 D1 到 D3 的一组类目。

2."〔 〕"表示交替类目的符号　用来表示有兼互关系的类目，以供不同性质的图书馆选择使用。使用交替类目时，应将"〔〕"（表示交替类目的符号）去掉，并将相应的正式类目用"〔 〕"括起来。例如，生物研究所图书馆要使用"〔Q8〕环境生物学"为正式类目时，应去掉"〔〕"，并将环境科学类的"X17"用"〔 〕"括起，变为〔X17〕，并在其类下注明入 Q8。

这两种（"/"、"〔 〕"）辅助符号仅用作说明，不作类分图书资料的实际分类号。

综上所述,《中图法》标记符号的特点可概括为:

(1)采用字母与数字结合的号码系统,用字母标识基本大类,使之清楚醒目,并增强了助记作用;

(2)数字部分在基本遵从层累制的同时,还运用了八分法、双位制、借号法等多种形式的编号方法,给标记制度以极大的灵活性,能较好地适应任何类系和类列的细分和增补;

(3)运用了一定的辅助符号,从而使我国分类法由传统的线性标记逐渐向分面型标记的方向发展;

(4)类号较为简短,适用于图书资料的排架。

三、类号的排列顺序

《中图法》所用的标记符号是拉丁字母与阿拉伯数字相结合的混合号码。其基本大类部分及"工业技术"类的二级类目是依字母的固定顺序排列的,其余部分均依数字的小数制排列法排列。在同一类中,不管号码有多少位,都必须依第一位的号码固有顺序排列,第一位相同时,依次再按第二位数字排,余此类推。如果遇到多种符号,应当按照类表规定的用法排列。如果有这样一组类号:H1,Hll,H12,H,H134,H2,H219,H0,H5,H－66,H429,Ha,H54,H532,其排列顺序应为:Ha→H→H－66→H0→H1→H11→H12→H134→H2→H219→H 429→H5→H532→H54。若同时遇到地区区分号"( )",和时代区分号" ＝"时,一般应遵循先地区后时代的次序排列。

参考文献

1.《中国图书馆图书分类法》编委会:《中国图书馆图书分类法》 书目文献出版社 1980 年第 2 版。

2.侯汉清:关于分类法标记制度的商榷 载《图书馆杂志》 1983 年第 3

期。

3. 李兴辉:建国以来我国图书馆分类法不断改进的几个问题　载《图书馆学通讯》 1985 年第 1 期。

4. 周继良:小数制标记符号浅识　载《吉林省高校图书馆通讯》 1987 年第 1 期。

第四章　复分表

第一节　复分表的意义与类型

一、复分表的意义

复分表也称为附表、辅助表,是将主表中按相同标准划分某些类所产生的一系列相同子目抽出来,并配以特定号码,单独编制成的,供主表有关类目作进一步复分用的类目表。它是图书分类法的重要组成部分。

我们知道,在编制分类表时,主表中有许多性质不同的类目在作区分时,往往采用同一标准,区分出来的各子目,具有某种共同的属性特征。如:

世界历史　　　　　　　文学史
古代史　　　　　　　古代文学史
中世纪史　　　　　　中世纪文学史
近代史　　　　　　　近代文学史
现代史　　　　　　　现代文学史

世界历史与文学史两个类,不但可以按时代区分,还可以按地域区分,如:

世界历史　　　　　　　文学史
中国历史　　　　　　中国文学史
朝鲜历史　　　　　　朝鲜文学史

日本历史	日本文学史
英国历史	英国文学史
……	……

像上述时代、地域等区分标准适用于许多类目，事实上很多图书资料也需要按这些标准来区分。如果都在各有关类目下分别列出按"时代"分：古代的、中世纪的、近代的、现代的；按"地域"分：中国的、朝鲜的、日本的、英国的……，类表的篇幅势必会十分臃肿，而且这样的全面、详细列举必然会增加类表中的虚设类目，也难以使类表容纳更多的概念。因此编制分类表时，将各类中有关时代、地域、民族、语种、著作类型与体裁以及学科的总论性问题等具有共性的子目集中起来，单独编列成复分表，作为主表中有关类目据以复分的标准，就十分必要。

复分表的作用可归纳为以下几个方面：

第一，简化类表，节省类表篇幅，使类目体系变得系统、简明，增强类表的伸缩性与灵活性；

第二，增强主表中有关类目的细分化程度，使同性质类目的细分规范化，使分类号的结构具有一定的规律性，有利于揭示图书资料中复合主题的各主题因素；

第三，提高类表容纳更多概念的能力，同时，复分号若带有标志符，并允许主类号与复分号在必要时能够前后调换位置或将复分号插入主类号中间的适当位置，就能使图书情报部门根据本单位的性质与读者需要，局部地改变原有分类体系，集中某些图书资料，并提供多途径检索；

第四，对于体系分类法来说，编制复分表还有利于体现"文献保证原则"，在一定程度上减少因类目的层层划分、层层列举而带来的虚设某些类目的弊病。

由上可见，编制高质量的复分表对于提高图书分类法的质量与性能是有显著作用的。从国内外一些图书分类法来看，不仅分

94

面组配分类法编制有复分表,而且体系分类法的修订也很重视扩充与改进复分表。如《杜威十进分类法》(DC)第 16 版之前仅有"标准复分表",第 17 版增加了"地区复分表",第 18 版大幅度地扩充了原有的两个复分表,还增设了文学复分表,语言复分表,人种、种族、民族复分表以及语种表、人物表等五个复分表。DC 第 19 版的七个复分表中的类目数达 8024 条,占总类目数的 27%。《中图法》在三版修订时亦曾把扩充、改进复分表作为修订工作的重点之一。

二、复分表的类型

复分表按其使用范围分为通用复分表与专类复分表。此外,类目仿分与主类号组配也具有同复分表基本相同的性质与作用。

1. 通用复分表　通用复分表是供整个分类表各大类中有关类目作进一步区分用的复分表。它通常附在图书分类表的后面。在现行的图书分类法中,通用复分表主要有总论复分表、地区复分表、时代复分表、语种复分表、民族复分表等几种。

总论复分表的内容一般包括两个方面,一是关于学科与事物的总论性问题,如理论与方法论,历史、现状与传记,机构、团体、会议,研究方法、工作方法、管理方法以及教学与普及等;二是关于著作类型方面的类目,如字典、词典、手册等参考工具书,标准、规程与条例,丛书、文集与连续出版物等。地区复分表的内容一般包括自然地带(如热带、寒带),自然地理特征(如陆地、海洋、山脉、河流),方位区分(如东方、西方、内部、外部)以及世界地区(各大洲)、国家及其所属的省、州、主要城市等。时代复分表的类目一般包括时代、年代以及时令特征(如春、夏、秋、冬)等方面的类目。语种表的内容一般包括各语系、语族、语支及其所属各语言等。民族表的内容一般包括世界或某国范围内的各个民族的名称类目。

2. 专类复分表　专类复分表是供分类表中某大类或某大类中

的部分类目作进一步区分用的复分表。

专类复分表是根据各类图书资料分类的需要而编制的,相对于通用复分表而言,专类复分表的使用范围比较狭窄,它只是供某大类或某大类中的有关类目复分用的,其他类不能依此表复分。如《杜威十进分类法》(第19版)的文学复分表是供文学大类中有关类目复分用的。又如《科图法》(第2版)"42文学"大类中的"中国少数民族文学作品细分表":

3	诗歌
4	戏剧
5	小说
6	散文、杂著
65	报告文学
7	民间文艺
8	少年儿童文学

这个复分表只是供"42文学"大类中"44.9中国少数民族文学"类复分用的,其他类不能使用。各种图书分类法中专类复分表设置的数目与编列的层次、深度不一样,如《中图法》(第2版)社会科学各类设置了31个专类复分表,复分类目300多个。《科图法》(第2版)社会科学各类设置了14个专类复分表,复分类目200多个。

3. **类目仿分** 类目仿分是指类目表中某些类目下未列出下位类的名称,而仅指明"仿……分"的一种复分方式。被仿分的一组类目,实际上就是一个隐含的专类复分表,其性质与专类复分表基本相同,只是不单独编表而已。类目仿分大体上有三种形式:

①临近(或近似)类目仿分。即有些类目具有相同的划分标准,将其中一个类详细列出子目,其他类仿照复分。如《人大法》中12.7南极地理类下注:"仿12.6(北极地理)分",北极气候的类号是12.613,南极气候的类号则为12.713。临近类目仿分是类目

仿分的三种形式中最常见的一种,无论是体系分类法还是分面组配分类法都广泛地采用了这种类目仿分的形式;

②仿"一般性问题"或"一般著作"分。"一般性问题"或"一般著作"是一种概括性类目,其所属的各子目对有关具体类目具有共性区分的意义。如《中图法》中 TM31/38 各种电机类均可仿"TM30 电机一般性问题"分,交流微电机设计的类号为 TM382.02。

③仿全部类表分。这种情况要求将仿分的类按全部类表复分一次。如《科图法》(第 2 版)中 37.666 专业图书馆类下注:"依学科性质分,以(本表)学科号码附加于本号码之末,例:农业科学院图书馆(的类号)为 37.66665"。

应该指出的是,类目仿分与复分表相比较,它能起到前面提到的复分表作用中的第一、二、四个作用,但不能起到第三个作用,即不能起到局部地改变原有分类体系,集中某些图书资料的作用。这是因为通过类目仿分构成的分类号只是一种整体式分类号,而复分表则可通过采用标志符,使主类号与复分号组配成为分段式分类号。

4.主类号组配　主类号组配就是用组配符号将主表中两个或两个以上类目的类号组成一个复合类号,用以表示比原来任何一个类目的内容范围狭窄的新类。主类号组配一般采用":"号作为组配符号。":"号称为冒号,也有称为关联符号的。":"号前后的分类号其次序可以调换,即可以轮排。

主类号组配除具有复分表的作用外,还具有三个显著的作用:

其一,表达分类表中未反映的新学科、新技术、新问题,提高分类表容纳新概念的能力。例如,艺术社会学在《中图法》(第 2 版)中没有列出专类,如果采用主类号组配,则可形成"艺术社会学"新类目,其分类号为 C919:J0。

其二,有利于体现学科或事物之间的某些联系。如表示:

"……所用的……";"……在……中的应用"等。例如,类号 621.395:621.375(《国际十进分类法》)表示"电话所用的放大器";TP399:F716(《中图法》)表示"计算机在商业技术与设备中的应用"。

其三,主类号组配与轮排法相结合,能在一定程度上缓和体系分类法存在的"集中与分散"的矛盾,提供多途径检索。例如,对于艺术社会学方面的图书资料,社会学研究者可能会从社会学的角度来查找,艺术研究者可能会从艺术理论的角度来查找。如果用类号 C919(分科社会学):J0(艺术理论)(《中图法》)来表示,显然,就可以为读者提供两条检索途径。

此外,采用主类号组配所形成的分类号,在适应电子计算机检索系统方面,其优点也是很明显的。

第二节 复分表的性质与标志符

一、复分表的性质

依据概念的分析与综合原理编制的复分表,具有共性区分性质与分面组配性质。

1. 共性区分性质 复分表的共性区分性质体现在:复分表中的类目是表示图书资料中具有检索意义的共同属性特征,这些具有共同属性特征的类目是供主表中有关类目作复分用的。

我们知道,对图书资料的分类是以其学科知识内容与其他显著属性特征作为分类标准的。各种图书资料反映的学科知识内容固然不同,但毕竟存在着某些具有检索意义的共同属性特征。例如,对于哲学、政治、法律、军事、经济、科学、文化、教育、文学、艺术、历史、地理等学科来说,许多著作必然会体现出国家、地区、时代、民族等方面的内容，即便在自然科学有些学科门类中，如天文学史、历书、区域气候、区域地质、区域矿产、自然地理、生物分布、工业与农业技术等，许多图书资料也会体现出地域、时代等方面的内容。各种图书资料所体现的共同属性特征除学科知识内容所涉及的国家、地区、时代、民族外，还有学科的共性问题，如观点、历史与现状、研究方法、实验、技法、工艺等，以及著作的类型、载体形式、信息符号特征、使用对象等等属性特征。上述图书资料的共同属性特征是客观存在的，也是具有检索意义的，而通用复分表和专类复分表所汇集的就是体现图书资料中具有检索意义的共同属性特征的各种类目。同时，主表中的许多类目也需要以复分表中的有关类目加以复分，方能进一步地表达某些图书资料中复合主题的各个主题因素，提高类表容纳更多概念的能力。因此，复分表的共性区分性质是很明显的。

2. 分面组配性质　复分表的分面组配性质体现在：每一个复分表实际上就是采用某种分类标准产生出来的一组类目所形成的一个分面；分面中的各个号码不能单独使用，而是需要与主类号进行组配，构成一个完整的、具体的分类号，以表达图书资料的主题概念。

分面就是按照某种分类标准产生出来的一组类目。复分表就是由以图书资料的某种共同属性特征作为分类标准产生出来的一组类目所构成的。例如，《中图法》的世界地区表就是以图书资料内容所涉及的地域特征作为分类标准，由一系列的地域与国家类目所组成的地域面；中国民族表是以图书资料内容所涉及的民族特征作为分类标准，由汉族及55个少数民族类目所组成的民族面。每一个复分表是一个分面，有时一个分面还可以分成几个"亚面"。例如，《冒号分类法》中的时间点（时间区分表）属于时间面，时间面中实际上还分为"特征时间"亚面与"普通时间"亚面。"特征时间"亚面由白昼、夜晚、春季、夏季、秋季、冬季等一组类目所组成，"普通时间"亚面由史前期、古代、中世纪、近代、现代等一系列类目所组成。每一个复分表中的各个类目均配备特定的号码，用于同主类号进行组配，以表达专指概念。如《中图法》各国文学类所涉及的复分表。

世界地区表 （地域面）		各国文学复分表		
	……	体裁面	时代面	……
2　　中国	……	2　诗歌	2　古代	……
312　朝鲜		3　戏剧	3　中世纪	
561　英国		4　小说	4　近代	
……		5　报告文学	5　现代	

表中每一纵列是一个分面，有地域面、体裁面、时代面等。每一个分面中的各个类目均有特定的号码，如地域面中"2"表示中国，"312"表示朝鲜；体裁面中"2"表示诗歌，"3"表示戏剧；时代面中"4"表示近代，"5"表示现代。I3/7各国文学类与世界地区表（地域面）中的各个类目组配或再与专类复分表（体裁面、时代面等）中的各个类目组配，就能在I文学大类中组配成某国文学、某国某体裁文学、某国某体裁某时代文学等新主题。如朝鲜文学的类号为I312；朝鲜诗歌的类号为I312.2；朝鲜现代诗歌的类号为I312.25。

体系分类法与组配分类法的复分表都具有分面组配性质，但两者在组配分类号的形式上是有区别的。用体系分类法复分表构成的组配分类号是整体式分类号，如F752.731.3表示中国与日本的贸易关系，其中F752.7表示中国对外贸易关系，313表示日本（《中图法》）。这种分类号的优点是类号较简短；其缺点是难以看出它的分段形式，也难以从类号上识别出构成某一复杂主题概念的各个主题因素，而且复分号只能附加在主类号之后，不能与主类号调换位置。因此，用体系分类法复分表构成的组配分类号对于分类排架系统来说，具有优越性，但对于分类检索系统来说，则存在着很大的局限性。用组配分类法复分表构成的组配分类号是分段式分类号,如 X.44'N5 表示 1950 年印度经济状况,其中"X"表示经济,".44"表示印度,"'N5"表示 1950 年(《冒号分类法》)。这种分类号的缺点是类号较复杂;但其优点很突出:能够看出它的分段形式,并能从它的分段形式上识别出构成某一复杂主题概念的各个主题因素。像《国际十进分类法》(体系—组配分类法)的有些复分号还能既连接于主类号之后,又能置于主类号之前或插入主类号中的适当位置。因此,用组配分类法复分表构成的组配分类号对于分类排架系统来说,虽不及整体式分类号,但对于分类检索系统来说,有着整体式分类号所不及的优越性。

二、复分表的标志符

前面提到,用复分表构成的组配分类号有两种形式,一种是整体式分类号,另一种是分段式分类号。从适应分类检索系统,提高检索效率来说,分段式分类号的优点是很明显的。但是,用复分表构成的组配分类号要具有分段形式,其前提是复分表要有标志符。

复分表的标志符,是指由主类号与复分号构成的组配分类号中为体现与区分不同复分面而采用的专门符号。从现行的图书分类法来看,复分表的标志符有多种形式,如"−"、"( )"、"="、"〈 〉"、拉丁字母、阿拉伯数字"0"、句点"·"、倒逗号"'"等。例如:

TQ−61　　　化工词典(TQ 为化学工业,−61 表示词典。《中图法》);

R730.5＝5　　近两年肿瘤疗法经验(R730.5 为肿瘤疗法,＝5 表示现代。《中图法》);

629.13(41)　　英国航空工程(629.13 为航空工程,(41)表示英国。《UDC》);

624(05)　　土木工程杂志(624 为土木工程,(05)表示杂志。《UDC》);

621.43.018"313"　　内燃机的冬季性能(621.43.018 为内燃机性能,

"313"表示冬季。《UDC》）；

K892.3《84》　　高山族风俗习惯（K892.3 为风俗习惯，《84》表示高山族。《资料法》）；

S33〈332〉　　国外作物育种经验概况（S33 为作物育种，〈332〉表示国外。《资料法》）；

U2855.56'N59　　英国 1959 年降雨量（U2855 为降雨量，.56 表示英国，'N59 表示 1959 年。《冒号分类法》）。

复分表有了标志符就可以较充分地发挥组配的作用，具体表现在三个方面：

（1）使主类号与复分号构成的组配分类号成为分段式分类号，从而有利于识别某些图书资料中复合主题的各个主题因素。

（2）使复分号既能连接在主类号之后，又能置于主类号之前或插入主类号中间的适当位置，从而使图书情报部门能根据本单位的性质和读者需要，局部地改变原有分类体系，集中某些图书资料。例如：

629.13（41）　　航空工程中的英国概况（《UDC》）

（41）629.13　　英国航空工程

629.1（41）3　　运输工程中的英国航空工程

（3）使复分号与主类号能够进行轮排，从而在分类检索系统中为读者提供多途径检索，并适应电子计算机检索系统。

由此看来，复分表是否有标志符，是衡量复分表质量的标准之一。

第三节　复分表的使用规则与使用方法

一、复分表的一般使用规则

为了提高分类标引的准确性与一致性，各种图书分类法对复分表的使用均作了一些规定。从中我们可以总结归纳出一些共性的方面,这些共性的方面就是复分表的一般使用规则。复分表的一般使用规则大致包括如下内容:

(1)复分表中的号码不能单独使用,必须要与主表中的有关类号结合使用。

(2)凡主表中注明"依……表分"的类目,均可依"……表"复分。

例如:使用《中图法》,"朝鲜贸易经济"的类号为F733.12(以下各例中类号除注明者外,均为《中图法》的类号)。

(3)主表中未注明"依……表分"的类目,一般不使用"……表"复分(总论复分表除外),如有必要依"……表"复分时,须按所使用的分类法的规定进行。

例如:"中国小麦育种经验"用《中图法》须将国家号码用"()"括起,类号为S512.03(2);用《科图法》须在国家号码前加"04",类号为66.112042。

(4)复分表的使用范围原则上应依据于分类法的有关规定,但图书情报部门也可根据本单位的具体情况作必要的变通规定。对所作出的变通规定,须明确记载于分类法"使用本"上。

例如:按照分类法的规定,总论复分表适用于分类表中任何一级类目,但各单位可结合具体情况斟酌使用,如规定用到主表中某级类目;或在主表中部分类目下重点使用;或选择本表的部分类目使用。

(5)使用复分表时须做到准确辨类,在主表中选择恰当的类目与类号,然后再选择有关复分号与主类号组合。

例如:"美国政治制度"的类号为D771.221;不是D521(712)。

(6)主表中有关类目的含义如与复分表中有关类目的含义相同时,不能再使用复分表。

例如:《新英汉词典》的类号为 H316;不是 H31 - 61

或 H316－61。

（7）主表中有关类目的号码与复分表中有关类目的号码其含义有部分相同时，须去掉重复号码。

例如："加拿大文学"用《中图法》为 I711；用《科图法》为47.62。

（8）通用复分表中有关类目与专类复分表中有关类目均表示同一含义时，应使用专类复分表。

例如："自由体操教学法"的类号为 G832.12；不是G832.1－42。

（9）主表中某类目如要连续复分，如果分类法中已有明确规定的，依规定复分；如果无明确规定的，应根据该类目的性质及其与有关上、下位类的关系确定复分次序。

例如：《朝鲜电影剧本选》的类号为 I312.35；"北京市科研机构组织"的类号为 G322.231.3。

二、《中图法》复分表的使用方法

《中图法》编制有通用复分表与专类复分表。此外，还采用了仿照复分与组配编号法。

1. 通用复分表 《中图法》的通用复分表有总论复分表、世界地区表、中国地区表、国际时代表、中国时代表、中国民族表。《中图法》复分表的使用方法与其他分类法相比较，既有共性的方面，又有其特殊性的方面，因此，使用《中图法》复分表，除要遵守前面提及的复分表的一般使用规则外，还要掌握其特殊的使用规则。

①总论复分表 本表编列了主表中各类均可能出现的具有共性的总论复分内容，这些总论复分内容是：理论与方法论；科学现状、概况；机关、团体、会议；研究方法、工作方法；教学与普及；丛书、文集、连续出版物；参考工具书；检索工具书等。

使用本表应注意两条特殊规定：

a. 主表中有关类目使用本表复分时,须保留本表号码前的总论复分标志符"－"。

例如:"美学论文集"的类号为 B83－53;不是 B835.3。

b. 具有本复分表中两种以上形式特征的图书,只可选择其中主要的一种加以复分。

例如:"物理学教学手册"的类号为 04－4,不能重复细分为 04－4－62。

②世界地区表、中国地区表 《中图法》世界地区表主要是按照自然区划编列的,其类目的排列次序是:先列世界(其中包括东半球、西半球、各自然地带、陆地、海洋等);次列中国;再分别列出亚洲、非洲、欧洲、大洋洲、美洲等;每一洲下又列出所属国家。如:

4	非洲
41	北非
411	埃及
412	苏丹
413	利比亚
……	……

《中图法》中国地区表中,各地区类目的划分,首先列出首都北京;其次按历史上和习惯上的划分列出六个大区,即华北地区、东北地区、西北地区、华东地区、中南地区、西南地区,再次在各大区下列出省(自治区、中央直辖市)。为了便于处理旧行政区划(如"热河省"、"松江省"等)方面的图书资料,还编列了旧的省区类目及其号码。如:

7	西南地区
71	四川省
72	〔西康省〕(1928/1955 年)
73	贵州省
74	云南省
75	西藏自治区

另外,单独列出了省(自治区)人民政府驻地,各市、县、乡附表。

显然,世界地区表与中国地区表的列类方法是符合人们的认识习惯的,同时,这也能与主表中涉及到国家、地区的有关类目保持体系上的一致性。应该指出的是,这两个表中有些号码并不单纯是指某个国家或某个地区,还表示有联系的其他一些内容。如世界地区表中号码"35"除表示南亚外,还表示印度半岛;中国地区表中号码"7"除表示西南地区外,还表示青藏高原、云贵高原。

在图书分类实践中,世界地区表与中国地区表的使用频率均比较高,使用这两个复分表时除要遵守复分表的一般使用规则外,还应注意以下几个问题:

a. 主表中未注明"依……地区表分"的类目,一般不使用地区表复分;如有必要按地区表复分时,在一般情况下,要使用国家、地区区分标志符"(　)",将国家或地区号码用该符号括起来。

例如:"中国排球运动"的类号为 G 842(2);"陕西地区小麦育种经验"的类号为 S512.03(241)。

b. 依世界地区表复分后而具有世界各个地区(如亚洲、东南亚、欧洲、东欧)含义的类目,如再采用其他标准复分,则须在其类号后先加"0",再加其他标准的号码;如不再采用其他标准复分,则不加"0"。

例如:《非洲边界争端》的类号为 D840.3;"西欧文学史"的类号为 I560.09;"西欧文学"的类号为 I 56。

c. 依世界地区表复分后而具有国家(如朝鲜、美国、英国)含义的类目,不论是否再采用其他标准复分,均不必在其类号后加"0"。

例如:《战后日本钢铁工业》的类号为:F431.363;"日本工业经济"的类号为 F431.3。

d. 依中国地区表复分后而具有六大行政区(如华东地区、西北地区）含义的类目，如再采用其他标准复分，须在其类号后先加"0"，再加其他标准的号码，以便与六大区所属的省区号码区别开来。

例如："华东地区地方剧表演艺术"的类号为 J825.502；不是 J825.52。

③国际时代表、中国时代表 《中图法》国际时代表中，按历史学界的习惯，首先列出原始社会、古代、中世纪、近代与现代五个时期类目；然后在中世纪、近代与现代三个时期下，再根据世界的重大历史事件划分出细目。

关于中国时代表，《中图法》按社会形态列出原始社会、封建社会、半殖民地半封建社会、社会主义革命和社会主义建设时期等类目。在奴隶社会、封建社会类目下，基本上按朝代编列细目。如：

3　　　封建社会（公元前 475—公元 1840 年）

　　　　……

33　　　秦（公元前 221—前 207 年）

34　　　汉（公元前 206—公元 220 年）

　　　　……

48　　　明（公元 1368—1644 年）

49　　　清（前期）（公元 1616—1840 年）

使用《中图法》的时代表，应该注意两个问题：

a. 主表中未注明"依……时代表分"的类目，一般不依时代表复分，如有必要依时代表复分时，在一般情况下，须在时代号码前加时代区分标志符"＝"。

例如："近两年来的肿瘤疗法经验"的类号为 R730.5 或 R730.5＝5。

b. 当图书内容涉及时代表中两个以上时代时，在不宜以概括性的时代号码区分的情况下，确定排架分类号时，一般可依在前的时代号码或其中一个能体现图书主要内容的时代号码加以区分。

例如:《春秋战国散文选析》的类号为 I262.25。

④中国民族表 《中图法》的中国民族表包括汉族和 55 个少数民族,对 56 个民族的号码是采用双位制来配备的。如:"11"表示汉族;"12"表示蒙古族;"13"表示回族;"19"表示朝鲜族;"21"表示满族等。

使用中国民族表应注意两个问题:

a. 主表中未注明"依中国民族表分"的类目,一般不依本表复分,如有必要依本表复分时,在一般情况下,可用《资料法》规定的民族区分标志符"《》",将民族号码用"《》"括起。

例如:"维吾尔族木刻、木雕作品"的类号为 J322 或 J322《15》。

b. 由于本表中各民族号码的编制采用了双位制,因此主表中有关类目在使用本表复分时,要注意号码的转换。

例如:《蒙古族简史》的类号为 K281.2。

要提及的是,关于其他国家的民族区分,由于《中图法》没有单独设置相应的外国民族复分表,外国民族宜使用世界地区表加以粗分。如"苏联俄罗斯民族风俗习惯"的类号为 K895.12。

2. 专类复分表 《中图法》主要在社会科学、自然科学有关类中编列有专类复分表。相对于通用复分表而言,专类复分表的使用范围比较狭窄,主表中已注明可以使用某专类复分表的类目时,才能使用。如 U674 各种船舶类下的专类复分表,只允许 U674.1/674.9 各类使用,其他类不能依该表复分。

①哲学、社会科学各专类复分表的使用规定

a. 主表中上位类与下位类的号码若采用层累标记制,上位类依专类复分表复分时,要在其类号后先加"0",再加专类复分表的号码;下位类依专类复分表复分时,则不必加"0",直接将复分号加在主类号后即可。

例如："石刻研究"的类号为 K877.404；"经幢研究"的类号为 K877.444。

b. 主表中有些类目虽属上位类,但其类号与所属的下位类的类号是同级的,在这种情况下,上位类在依专类复分表复分时,可不在其类号后加"0",直接加专类复分表的号码即可。

例如："金石文研究"的类号为 K877.24。

②自然科学各专类复分表的使用规定

主表中有关类目无论是上位类还是下位类,在依专类复分表复分时,均要保留专类复分表中号码前的"0",不再另行加"0"。

例如："运输船设计"的类号为 U674.102；"货船设计"的类号为 U674.130.2。

3. 仿照复分 《中图法》仿照复分有两种形式,一种是临近与近似类目仿分；另一种是具体问题仿"一般性问题"分。

①临近与近似类目仿分要点

a. 主表中注明"仿……分"的类目,均可依"……类"复分,仿分时将被仿类目的子目号码附加于仿分类目的类号后即可。

例如：《德汉词典》的类号为 H336；"中国进出口棉花检验"的类号为 F752.652.2。

b. 主表中由于有些被仿类目的部分子目号码是采用借号法来编制的,有关类目在仿分时要注意类号的转换。

例如：《诺贝尔医学奖金获得者传略》的类号为 K816.2；不是 K815.62 或 K815.2。

c. 主表中注明"先依……地区表分,再仿……类分"的类目,其类号存在着加"0"与不加"0"的问题。依地区表复分后而具有世界各地区或中国六大区含义的类目,在仿某类目复分时,须在其类号后加"0",再加被仿类目的子目号码。

例如："南欧各国幼儿园概况"的类号为 G619.540.8；"罗马尼亚幼儿园概况"的类号为 G619.542.8。

②具体问题仿"一般性问题"分的要点

在《中图法》自然科学有关类前,编列有"一般性问题"这种方面性类目,其所属的各子目对有关具体类目有共性区分的意义。例如:"TN60 电子元件一般性问题"所属各类的最后,注明了"以下 TN61/64 各类均可仿 TN60 分"。

a. 仿"一般性问题"分的类目,无论是上位类还是下位类,均需在其类号后先加"0",再加"一般性问题"所属的子目号码。

例如:"电子计算机基本电路设计"的类号为 TP331. 02;"电子计算机设计"的类号为 TP330. 2。

b."一般性问题"这个方面性类目是为指明其所属的各子目而设置的,凡属有关学科的总论性著作一般应分到它的上属学科类,但"一般性问题"类下所属的各子目均能单独使用。

例如:《拖拉机的构造、使用与维修》的类号为 S219,不是 S219. 0;《拖拉机故障判断与排除》的类号为 S219. 07。

4. 组配编号法

①组配编号法的使用范围 组配编号法从广义上来说,包括复分表的使用、类目仿分、主类号组配等各种组配方法。《中图法》的组配编号法是从狭义上来说的,指的是主类号组配。《中图法》在社会科学与自然科学各有关类中,通过类目注释,指明有些类可以采用组配编号法。其实质是在起交替作用,解决分散与集中的矛盾问题;至于说旨在解决新学科、新问题、新类目的编号问题,还待进一步研究扩大使用范围。已指明可采用组配编号法的类目,大体上可归纳为四个方面:

a. 关于专科目录与文摘、索引,类表明确规定采用组配编号法,但也允许各入其类。如:Z89 文摘、索引。

b. 关于某学科在某方面应用的著作,类表明确规定各入其类,但也允许采用组配编号法,将它们全部集中在原学科的总论性的应用类目下。如:TP399 计算机在其他方面的应用。

c. 在某些总论性的应用类目下,类表明确规定对专论性的著作各入其类,但也允许采用组配编号法,将它们全部集中在总论性的应用类目下。如:B849 应用心理学。

d. 关于某些交替类目,类表允许将其改为使用类目,通过组配编号法,将有关图书资料集中在原交替类目下。如:〔C911〕分科社会学。

②《中图法》组配编号法的使用要点

a. 凡类目中已明确规定或允许采用组配编号法的类目,均可采用这种方法,但各馆可结合具体情况斟酌使用,事先须明确其使用范围,并记载于分类法"使用本"上。

b. 专科目录与文摘、索引宜通过组配编号法集中在 Z88 专科目录与 Z89 文摘、索引两个类目下,但对于类表中已列出的专书目录、索引不宜集中在 Z88 或 Z89 类,应各入其类。

例如:《中华人民共和国邮票目录》的类号为 Z88:F618.9;《马克思恩格斯全集目录》的类号为 A813。

c. 采用组配编号法,必然涉及到复分深度问题,一般可根据所复分的主题内容来定,不宜一律规定复分到某级类目。

例如:《国外研究中国问题书目索引》的类号为 Z89:D6(复分到二级类目);《八百种古典文学著作介绍》的类号为 Z88:I206.2(复分到四级类目)。

应该指出的是,采用组配编号法,在读者分类目录中宜对组配分类号加以轮排。采用轮排法,就图书资料排架而言,当然既无意义也无法进行;但对于目录检索来说,其作用十分明显,既能在一定程度上集中某一主题的图书资料,又能起到互见、增加检索途径的作用。

参考文献

1.《中国图书馆图书分类法》编委会:《中国图书馆图书分类法(使用说

明)》 书目文献出版社 1981年。

2. 北京大学图书馆学系《图书分类》编写组:《图书分类》 书目文献出版社 1983年。

3. 武汉大学图书馆学系《图书分类学》教学小组:《图书分类学》 1984年。

4. 张琪玉:《情报检索语言》 武汉大学出版社 1983年。

5. 白国应:《图书分类学》 书目文献出版社 1981年。

6. 张琪玉:关于《中图法》增加组配成分的可能性和方法的探索 载《中国图书馆图书分类法修订研讨会论文集》 1985年。

7. 刘湘生:《主题法的理论与标引》 书目文献出版社 1985年。

8. 李景正:现代体系分类法的复分表问题 载《中国图书馆图书分类法修订研讨会论文集》 1985年。

9. 王荣授:《中图法》、《资料法》采用组配技术刍议 载《中国图书馆图书分类法修订研讨会论文集》 1985年。

10. 李严:怎样才能正确给号 载《山东图书馆季刊》 1986年第1期。

11. 侯汉清:分类法的发展趋势简论 载《情报科学》 1981年第1期。

12. 俞君立:《图书分类中类目复分方法及其疑难解释》 武汉大学图书情报学院、湖北省高等学校图书馆工作委员会 1985年。

第五章 图书分类法索引

图书分类法索引是将分类表中的全部类目(有检索意义的)名称,类目的同义词,以及注释中指出的主题概念(有些索引还收录分类法以外的主题概念和新出现的主题概念),按其名称的字顺排列起来的一览表,并在每一主题标目后都注明相应的分类号。它通常紧接在分类表后面,或单独成册。分类法索引是一种从主题字顺指向分类号的工具,是图书分类法中的一个重要组成部分。

第一节 分类法索引的类型与作用

一、分类法索引的种类

较为常见的分类法索引,可分为直接索引和相关索引两种。

1. 直接索引 或称单一索引。它是将分类表中的所有类目(有时也可以包含一些重要的实例和注释),按照一定的字顺排列,而且每个类目只按分类表中的措词在索引中出现一次,并在每一条索引款目后面注上该类的分类号。像《人大法》旧版的索引就属于此种类型。这种分类法索引虽然也要对类目名称进行一定的规范化处理,对同义词进行优选,但是,由于这种索引只强调按分类表中的类目名称的字顺排列,并只为每条类名编制一条索引款目,其制作粗糙,编制简单,质量不高,因而使用价值也不大。

2.相关索引　　相关索引是美国图书馆学家杜威创制的一种分类法索引。杜威十分重视分类法索引的作用。1876年,当杜威分类法问世时,他就为该分类法编制了索引,并将此分类法命名为《图书馆图书小册子排架编目适用的分类法及主题索引》(小圆点是编者加的)。这部分类法初版的类目总共只有1000条,而主题索引的款目详达2000条,其中包括分类表中未列出的款目。1885年的修订第2版,杜威将他的分类法改名为《十进分类法及相关索引》突出地表达了这个体系的特点。随着分类法类目的增加,其索引的款目达1万条之多。而且"相关索引"被认为是杜威分类体系中最重要的部分。

相关索引与直接索引不同,其特点是揭示各种相关事项,尤其是那些在分类表中被分散了的相关事项。它是采取一些综合材料的方法,将一个主题的各个方面以及被这一主题所规定的词和倒装的词,都集中在一个主题标目之下。编制这种索引,除了将各个类目名称按字顺排列外,还将若干有关一个主题的类目罗列在一起,便于从一个主题去寻找各个有关类目。相关索引可以将一个类目按照一定的要求,重复列进不同的主题索引中去,例如:

类目原文:U285.2　　　　　　　铁路微波通信

索引款目:铁路微波通信　　　　　　U285.2

　　　　微波通信

　　　　,铁路　　　　　　　　　U285.2

上例中,"铁路微波通信"这一类目,在索引中有两条查检途径,即按字顺从"铁"或"微"入手都可查到这一类目。这种排列既扩大了检索途径,又能起到"殊途同归"的效果。相关索引虽编制比较复杂,工作量较大,但质量较高,它所提供的从主题字顺查找类目的途径远远优越于直接索引。

二、分类索引的作用

图书分类法索引是利用图书分类法的一种辅助工具。其主要作用有如下三种：

1. 能够帮助图书馆和情报工作者准确地使用图书分类法　我们知道，一部大型图书分类法的类目成千上万，这些类目（尤其是等级体系分类法的类目）一般是依据科学知识的分类体系或事物之间的逻辑关系排列起来的。假如没有很好地了解图书分类法的体系结构，就很难准确知道某一类在分类体系中所处的逻辑位置。特别是初次使用者，更为不便。因为，在分类表中，有些类目名称虽然相同，但表示的涵义却不一样。例如："撑杆"这一类名，出现在分类法的两个地方，其一是在"TS952.1 体育田径用品制造"类下的注释中，其二是在"TU323.2 建筑杆件结构"类下。类名虽相同，但前者指的是一种体育用品，而后者则是表示一种建筑结构的杆件。有的类目名称虽然不同，但都表达一个意思。例如："吴语"和"江浙话"，类名虽不同，却都表示同种地方方言。还有一些类目名称，像"柳江人"、"谷痒病"、"苏打"等，若没有一定的科学知识，就可能不知道该属于哪门学科。凡此种种，都是图书资料分类工作的障碍。有了分类法索引，按照一定的检字方法，便可迅速查到所需的类目。

2. 帮助读者利用分类目录，查阅所需要的图书资料　图书馆的分类目录，是依据一定的分类体系组织起来的。不熟悉分类体系的读者，要想利用分类目录查得自己所需要的图书资料是比较困难的。即使了解分类法的体系，要查得一件具体的图书资料，其甄别工作量也是相当惊人的。有了分类法的索引，读者在遇到困难的情况下，可先通过索引查得所需的图书资料主题，然后转查分类目录就极为方便。

3. 有助于克服分类法按学科门类提供图书资料的局限性，增加从主题检索的途径　我们知道,分类法是依据一定的逻辑原理,按学科或事物集中有关类目的,致使同一主题的各个方面的图书资料分散在有关各类;而分类法索引则是按字顺排列的,它可以将分类表中按学科或事物聚类而造成有关同一主题分散的类目加以集中显示,从而为读者提供了另一种形式——主题检索途径。

例如,"人参"这个主题,在分类法中,论述其栽培的图书资料应归入"农作物"类;论述其用途的图书资料则归入"医学"类。可见分类法是将同一主题各个方面的图书资料分散在有关各类的,而分类法索引则可将同一主题各个方面的问题集中显示:

人参　　　　S567.5

　　——病虫害　S435.675

人参(中草药)　R932.6

从某种意义上说,如果分类法索引编得好,在一定程度上能起到主题法的作用。

三、分类法索引与主题法、分类目录主题索引的区别

分类法索引、主题法、分类目录主题索引是三个不同的概念,代表三种不同的事物。分类法索引,如前所述,是类表中类目概念及其类号按字顺排列的一览表,是使用分类法的辅助工具;主题法则是另一种情报检索语言,它是以规范化的自然语言用作图书资料主题标引和检索方法的;而分类目录主题索引,是将分类目录中表达图书资料内容的主题,连同它们的分类号按字顺排列成的一个表,是一个由主题指向分类号的工具。由于它们的表现形式(语词)和排列方式(按字顺排列)大致相同,因此容易引起使用者(尤其是初学者)的误解。为此,现将三者作一简单比较,以便有一个清晰的认识。

1.分类法索引与主题法的区别　前面提到分类法索引编得好,在一定程度上起到主题法的作用,主要是指两者相近的思维方

法和检索方式,并不是说分类法索引可以完全替代主题法。两者是有很大区别的,主要表现在如下几个方面:

①分类法索引是分类法这一检索语言的辅助工具,它不能独立存在和使用;而主题法是又一种情报检索语言,是据以标引和检索图书资料的工具,它是一个独立完整的检索系统。

②分类法索引的主要作用在于帮助不熟悉分类表的使用者迅速查得所需要的类目,但不能直接用于分类标引和检索图书资料,分类标引或检索图书资料应根据索引款目所指出的分类号转查分类法或分类目录;而主题法是标引和检索图书资料的依据,它以语词作为标引和检索图书资料内容的符号。依据按主题法组织起来的主题目录,可直接查找图书资料。

③分类法索引中所收录的索引款目,主要是分类法中所列出的类目(包括注释中的概念),当然也可补充分类法以外的其他概念,但局限性很大;而主题法所收录的主题词,是能表达图书资料主题内容的各种概念(有检索意义的),并且可随时增加新的主题概念,其收词范围比分类法索引广。

④分类法索引的款目虽然要依据分类表中的类目进行一定的规范化处理,但不很严格,它一般不显示各条款目之间的关系;而主题法(尤其是叙词表)要对所收录的主题词进行严格的规范化处理,而且还要通过一定的方式(参照系统)显示各主题词之间的相互关系,使之成为一个有机的系统。

以上四点,是分类法索引和主题法在形式和作用上的主要区别,并未涉及主题法的实质性内容。关于主题法请参阅有关教科书和专著,本书不另作介绍。

2.分类法索引与分类目录主题索引的区别 分类法索引和分类目录主题索引有其相似之处,而且都是作为一种辅助工具。前者是分类法的辅助工具,后者是分类目录的辅助工具。但也有区别:

①收词对象不同。分类法索引中的款目一般是以分类表中所列出的类目及类目注释中的概念为对象,有的分类法索引也收少量的分类法类目以外的有关概念;而分类目录主题索引则是以分类目录中已编入的图书资料为对象。

②分类法索引的主要目的是为方便分类表使用者迅速而准确地找到所需查检的类目;而分类目录主题索引则是为配合分类目录,从另一种途径揭示分类目录所编入的图书资料。

③分类法索引是为各个使用图书分类法的图书情报部门而编制的,具有普遍性;而分类目录主题索引是为健全特定的分类目录而编制的,具有特殊性。

④与分类目录主题索引相比,分类法索引所收的款目要多,对一具体分类目录来说,分类法索引中有的款目,分类目录中不一定有这种图书资料;而分类目录主题索引就比较实在,有索引款目,就有这种图书资料,而且它还能将采用多种分类法的类目汇集在一个索引中。

虽然存在上述差异,但是分类法索引对于编制分类目录主题索引是可作参考的。在图书馆没有力量编制分类目录主题索引的情况下,可以采用分类法索引与分类目录配套,部分地辅助分类目录的使用。

第二节 《中图法》索引的编制与使用

国内外大多数分类法都附有索引,其编制方法和使用方法大同小异,本节只介绍《中图法》(第 2 版)索引的编制与使用。通过具体图书分类法索引的介绍,希望能有助于了解图书分类法索引的一般编制方法,并能正确使用分类法索引。

一、《中图法》索引的性质和范围

《中图法》索引属于相关索引的类型。同其它相关索引一样，它揭示了各种相关事项，尤其是在分类表中被分散了的相关事项。其主要目的在于提供从字顺查检《中图法》和《中国图书资料分类法》（以下简称《资料法》）类目的途径，具有一定程度的主题检索功能。

《中图法》索引是根据《中图法》1980 年第 2 版和《资料法》第 2 版编制的，它收录了这两部分类法中已列出的全部有检索意义的概念。具体包括：

（1）类名所表达的概念，例如：

 类目原文 R815.1 超软放射线疗法

 索引款目 超软放射线疗法 R815.1

（2）类名的同义词，例如：

 类目原文 O211 概率论（几率论，或然率论）

 索引款目 概率论 O211

     几率论 见 概率论

     或然率论 见 概率论

（3）类目注释中出现的概念，例如：

 类目原文 E922.3 近战武器

         手榴弹 掷弹筒等

 索引款目 近战武器

     —使用 E922.3

   手榴弹

     —使用 E922.3

   掷弹筒

     —使用 E922.3

（4）各种复分表中出现的概念，例如：

 类目原文 F833/837 各国金融,银行

0	政策
1	银行制度
3	银行,金融组织
…	……

索引款目　金融政策
　　　　　　,各国 F83②⑦0
　　　　　银行制度
　　　　　　,各国 F83②⑦1
　　　　　银行组织
　　　　　　,各国 F83②⑦3
　　　　　金融组织
　　　　　　,各国 F83②⑦3
　　　　…… ……

　　类似上例情况,《中图法》索引是作为方法性指示编入的,即没有给出完整的类号,只是指明了要应用某种附表复分。

　　(5)补充收录了新增订的类目,并收录了少量分类法中未列出的概念。这主要是为使分类法索引能适应科学技术发展的水平,在一定程度上反映新学科、新技术的发展动态,为有关记载新出现的学科、事物的图书资料提供一定的归宿。

二、《中图法》索引的结构及款目形式

　　1.《中图法》索引的结构　《中图法》索引包括索引正文和三个索引款目首字检字表两个部分。
　　索引正文部分的排列顺序,是按索引款目首字的汉字、拉丁字母、斯拉夫字母、希腊字母以及阿拉伯数字等几部分依次排列的,汉字部分依汉语拼音顺序并兼顾汉语语词字面成族(即在字顺中相关概念自然地聚集在一起)的特点排列。即先按索引款目第一个汉字汉语拼音的音节顺序排,同音节的字,则将同一汉字集中,然后参照《新华字典》排比次序。第一字相同时,依照上述方法排

列第二个汉字,以此类推,逐字排比。这样,就将同一主题集中在一起,全面显示分类法类目中分散了的同一主题各个方面的问题,一定程度地提供了一条主题检索途径。

三种索引款目首字检字表是:索引款目首字汉语拼音检字表、首字笔画笔顺检字表和首字四角号码检字表。这三种检字表是依据汉字的特点,根据人们的不同检索习惯编制的,为查检索引款目提供了不同途径,能起到"殊途同归"的效果。

2.《中图法》索引的款目形式 《中图法》索引的款目的著录项目由索引标题首字的汉语拼音、索引标题和分类号三部分组成。例如:

类目原文　O34　固体力学

索引款目著录事项:

gu　　　　　　　固体力学　　　　　　　O34

↓　　　　　　　　↓　　　　　　　　　　↓

标题首字汉语拼音　索引标题　　　　分类号

其索引的标题形式有多种:

①正装标题(主标题)。这种标题基本上没有改变分类法类目的原有形式。例如:

类目原文:V211　空气动力学

　　　　　O435　几何光学

索引标题:空气动力学　　　V211

　　　　　几何光学　　　　O435

但对于有些没有重复下位概念的类组和某些带有并列连词的类目,则将其拆开,分别单列索引标题。例如:

类目原文:G892　台球、弹子

索引标题:台球　G892

　　　　　弹子　G892

类目原文:D41　工人运动与组织

索引标题:工人运动　　D41

工人组织　　　D41

②主标题加副标题。副标题以破折号"——"为标志,一般用于表示主标题所指事物的某一方面问题,有些还用于表示图书资料的类型等。例如:

笛子
　　——理论和演奏法　　J632.11
　　——乐曲　　J648.11
　　——制造　　TS953.22

白俄罗斯
　　——史志　　　　K512.941

③倒置标题。词组倒置部分以逗号","为标志。一般用于表示事物的某一特称,有的还用于表示地区、时代等。例如:

力学
　　,爆炸　　O38
　　,波动　　O413.1
　　,材料　　TB301
　　,地质　　P55

农田水利
　　,中国　　S279.2

农民运动
　　,第一次国内革命战争时期　　　K262.27

倒置标题,如上例爆炸力学等的倒置,是词组形式的正装标题中有检索意义的词提前排,对同一概念的正装标题又增加一条检索途径。如此,就有可能将分类表中和正装标题中分散的相关主题概念集中起来,是编制相关索引并使之具有一定程度主题检索功能的重要手段。

④标题加说明语。这种作法类似于倒置标题形式。例如:

通风调节
　　,感光材料生产工艺中的　　TQ574

⑤标题加限定词。限定词以圆括号"( )"为标志,加于被限定

122

词的后面,也是起说明作用的一种更为灵活的形式,用以表示所属学科、专业范围或属于何类、何地区等。例如:

井架(矿山运输井口设备)　　　TD54^{+1}

井架(石油钻井地区构筑物)　　　TE923⑦

杀虫剂(农药工业)　　　TQ453^{+1}⑦

　,无机　　　TQ453.1$^+$⑦

　,有机　　　TQ453.2$^+$⑦

　,低毒高效　　　TQ453.6$^+$⑦

杀虫剂(森林保护)　　　S767$^+$3

杀虫剂(植物保护)　　　S482.3

农产品

　——交换(各国)　　　F3②⑦5*

　——交换(中国)　　　F323.7

古建筑

　,中国(名胜古迹)　　　K928.71

　,中国(考古)　　　K879.1⑦*

⑥复杂标题。指同时采用两种或两种以上符号形式的标题。例如:

疱疹

　,带状,耳部　　　R764.1$^+$5

电气设备

　,船舶——安装及调试　　　U671.6

键盘乐

　——乐曲,中国　　　J647.4

⑦标题参照。《中图法》索引对极少量的标题作了参照,但未作反参照。例如:

植物

　,寄生　见　寄生植物

上述标题形式的选择,一般遵循了下列有关规则:

①索引标题的专指度应与分类法中类目的专指度一致;

123

②对于包括两个或两个以上并立概念的类目,分别为每个概念作一条款目,不作类组名称的索引款目;

③对于由短句构成的类名,是依据主要字眼作为索引主标题,以次要字眼作副标题或说明语;

④对于词组标题,当一个单元词后面的单词具有检索意义或能增加字面成族机会时,除以正装标题形式作索引款目外,还用倒置标题形式作索引款目;

⑤对于脱离上位类后涵义不明或可能与别的概念混淆的类名,就将其上位概念所属的学科作限定词,或加说明语;

⑥为提供更多的查检途径,增加索引款目字面成族的机会(字顺中更多地显示概念的相关性),对同一类目概念,尽量采用多种款目形式进行重复反映。例如:

类目原文:P426.62　液态降水(降雨)

索引款目:液态降水　　　P426.62

降水

　,液态　　　P426.62

降雨　　　　P426.62

雨　　　　　P426.62

此外,《中图法》索引还有一些方法性指示。具体如下:

第一,用＋(上角加号)表示类号中《资料法》不同于《中图法》的部分。例如:

杀虫剂(森林保护)　　　S767⁺3

电脑缝纫机　　　　　　TS957.13

　　　　　　　　　　　⁺TS935.615

(这两例表示在《中图法》中为 S767 和 TS957.13;在《资料法》中则为 S767.3 和 TS935.615。)

第二,类表中注明还需要进一步用附表或仿分的类号,则在其后依次加必要的复分代码。各种复分表及仿分所用的代码如下:

①总论复分表

②世界地区表

③中国地区表

④国际时代表

⑤中国时代表

⑥中国民族表

⑦专用复分表或仿分类目

例如：工业统计资料

　　　　，各国　　　　F4②⑦2

其中②是要求依世界地区表复分，⑦是要求用各国工业经济类下的专用复分表，2 为该专用复分表中"工业统计资料"的号码。

第三，凡交替类号，都同时列出。例如：

放射生态学　　　　Q142.6

　　　　　　　　　〔Q691.6〕

三、《中图法》索引的使用

索引是查检分类法中类目的工具，而不能作为分类标引图书资料的依据。在分类标引图书资料或查找分类目录而借助索引时，应先确定所要查检的标题名称，查得相应的类号后，还须与分类法中的类目或分类目录中的分类款目核对。具体方法如下：

（1）首先应考虑所要查检的事物概念通常是用哪个名词表达的，它的上位概念是什么。一般可从比较专指或较为泛指的名词概念入手。查到的款目如不明显相符，可多查几处，进行比较；

（2）尽量不要从国家、地区、时代名称以及"理论"、"方法"、"历史"、"材料"、"设备"等这些通用概念入手去查，因为这些概念没有检索意义或检索意义不大，在绝大多数情况下该索引不作主标题。

（3）当查不到所需类目时，应考虑所查的概念是否恰当；该概念是否还有其他名称；是否查完了与所查概念字面成族的整个一段;拼音是否准确;概念是否采用了倒置形式;入手查检的概念是否太细小了,等等。经过仔细分析后,再改变查检途径。

参考文献

1.《中国图书馆图书分类法》编委会主编、武汉大学图书馆学系编辑:《中国图书馆图书分类法(第2版)索引》 书目文献出版社 1983年。

2. 侯汉清:也谈分类法和主题法的异同 载《情报科学》 1983年第5期。

3. 肖自力等:《分类目录主题索引编制法》 书目文献出版社 1980年。

第六章　我国图书分类法简介

我国图书分类工作历史悠久,伴随每一历史时期图书分类工作的需要,产生了与之相适应的图书分类法。为叙述方便,本章将我国图书分类法的演变划分为三个历史阶段(即古代、近代和建国以后),对每一历史阶段所产生的有代表性的图书分类法作一简单介绍。

第一节　我国古代图书分类法

图书分类从其起始就与文化典籍整理以及学术分类密切相关。我国古代图书分类法是在有了寄寓思想、政治、学术观点的文化典籍之后,人们为了整理、利用图书和"辨章学术,考镜源流"而产生的。在漫长的封建社会里,人们为适应整理图书、编制书目的需要,编制了一批图书分类法。其中影响较大的有《七略》分类系统、四部分类系统以及郑樵的图书分类法等。现分别介绍如下:

一、我国第一部图书分类法——《七略》

据现有资料记载,《七略》编成于西汉末年,其类例创于刘向而定于刘歆,系为刘向、刘歆父子共同完成。它是我国第一部综合性的系统反映国家藏书的分类目录,就其所反映的分类体系而言,是我国最早的一部图书分类法。

《七略》原书早已失传，现只能从东汉班固的《汉书·艺文志》中见其概貌。现将《七略》的分类体系列举如下：

辑略

六艺略　易、书、诗、礼、乐、春秋、论语、孝经、小学

诸子略　儒家、道家、阴阳家、法家、名家、墨家、纵横家、杂家、农家、小说家

诗赋略　赋一、赋二、赋三、杂赋、歌诗

兵书略　权谋、形势、阴阳、技巧

术数略　天文、历谱、五行、蓍龟、杂占、形法

方技略　医经、经方、房中、神仙

从上表可以看出，《七略》实际上只有六略。由于辑略是序，故不用来类分图书。除辑略外，其余六大类基本上是按图书的内容性质来区分的，每大类下，又进行了细分，共区分为 38 个小类。这样便构成了一个条理清晰，次序井然的分类体系。

《七略》以六艺略冠于首位，充分体现出它的尊儒思想，这是符合当时统治者的需要的。因为六经是自汉武帝以来奉为正统的思想，在封建社会里，六经是一切言论和行动的指南。《七略》编成于西汉末年，其分类体系以儒家思想为指导，这是很自然的，体现了图书分类法的思想性。

在这之后，按照学科内容，依次列出诸子略，诗赋略，兵书略，术数略，方技略各类。

诸子之学是春秋战国时期遗留下来的文化遗产，其内容极为丰富。《七略》按照当时社会各学术流派，将此分为"九流十家"，置于六艺略之后。

诗赋略主要是文学方面的著作，古代的统治阶级十分重视诗赋，并专设采诗之官。据《汉书·艺文志》记载，"古有采诗之官，王者所以观风俗，知得失"。这说明从诗赋中可以了解民间的风俗习惯及人民的思想动态。由于诗赋在当时已发展成为一种成熟

128

的文学体裁,故将其单独列为第三大类。

第四类兵书略是指军事著作。春秋战国以后,连绵不断的战争,涌现出了很多的军事家,积累了丰富的军事知识,撰写了大量的军事著作。因此系统地整理和研究军事著作,是当时的一个重要问题。

术数略包括天文、算术方面的著作等,其中也涉及一些封建迷信的东西,如卜卦、算命、看风水等。

方技略是医药卫生和巫术的混合体,主要反映医学方面的著作。

术数略、方技略均属于应用科学,由于著作多,故各自独立成类,分别列于第五、第六。

上述各类序列,并非任意安排的,它是以当时的学术分类为基础而编列的。至于大类下的子目,则是根据图书的用途,按照一定的标准设立的。这说明,刘向、刘歆在编制图书分类法时很重视它的科学系统性和实际应用价值。

综观上述,《七略》的特点可概括为:

(1)体例清楚,有纲、有目,系统性较强;

(2)编制技术比较考究,能将图书的内容和形式两种分类标准有机地结合起来使用,适合图书资料的属性特征;

(3)创造性地运用了互著、别裁之法。对一些内容性质复杂的图书,除在一类显示之外,还互见于其他有关类目之下;对一些图书从整体上归入一类之后,同时将有关内容析出,单独归入另一类;

(4)开创了我国图书"七分"的先河,并与我国古代其他仿效《七略》的分类法一起,构成了我国古代图书分类法的一大系统——《七略》系统。

其缺点是学科反映不够充分,有些类目概念不清楚,类名相互重复等。

总之,作为古代第一部图书分类法,能起到有条不紊地组织图书的作用,是值得我们认真加以研究的。

二、四部分类法

四部分类法是我国古代图书分类法的另一大系统,它在整个封建社会中国图书分类法中几乎占据了统治地位。

四部分类法的创始人当属荀勖。据《隋志序》记载:"魏氏代汉,采掇遗亡,藏在秘书中外三阁。魏秘书郎郑默始制《中经》,秘书监荀勖又因《中经》更著《新簿》,分为四部,总括群书。"《中经新簿》将图书分为甲、乙、丙、丁四部,其分类体系如下:

甲部　六艺、小学
乙部　古诸子家、近世子家、兵书、兵家、术数
丙部　史记、旧事、皇览簿、杂事
丁部　诗赋、图赞、汲冢书

到晋元帝时,著作郎李充又在荀勖《中经新簿》的基础上编制《晋元帝四部书目》。李充的《四部书目》与荀勖的甲、乙、丙、丁各部所包括的类别稍有不同,并将乙、丙两部的内容次序互换,从而确定了四部分类法的次序。

南北朝结束后,唐贞观年间政治安定,经济发展,开始进行文化建设,以长孙无忌为首的人在撰写《隋书·经籍志》时,善于总结前人的经验,继承并发展了荀勖的《中经新簿》和李充的《晋元帝四部书目》。在甲乙丙丁四部的基础上,采纳了南北朝以来赋予四部的经、史、子、集专名,并明确其内涵,下设42个类。其分类体系如下:

经部　易、书、诗、礼、乐、春秋、孝经、论语、纬书、小学
史部　正史、古史、杂史、霸史、起居注、旧事、职官、仪注、刑法、
　　　杂传、地理、谱系、簿录
子部　儒、道、法、名、墨、纵横、杂、农、小说、兵、天文、历数、
　　　五行、医方

集部　楚辞、别集、总集

附:道经、佛经

从《隋书·经籍志》中的四部分类来看,有两个比较明显的特点:

（1）明确以经史子集标识四部之名,在我国图书分类法史上始定于一尊,起着主导作用。这种标识方法一直延续到清代末年。

（2）它集唐代以前图书分类法的优点于一身,是一部唐代以前图书分类的总结性著作。

《隋书·经籍志》将四部分类法定型之后,直接影响了后世公、私家书目的分类体系,从唐到清的千余年中采用四分法的书目日益增多。到清乾隆时代,纪昀等人奉敕编制《四库全书》时,又从辨章学术,考镜源流的角度对二级类以下类目作了深入推敲,较大幅度地进行了一次全面调整。从而使四部分类法的分类体系更加清晰明确,具有一定的内在逻辑联系。《四库全书总目》的分类体系如下:

经部　易类、书类、诗类、礼类(周礼、仪礼、礼记、三礼总义、通礼、杂礼)、春秋类、孝经类、五经总义类、四书类、乐类、小学类(训诂、字书、韵书)

史部　正史类、编年类、纪事本末类、别史类、杂史类、诏令奏议类(诏令、奏议)、传记类(圣贤、名人、总录、杂录、别录)、史钞类、载记类、时令类、地理类(总志、都会、郡县、河渠、边防、山川、古迹、杂记、游记、外记)、职官类(官制、官箴)、政书类(通制、典礼、邦计、军政、法令、考工)、目录类(经籍、金石)、史评类

子部　儒家类、兵家类、法家类、农家类、医家类、天文算法类(推步、算术)、术数类(数学、占候、相宅、相墓、占卜、命书、相书、阴阳、五行)、艺术类(书画、琴谱、篆刻、杂技)、谱录类(器用、食谱、草木鸟兽鱼虫)、杂家类(杂学、杂考、杂说、杂品、杂纂、杂编)、类书类、小说家类(杂事、异闻、琐语)、释家类、道家类

集部　楚辞类、别集类、总集类、诗文评类、词曲类(词集、词选、词话、词

131

谱词韵、南北曲）

　　从上表可以看出，《四库全书总目》所采用的四分法是比较完善的。它以经、史、子、集为纲，下列 44 大类，有些类又分出一些子目，力图做到条理分明，类目合理。在众多的公私藏书目中，它是处于主导地位的。其原因不仅仅因为它是"钦定"的，更重要的是它集四分法之大成，把四分法提到了更高的水平。

三、郑樵的图书分类法

　　我国古代的《七略》、四部两大分类系统，是封建社会的主要分类体系。它们之所以成为"正统"的图书分类法而流传后世，是与当时统治者的意志分不开的。在这期间，也有人敢于冲破封建统治者的正统思想，独树一帜，而创立新的图书分类法。其主要代表人物是我国南宋时著名的史学家、目录学家郑樵。

　　郑樵不仅在图书分类理论上有很深的造诣，系统地提出了图书分类的理论和原则，规定了具体的分类方法，而且在图书分类的实践中敢于标新立异。他在《通志·艺文略》中独具匠心地编制了一个别开生面、精详周到的图书分类体系。这部分类法，既不仿效《七略》的六分，也不同于四部的四分，而是"总十二类，百家，四百二十二种"。其大类序列如下：

　　经类第一
　　礼类第二
　　乐类第三
　　小学类第四
　　史类第五
　　诸子类第六
　　星数类第七
　　五行类第八
　　艺术类第九
　　医方类第十

类书类第十一

文类第十二

在十二大类的基础上,又进一步区分为家(二级类目)、种(三级类目)。它的分布是这样的:"经一类分九家,九家有八十八种书,……礼一类分七家,七家有五十四种书,……乐一类为一家,书十一种。小学一类为一家,书八种。史一类分十三家,十三家为书九十种。……诸子一类分十一家,其八家为书八种。道释兵三家书差多,为四十种。星数一类分三家,三家为书十五种。五行一类分三十家,三十家为书三十三种。艺术一类为一家,书十七种。医方一类为一家,书二十六种。类书一类为一家,分上下二种。文类一类分二家,二十二种。别集一家为十九种书。余二十一家,二十一种书而已。"

从上表可以看出,郑樵编制的分类法用力较深。在此以前,我国已有《七略》、四部两大系统的图书分类法,而且被视为是"正统"的。但是,他并没有因此而受到束缚,而是根据自己图书分类的实践,结合当时的学术发展水平,独创了十二大类的分类体系。其特点可概括为如下几点:

第一,它打破了《七略》、四部的分类方法,而独创了十二大类的新体系;

第二,敢于冲破封建正统的观念,扩充大纲,将礼、乐、小学三类从经类中提出与经类并列;

第三,在学科分类的基础上,能注意图书本身的特点,将包罗万象的类书单独列为一大类;

第四,同以前各家分类法相比,增加了不少细目,三级类目达432种。

当然,在科学技术高度发展的今天,再回过头去看看郑樵的图书分类法并不觉得它精密。但是,在八百多年以前,一位封建社会的史学家,能冲破正统的学术思想,编出符合当时学术水平的图书分类法,确实是一件了不起的事。由于郑樵编制的图书分类法不属"正统"分类法,所以没有产生很大影响。然而,郑樵的分类法和他的分类学思想,对我国图书分类学的发展所产生的影响是不可低估的。

第二节 我国近代图书分类法

近代(1840—1949年)图书分类法可分为两个发展阶段,即1840年至杜威法的传入后不久;杜威分类法的传入后不久至1949年。

1840年的鸦片战争揭开了中国近代史的序幕。由于鸦片战争的失败,中国便遭到帝国主义列强的政治、经济、文化侵略,陷入到半殖民地、半封建社会。随着帝国主义势力的入侵,西方资产阶级文化和思想流传到中国,对中国固有的思想和文化产生了很大的冲击。当时,翻译的外籍日渐繁多,其内容也有了新的变化。在这种情况下,使得原有的四部分类法不能适应客观要求。因而就出现了《西学书目表》、《古越藏书楼书目》、《南洋中学藏书目》等一批新的图书分类法。

这一时期所编制的图书分类法有两个比较明显的特点:

(1)打破了四部的框框,类目设置勇于创新。如《古越藏书楼书目》的分类体系,就不是沿袭四部法,而将其所有藏书分为学、政二大部。其类目如下:

学部　易学、书学、诗学、礼学、春秋学、四书学、孝经学、尔雅学、群经总义学、性理学、生理学、物理学、天文算学、黄老哲学、释迦哲学、墨翟哲学、中外各派哲学、名学、法学、纵横学、考证学、小学、文学。

政部　正史兼补表补志考证、编年史、纪事本末、古史、别史、杂史、载记、传记、诏令、奏议、谱录、金石、掌故、典礼、乐律、舆地、外史、外交、教育、军政、法律、农业、工业、美术、稗史。

从以上体系可以看出,《古越藏书楼书目》的两部分类体系,较之《七略》、四部分类法确有很大进步。主要表现在:①类目设置新颖,能反映当时的学术水平;②不拘泥于《七略》、四部的传统,而将新旧书籍融为一体,概括为学、政两大部,反映了当时革新的要求。

《古越藏书楼书目》的分类体系虽有所创新,但其类名和体系显得十分勉强,科学系统性不强。

(2)冲破了古代图书分类法的尊儒思想,摆脱了一贯将经部冠于首位的束缚。如《南洋中学藏书目》的分类体系:

周秦汉古籍

  历史 尚书 春秋 杂史

  礼制

  易

  诸子 儒家 兵家 法家 墨家 道家

  杂家 合刻

  诗文 诗 文

  古籍总义

  古籍合刻

历史

政典

地方志乘

小学

金石书画书目

记述

天文算法

医药术数

佛学

类书

诗文

词曲小说

汇刻

《南洋中学藏书目》编成于 1919 年,它的分类体系比《古越藏书楼书目》有了较大的改进。与《古越藏书楼书目》不同,《南洋中学藏书目》是统分中国旧书的。它的大胆革新就在于冲破了千百年来以经部为首的分类体系,将经部降为九流之一的地位。

总之,这一时期的分类法虽有其特点,但由于缺乏理论指导,体系欠严谨,因而对后世影响不大。

中国图书分类法经过长期缓慢发展,到杜威法传入后很快出现了一个繁荣局面。

1910 年,孙毓修首先在《教育杂志》上介绍了杜威《十进分类法》。由于杜威法的一些重要特点,如大体以近代科学分类为基础组织图书分类体系,能反映近代科学技术的发展水平和图书出版情况;层次清楚,类目列举较详尽;拟有各种共同复分方法及相关索引;以阿拉伯数字作为类目的标记,简单、易记、易写,比较适应图书馆变"藏书楼"为公共利用的需要等,因而引起了中国图书馆界的重视。于是,图书馆界的许多学者都致力于借鉴杜威法,编制适合中国特点的图书分类法,相继出现了"仿杜"、"补杜"、"改杜"等各种图书分类法。据不完全统计,杜威法传入不久到建国前夕(鼎盛时期是 20、30 年代),我国所编的各种分类法大约有 30 余种,其中影响较大的有:沈祖荣、胡庆生的《仿杜威十进分类法》;杜定友的《世界图书分类法》;洪有丰的《图书分类法》;刘国钧的《中国图书分类法》;皮高品的《中国十进分类法》;何日章、袁涌进的《中国图书十进分类法》;安徽省立图书馆的《图书分类法》;裘开明的《哈佛大学中国图书分类法》;王云五的《中外图书统一分类法》等。

以上各家所编的图书分类法的出版,说明了中国当时图书馆界的专家们,为了使中国有一部适合中国学术发展和图书特点的、而且又能类分外国图书资料的图书分类法,较深入地开展了对图书分类法的研究,并取得了一定的成果。这些图书分类法因是在杜威法的基础上产生的,存在这样或那样的缺点和错误,但对图书馆的工作,对中国图书分类法的发展起了促进作用。它们对图书馆事业的贡献是不可抹杀的。

为了便于比较,现将以上各家分类法大纲列表如下(见 138 页表)。

从该表可以看出,各家分类法由于参照杜威法编制,其体系结构大同小异。现将当时较为通行的刘国钧《中国图书分类法》和皮高品《中国十进分类法》简单介绍如下:

一、《中国图书分类法》

刘国钧编《中国图书分类法》,1929 年出版,1936 年增订再版。该分类法在当时影响较大,使用单位较多,特别是北京图书馆使用了它,更加提高了它的地位。

该分类法分为九个基本大部:

000　总部

100　哲学部

200　宗教部

300　自然科学部

400　应用科学部

500　社会科学部

600　史地部

800　语文部

900　美术部

每部下面分为类,有的 10 类,有的不足 10 类。类下再逐级细分,构成了一个有层次、有隶属关系的分类体系。

九部的划分来源于杜威法,但其序列与杜威法不同。如自然

近代主要图书分类法大纲对照表

大纲 编者＼标记	000	100	200	300	400	500	600	700	800	900
杜威	总类	哲学	宗教	社会科学	语言	自然科学	应用科学	美术	文学	史地
沈祖荣	经部及类书	哲学宗教	社会学与教育	政治经济	医学	科学	工艺	美术	文学及语言学	历史
洪有丰	丛	经	史地	哲学宗教	文学	社会科学	自然科学	应用科学	艺术	
杜定友	总类	哲理科学	教育科学	社会科学	艺术	自然科学	应用科学	语文	文学	史地
刘国钧	总部	哲学	宗教	自然科学	应用科学	社会科学	史地		语文	美术
皮高品	总类	哲学	宗教	社会科学	语言文字学	自然科学	实业工艺	美术	文学	史地
何日章	总部	哲学	宗教	社会科学	语言	自然科学	应用科学	美术	文学	史地
安徽省立图书馆	总类	哲学宗教	宗教	史地	社会科学	语文	应用科学	艺术	地理	历史
裘开明	经学	哲学宗教	史地	社会科学	语言	自然科学	美术	自然科学	农林工艺	丛书目录
王云五	总类	哲学	宗教	社会科学	语言	自然科学	应用科学	美术	文学	史地

科学、应用科学在社会科学之前。《中国图书分类法》这样安排序列是有其理论根据的,在该分类法导言里对此作了详细的论述(参看《中国图书分类法》导言)。

《中国图书分类法》的标记符号与杜威法相同。采用阿拉伯数字的小数制,至少以三位为标记,三位与四位之间打一小圆点。在类号的配备上比较注意号码的简短,因而放弃了严格的层累制。

该分类法有较为详细的类目注释,能帮助分类人员正确理解类目的含义和准确地类分图书。同时使用了类目参照等方法,增加了类表的灵活性。

《中国图书分类法》还编有八个通用辅助表和两个专类附表,增加了类目细分的组配因素。

总之,刘国钧在编制该分类法时目的是明确的,即为了中国图书馆有一部切实可行的图书分类法,既能类分中文新旧图书,又能类分外文图书。因此,它无论是在理论上,还是在编制技术方面,都联系实际有所总结和创新。它在中国近代图书分类法史上占有相当重要的地位。

二、《中国十进分类法》

皮高品编《中国十进分类法》,于 1934 年出版,为当时的北京大学和武汉大学等图书馆所采用。全表共分十个大类:

000　总类
100　哲学
200　宗教
300　社会科学
400　语言文字学
500　自然科学
600　实业　工艺
700　美术

800　文学

900　史地

《中国十进分类法》的十大类及其序列与杜威法基本一致,标记符号也相同。共有 4 个附表,2 个相关索引:中文相关索引,依汉字四角号码字顺排列;英文相关索引,按英文字顺排列。

为了方便中外文书籍的分类,类目均采用英汉对照。并运用注释来明确类目的涵义和指示分书的方法。同时,为了加强类目之间的联系,采用了类目参照等办法。

从以上概貌可以看出,皮高品在编制此分类法时,用力较深。它是一部比较完整的图书分类法。联系当时实际,用于统一类分中外文图书是有其特色和比较方便的。

以上两部分类法是杜威法传入不久,中国近代图书分类法的代表。通过对它们的简单介绍,可以得知,这一时期的图书分类法有如下几个较为显著的特点:

(1)从分类体系来看,冲破了四部分类法的束缚,提出了新的分类理论,尽可能把图书分类法建立在科学的基础上,适应了当时学术发展和图书的出版情况,为新旧图书、中外图书的统一分类开辟了可行途径。

(2)从类目设置来看,注意反映新科学、新技术,使类名较为简洁、科学、准确。同时,突出了中国的国情,表现了中国的特色。

(3)从标记制度来看,吸取国外经验,采用了单纯、简洁、易记、易写的阿拉伯数字作为类目的代号,这对图书馆科学地组织管理藏书和有效地利用藏书带来了极大的方便。就此而言,可以说是中国图书分类法史上的一次重大变革。

(4)从编制技术上看,注意吸收国外的先进技法,继承古代分类法的优良传统,采用了类目参照等办法,沟通了类目之间的联系,增加了图书分类法的灵活性。

(5)从分类法的结构看,这一时期的分类法已经形成了一个完整的系统,有主表、附表、标记符号、说明和注释、索引。

但是,由于受杜威法的影响和时代的局限,这一时期的分类法也存在一些严重的缺点:

首先,其分类体系的指导思想由于受当时社会历史条件的制约,指导思想不够明确。分类法在序列安排和类目设置中所反映出来的时代局限也是很明显的。

其次,由于运用十进制号码时受杜威法的影响,其分类法不能依科学的发展和图书的出版情况来设置类目,因而有些削足适履地使类目体系服从号码,显得较为机械、呆板。

第三,因为这一时期的分类法几乎都是依靠个人的力量编制的,对于图书分类法理论中的一些重大问题未能展开充分的讨论,在实际中存在着各行其是的情况,从而影响了图书分类法研究的发展。

第三节 解放后编制的图书分类法

解放以后,党和政府十分重视图书分类法的编制工作。早在建国初期,就专门召开过会议,研究图书分类法的编制问题。三十多年来,我国先后出版了 30 多种综合性和专业性的图书分类法。现将在国内影响较大的几种主要图书分类法简介如下:

一、《中国人民大学图书馆图书分类法》

《中国人民大学图书馆图书分类法》(简称《人大法》),是由张照、程德清主编,中国人民大学图书馆集体编制的。它于 1952年 10 月完成初稿,1953 年出第 1 版,1955 年出增订第 2 版,1957年出增订第 3 版,1962 年出增订第 4 版,1982 年 2 月出增订第 5版。每版都有较大的修改和补充。

《人大法》是我国第一部新型的图书分类法。它是以马列主义、毛泽东思想为指导思想，以科学分类为基础，以中国人民大学图书馆的藏书为对象编制而成的。在编制过程中，《人大法》贯彻了三项基本精神：

（1）掌握图书分类的思想性。《人大法》主张：社会主义图书分类法应以"辩证唯物主义和历史唯物主义的观点、方法，搜集和整理图书，定出类目。"

（2）遵守图书分类的科学性。"图书分类，需以科学分类为基础。应该根据各门学科的内部规律，缜密注意各种概念的同等性、次第性以及部分对于总体的依存性，使图书分类能符合科学系统的逻辑要求。"

（3）适合图书分类的实际应用性。《人大法》认为，"图书分类，除了在原则上依照科学知识分类以外，还要适合图书本身的特殊性。在尽量符合科学分类的逻辑要求的基础上，使图书分类具备伸缩性，才能切合实际的应用。"

《人大法》所提出的三项基本精神，后发展成为社会主义图书分类法的编制原则。

由于指导思想和编制目的明确，《人大法》具有很多特点：

第一，首次应用马克思主义关于科学分类的理论组织分类体系，将反映人类全部知识的图书资料分为四大部十七大类。其序列如下：

总结科学 $\begin{cases} 1 & \text{马克思列宁主义、毛泽东著作} \\ 2 & \text{哲学、辩证唯物主义与历史唯物主义} \end{cases}$
　　　　　　　　附：宗教、无神论

```
                        ┌ 3   社会科学、政治
                        │ 4   经济、政治经济学与经济政策
                        │ 5   国防、军事
                        │ 6   国家与法、法律
            社会科学 ┤ 7   文化、教育
                        │ 8   艺术
                        │ 9   语言、文字学
                        │ 10  文学
                        │ 11. 历史、革命史
                        └ 12.地理、经济地理
                        ┌ 13.  自然科学
            自然科学 ┤ 14.  医药、卫生
                        │ 15.  工程、技术
                        └ 16.  农艺、畜牧、水产
      综合性图书   17.   综合参考
```

  这一序列一直为以后各家分类法所效仿。尤其是四大部的划分,为我国图书分类法的"五分法"奠定了基础。

  第二,将"马克思列宁主义、毛泽东著作"单独作为一个基本大类,序列为十七大类之首,突出在显著的地位。并且,还规定在目录中再按其内容性质分类,采用互见法,在有关各类重复反映。

  第三,完全突破了机械运用阿拉伯数字十进制的束缚,创立了十七大类和不限于十分的新的分类体系。号码制度采用严格的层累制,具有较强的表达性和扩、缩检功能。

  第四,有较为详细的类目注释,有助于分类人员了解类目涵义,按编者原意使用类目,类分图书资料。

  第五,凡各学科的理论部分,都列于本类之前,并用带括号的号码来标记,以资区别其它同等类目。

  第六,编制有9种复分表(第5版改为7种)和1个类目索引。

使用复分表时,需要在复分表号码前面加一短横"－"和第几复分表的次第号数字,这样就把各复分表中的号码与正表中的号码从符号形式上区别开来。

《人大法》出版后,当时为全国许多图书馆所采用。特别值得提出的是,在新出版的图书上所给的统一书号采用了《人大法》的分类号。可见,它在全国的影响是很大的。

《人大法》虽有很多优点,但也存在一些问题。具体表现在:

(1)类目设置不够均匀,自然科学部分过于简单。特别是技术科学部分,一般停留在初分上,从而影响了专业性强的图书馆使用该分类法。

(2)类目名称不够概括,有些涵义也不太清楚。第5版虽作了一些修改,或采用增加注释的办法来明确类目的涵义,但由于先天的不足,以致难以彻底改正。

(3)由于采用严格的层累制,使类号过于冗长。加上遇双位数字代表一级类目采用打小圆点的办法,在实际应用中容易造成差错。

二、《中小型图书馆图书分类表草案》

《中小型图书馆图书分类表草案》(简称《中小型表》),是由文化部社会文化事业管理局和北京图书馆组织全国力量拟订的。1956年4月,文化部社会文化事业管理局召开了全国中小型图书馆图书分类法座谈会,讨论编制统一的中小型图书馆图书分类法,随即成立了编辑小组,制定了编制原则。1957年8月编制成草案,并用《图书馆工作》杂志的附册形式予以公布。

《中小型表》由于是政府部门组织力量集体编制而成,加上使用对象明确,在全国影响很大,几乎所有的中小型图书馆都使用该表,甚至有些大型图书馆也使用它。

《中小型表》的特点是:

（1）以马克思主义关于科学分类的思想为指导，在《人大法》的基础上，确立了我国图书分类法"五分法"的体系。五大部的基本序列是：

马克思列宁主义

哲学

社会科学

自然科学

综合性图书

这五大部一直为后来的图书分类法所继承。在五大部的基础上，再扩展为二十一大类，大类下再分中类，中类下再分小类，小类下再分子目，使之形成一个严密的分类系统，以便容纳各学科图书资料。

（2）采用了汉语拼音字母和阿拉伯数字相结合的标记符号。以拼音字母顺序表示基本大类序列，大类以下的各级类目用小数制阿拉伯数字表示，为了醒目，三位与四位数之间打一小圆点"·"。这种标记符号简短，易于伸缩。后为《中图法》所继承。

（3）为便于专业图书馆的使用，对具有双重或多重从属关系的类目设置了交替类目。这样既增加了分类表的灵活性，又能满足不同使用单位的要求。

（4）类目注释有针对性，给分类人员的使用提供了方便。

总之，《中小型表》是一部较好的图书分类法，它的很多优点，在它以后编制的各家分类法中得到发扬光大。

三、《中国科学院图书馆图书分类法》

《中国科学院图书馆图书分类法》（简称《科图法》），是中国科学院图书馆于1954年着手编制的。1958年11月由科学出版社出版，第2版从1970年开始修订，1974年完成了自然科学、综合性图书和附表，1979年5月完成了马克思列宁主义、毛泽东思想,哲学,社会科学部。第2版分上、下两册。

《科图法》的编制,有明确的目的,是"为了使科学院的藏书发挥更大的作用,便利研究人员利用本单位和相关单位的图书;为了加强科学院图书馆与各研究单位图书馆(室)的业务联系",并且旨在"编制一个适合于科学院各馆(室)的统一的图书分类法"。根据图书分类法的编制原则,结合科学院图书馆的实际,《科图法》将反映人类全部知识的图书资料分为五大部二十五大类。其基本序列为:

00　马克思列宁主义、毛泽东思想

10　哲学

20　社会科学

　21　历史、历史学

　27　经济、经济学

　31　政治、社会生活

　34　法律、法学

　36　军事、军事学

　37　文化、科学、教育、体育

　41　语言、文字学

　42　文学

　48　艺术

　49　无神论、宗教学

50　自然科学

　51　数学

　52　力学

　53　物理学

　54　化学

　55　天文学

　56　地质、地理科学

　58　生物科学

　61　医药、卫生

65　农业科学

71　技术科学

90　综合性图书

五大部的序列,是依据马克思列宁主义、毛泽东思想的科学分类体系,并结合图书资料的特点组成的。

二十五大类是由五大部,加上社会科学、自然科学各展开为十大类构成的。序列的安排也力求贯彻马克思列宁主义、毛泽东思想。

《科图法》在我国图书馆界的影响很大,它的问世,使科学院系统的藏书分类做到了一体化,并且有些大专院校图书馆目前还在使用这部分类法。

《科图法》的特点是:

(1)较好地体现了马克思列宁主义、毛泽东思想对编制图书分类法的指导作用,体系安排、类目设置既考虑到了图书分类法的思想性,又注意了它的科学系统性;

(2)自然科学部分,列类比较详细,系统性较强,能较好地反映当时科学技术的发展水平;

(3)于类目中采用了交替、参见等多种方法,对于解决等级体系分类法所产生的集中与分散的矛盾,起到了一定程度的缓和作用,有利于专业图书馆使用;

(4)采用单纯的阿拉伯数字作为类目的代号,单纯、简洁、易记、易读、易于排检;由于采用顺序层累的配号制度和一些灵活的配号方法(八分法、双位制、借号法),使号码具有较强的灵活性、助记性和容纳性;

(5)体例清楚,结构完整,除主表外,还有6个通用附表、1个相关索引,主表中还设有很多专类附表并运用了仿照复分的方法,这样既节省了分类表的篇幅,又增加了细分类目的程度。

总之,《科图法》是我国图书分类法中思想性、科学性和实用性三者结合得较好的一部大型的、综合性的图书分类法,它自产生之日起,便受到图书馆界的重视,至今还在我国图书馆界占有相当重要的位置。

四、《中国图书馆图书分类法》

《中国图书馆图书分类法》(简称《中图法》),是由政府部门领导编制的一部大型综合性图书分类法。关于《中图法》的各个组成部分,分别在第二章至第五章联系有关内容作了较为详细的介绍,这里只简要介绍它的编制经过和主要特点。

《中图法》于1971年着手编制,1973年编出了初稿,并以试用本形式印出,1974年7月至11月,编辑组对其试用本进行了比较全面的检查和重点修订,于1975年10月由科学技术文献出版社正式出版。

《中图法》正式问世以后,陆续为全国相当多的图书馆和情报单位所采用。它较好地解决了大型图书馆的图书分类问题,适应了当时图书分类的迫切要求,受到了使用单位的欢迎。

但是,由于《中图法》是在动乱年月中产生的,其中有不少问题和缺点,特别是1974年的修订,因受林彪、"四人帮"流毒的影响,在分类表中出现了一些严重的错误。随着科学技术的发展,新的学科、新的事物和新的问题层出不穷,加之《中图法》自身的缺点和错误,需要对其进行修改和补充。

鉴于此种情况,1979年3月在长沙召开了《中图法》修订工作会议。长沙会议确定了修订方针,制定了修订原则,并成立了《中图法》编辑委员会,以接替原《中图法》编辑组的工作,负责《中图法》的管理。

根据长沙会议确定的修订方针和原则,修订工作于1979年4月开始,用了4个月的时间完成了修订稿。后经《中图法》编辑委员会审查,稍加修改后,于1980年6月由书目文献出版社出版了第 2 版。

修订后的《中图法》,吸收了建国以来各家分类法的优秀成果。其特点可概括为:

(1)较好地体现了图书分类法的"三性"原则。如哲学、社会科学理论部分按学科列类,分入各种不同思想观点的图书资料,扩大了类目的兼容性。同时在列类上涉及思想观点的区分,采用了不同的处理方法(详见《中图法》编制说明),这样使图书分类法的"三性"原则能有机地结合起来。

(2)充分反映新科学、新技术。《中图法》是建国以来编制最晚的一部分类法,历史发展的必然,使当代一些新学科和技术能在分类体系中得到充分反映。例如"航空、航天"这一尖端科学,"环境科学"这门新兴科学都单独作为一个基本大类,在自然科学总论类下设立系统学(系统论、系统工程),在社会科学类下设"管理学"等。当然,其中有些新学科、新技术的归类尚有值得商榷的地方,但能及时反映新学科、新技术却是它的一大优点。

(3)引进组配编号法是《中图法》的另一特点。它不但增加了图书分类法的细分能力,增加了分类法的灵活性,而且还可以起到多途径检索的效果。

(4)扩大使用了交替类目,为专业图书馆利用综合性图书分类法创造了条件;同时,由于采用了类目参见等多种方法,较好地解决了交叉学科的分类问题,在一定程度上能起到缓和体系分类法所固有的集中与分散的矛盾。

(5)妥善安排了类目组织中的一般与个别的问题。《中图法》的类目组织,特别在技术科学部分,都是采用从总到分,从一般到个别的原则展开排列的。

(6)列类注意规格化,便于记忆。例如"工业技术"类涉及"一般性问题"一般都分为:理论、研究、设计和性能分析、结构、构造、材料、制造、装配、调试、测试、维护、检修等,并用专号表示。

（7）在有些门类中,对涉及多种标准的区分,采用了多重列类法,并规定交叉时用归入最前或最后的号码来处理的办法。这样,有利于采用最前或最后标号法,起到多途径检索的作用。

（8）采用汉语拼音字母和阿拉伯数字相结合的混合号码。使标记符号清楚,便于记忆。同时由于字母基数多,可相应缩短类号,加之配号制度的灵活,能适应类目的增加和压缩,从而保证了分类法的相对稳定性和扩充发展的可能性。

（9）为了适应各级各类型图书馆和情报单位使用,编有同一体系而详略不同的三种版本:《中图法》、《资料法》和《中图法(简本)》,为全国图书资料的统一分类编目创造了条件。

（10）编制了一部较为详细的相关索引,在一定程度上能起到主题检索的功能。

综上所述,《中图法》确实是一部较好的分类法,它的优异性能赢得了全国图书馆和情报单位的信誉。据统计,全国约有91.6%的图书馆和情报单位使用它,这在我国图书分类法史上是空前的。并且,1980年12月在南京召开的全国分类法、词表标准化会议上,将《中图法》推荐为国家试用标准,从而更加提高了它的地位。

当然,《中图法》并不是完美无缺的,它还存在不少的问题。如有些类体例不够一致,类名不够确切,多种配号方法的运用还不够严格,而带来理解与记忆的一定困难等。这些都有待于今后进一步修订,使之更加完善。

为学习方便,现将上述几种主要分类法的基本大类对照列表如下:

建国后我国几部主要分类法基本大类对照表

类号及类名序列 \ 分类法及大类个数		人大法 17大类	中小型表 21大类		科图法 25大类		中图法 22大类
1	1	马克思列宁主义、毛泽东著作	A	马克思列宁主义	00	马克思列宁主义、毛泽东思想	A	马克思列宁主义、毛泽东思想
2	2	哲学、辩证唯物主义与历史唯物主义 附:宗教、无神论	B	哲学	10	哲学	B	哲学
3	3	社会科学、政治	C	社会科学总论	20	社会科学（总论）	C	社会科学总论
4	4	经济、政治经济学与经济政策	D	历史	21	历史、历史学	D	政治、法律
5	5	国防、军事	E	经济	27	经济、经济学	E	军事
6	6	国家与法、法律	F	政治、社会生活	31	政治、社会生活	F	经济
7	7	文化、教育	G	法律	34	法律、法学	G	文化、科学、教育、体育
8	8	艺术	H	军事	36	军事、军事学	H	语言、文字
9	9	语言、文字学	I	文化、教育	37	文化、科学、教育、体育	I	文学

151

（续表）

类号及类名序列 分类法及大类个数		人大法 17大类		中小型表 21大类		科图法 25大类		中图法 22大类
10	10	文学	J	语言、文字	41	语言、文字学	J	艺术
11	11	历史、革命史	K	文学	42	文学	K	历史、地理
12	12	地理、经济地理	L	艺术	48	艺术	N	自然科学总论
13	13	自然科学	M	宗教、无神论	49	无神论、宗教	O	数理科学和化学
14	14	医药、卫生	N	自然科学总论	50	自然科学（总论）	P	天文学、地球科学
15	15	工程技术	P	数理科学和化学	51	数学	Q	生物科学
16	16	农艺、畜牧、水产	Q	地质、地理科学	52	力学	R	医药、卫生
17	17	综合参考	R	生物科学	53	物理学	S	农业科学
18			S	医药、卫生	54	化学	T	工业技术

类号及类名序列 分类法及大类个数	人大法 17 大类	中小型表 21 大类		科图法 25 大类		中图法 22 大类	
19		T	农业技术	55	天文学	U	交通运输
20		U－Y	工业技术	56	地质、地理科学	V	航空、航天
21		Z	综合性图书	58	生物科学	X	环境科学
22				61	医药、卫生	Z	综合性图书
23				65	农业科学		
24				71	技术科学		
25				90	综合性图书		

参考文献

1. 蒋元卿:《中国图书分类之沿革》 中华书局 1937 年。

2. 武汉大学图书馆学系图书分类学教学小组:《图书分类学》 1980 年铅印本。

3. 北京大学图书馆学系《图书分类》编写组:《图书分类》 书目文献出版社 1983 年。

4. 白国应:《图书分类学》 书目文献出版社 1981 年。

5. 张燕飞:郑樵的分类学思想及其影响 载《山东图书馆季刊》 1981 年第 2 期。

第七章　国外主要图书分类法简介

在世界范围内,各种图书分类法的编制和发展是相互影响并有所借鉴的。在谈到图书分类法问题时,一般都会涉及国外的图书分类法。国外几部有影响的图书分类法,各自基本面貌究竟怎样,是需要有所了解的。这里选择几部有代表性的图书分类法,进行简单介绍。

第一节　杜威十进分类法

杜威十进分类法(Dewey Decimal Classification and Relative Index,简称 DC 或 DDC),为(美国)杜威(Melvil Dewey, 1851—1931)所创制,以其用阿拉伯数字十进(小数)制号码作标记符号而著称。1876 年第 1 版,名为《图书馆图书小册排架编目适用的分类法及主题索引》,类表只有 12 页,加上导言和索引,总共 42 页。1885 年第 2 版称《十进分类法及相关索引》,奠定了 DC 的基础。从 1891 年第 4 版起,DC 的编者就不是杜威本人了。1922 年,杜威委托普拉西湖俱乐部教育基金会组织一个常设委员会,永远负责 DC 的修订和出版工作。1958 年第 16 版,修订工作实际移交给美国国会图书馆继续进行。1979 年已出第 19 版。1894 年开始出版供中小型图书馆使用的简本,例如第 11 版简本中的类目数与相应的第 19 版详本中的类目数相比,分别为 2516 和 29528。

DC 以其标记符号的特点,并随着科学技术的发展而持续修订,在世界范围内逐渐为多数图书馆所采用,也影响到以后其他各种图书分类法的编制,在图书分类法发展史上具有里程碑的意义。

一、体系结构

DC 宣称,不求什么理论上完整的体系,而只是从实用的观点来设法解决一个实际的问题。改变藏书固定排架法为相关排列法加小数标记法,把相互类似的主题依据相互关系和联系,用小数数字编号的方法类集起来,指出每本书是什么,在什么相对位置,性质相同的图书永远在同一地方。并把主题分类表和主题字顺索引两个通过类号联系的部分视作组织起来的一个完整体系。

在安排主题类表时,只要实际可行,就这样来安排类目,使每个主题的前后都有与之相类似的其他主题。这样,就把无数主题都联系起来了,查找图书资料时就可以由此及彼,鸟瞰全貌。实际上,DC 没有论证所据以组成类目体系的分类标准,只是按照当时学术界研究各门学科和问题的通行习惯,接受了已出版的(美国)哈利斯编的图书分类法,而稍加调整而已。

新黑格尔派哲学家哈利斯的图书分类法体系,是以 17 世纪初英国哲学家培根(1561—1626)所发表的知识分类的原则为准则,把全部图书按照当时美国高等学校设置的课程学科,分为 100 类。把培根的知识分类次序倒转过来,改为哲学、文艺和历史,并按这个次序安排 100 类的次序,称为倒转培根法。

DC 实际上就是把哈利斯分类法的 100 类归纳为十大类,并保存其序列,只作了个别调整。二级类目也差不多完全与哈利斯法的 100 类相同。以此来适应阿拉伯小数制的标记符号,并循此而进行展开。在归纳、列举过程中,把涉及全部知识而不能归入任何一门学科的图书总为一类,并序列在其他学科知识门类之首。每一学科门类再进一步逐级按内容展开,循此也无不各有其"总论"类出现。DC 的十大类(总纲)及其以字体和缩行形式逐级展开的形式举例如下:

000	总论类	600	技术工程(应用科学)	
100	哲学及相关学科	620	工程学	
200	宗教	621	应用物理学	
300	社会科学	621.1	蒸汽工程	
400	语言学	.2	水力工程	
500	纯科学(自然科学)	.3	电力工程	
600	技术工程(应用科学)	.31	电力的发生	
700	艺术、美术及装饰艺术	…	……	
800	文学(纯文学)	.38	电子及通讯工程	
900	普通地理和历史及其	.381	电子工程	
	辅助学科	…	……	
		.384	无线电及雷达工程	
600	技术工程(应用科学)	.384 1	无线电通讯	
610	医学	.384 11	电波传播与发射	
620	工程学	.384 12	电路	
630	农业	…	……	
640	家政	.384 15	无线电通讯系统	
650	管理与辅助服务	.384 151	短波通讯系统	
660	化学工业	…	……	
670	制造业			
680	各用途产品制造			
690	建筑工程			

二、标记制度

DC 采用的标记符号,是通俗简明的阿拉伯小数。(极个别情况在实际使用中,为了突出交替类或缩短号码,也容许采用拉丁字母或其他符号作为标记符号的一部分。至于铅印卡上或在版编目里类号中有上撇号"'",这只是指明类号可以简化使用到哪几级的符号,如同指明交替类号的方括号"〔〕"和指明范围的起止号"—"一样,都不是实际使用的符号。)用小数,又不用小数点来指明,而是把全部数字符号按小数来理解,按小数值的顺序来排列。但为了醒目和便于读,第三位与第四位小数之间用小圆点隔开。从小数值来说,0 在一个数字的末尾是没有意义的不必要的。然而 DC 为保持号码至少有三位数字的符号,以便用于藏书排架,采用了 0 来补位。于是就有 000、100、110、001、011 等等这样一些小数形式的符号。其他则没有末尾带 0 的小数了。

小数的特点,是顺着一位一位地加上去的,有第一位、第二位……等位数的;几个小数值的大小相比,是对应地一位一位相比,按数字大小为序;0 在其中占一位,且在同位中自然地序列于 1 之前。可以说,DC 就是利用小数的特点来标记其等级列举式类目体系的。

DC 的体系结构如前所述,是明确按学科之间的一定联系与关系归纳组织起来的类目体系。对各门学科进行归纳组织时,难免要注意适应所用小数标记符号的特点。因之有不少相关学科构成的类组,并非都是一门学科为一类目。从最初的所谓十大类、百类表、千类表看,无不体现这个意图。可是,在第三级类目以下的层层展开,特别在后期的修订表中(包括第二、三级类目)并非都机械地按十个展开(即所谓十分)。有不少是不到十个而留有空位的;也有超过十个,而用其中一位数字配作"其他"类后,再用其下一位小数展开的。这里关键是不完全等同于学科知识分类而如何归纳组织成类目或类组的问题。

就已归纳组织成的类目体系看,基本是用第一位小数标记第一级类目,第二位小数标记第二级类目,以下类推。这样两相适应的层层隶属,层层包含,可以说 DC 采用的是层累制标记制度。然而,就类目所指学科内容的层次系统看,为了缩短号码,有不少情况是小数的级位又不完全与之一一相适应,就不能称之为层累制,可称之为小数顺序制(小数的级位不能用来判断类目之间的上下位类和同位类关系,而只用来表明类目之间的前后顺序位置)。如果仅就小数制号码本身的层累,而不顾与类目体系的逐级展开是否相适应,就称之为层累制,是无意义的。例如:

380	贸易、通讯、运输		570	生命科学
.1	贸易(商业)		574	生物学
.3	通讯		.1	生理学
.5	运输		.2	病理学
381	国内贸易		.4	解剖学
382	国际贸易		.5	生态学
▶	383—384 各种通讯		580	植物科学
	综合著作入 380.3		581	植物学
383	邮政通讯		582	种子植物
384	其他通讯系统		583	双子叶植物
.1	电信		…	……
.4	海底电缆电信		590	动物科学
.5	无线电通讯		591	动物学
.6	电话		592	无脊椎动物
…	……		593	原生动物
▶	385—388 各种运输		594	软体动物
	综合著作入 380.5		595	其他无脊椎动物
385	铁路运输		.2	节肢动物
386	内陆水路与渡口运输		.3	甲壳动物
387	海洋、航空与航天运输		…	……
388	陆上运输			

三、附表复分

　　DC 从第 2 版起设置一个"形式细分表"(后称①"标准复分表",相当于我国称谓的"总论复分表");第 17 版增加一个②"地

158

区表"（以前用仿历史类 930—999 分洲、分国细分解决）；第 18 版又增设③"文学复分表"（用于文学类）、④"语言复分表"（用于各种语言的复分）、⑤"人种、种族、民族表"、⑥"语种表"、⑦"人物表"；到第 19 版按这个顺序共有七个附表，集中起来放在第一卷里。（第二卷为正表，第三卷为相关索引。）其中第 2 表"地区表"最详细，篇幅最大，占七个附表 452 页中的 373 页。（DC 目前还没有单另设置通用时代表，遇有必要使用时，可以说就是仿第 1 表"标准复分表"中—09 历史的时代细分。）

这七个附表中除一般说的通用复分表外，也有专类复分表（因篇幅大，未置于正表中专类之下，引起全表的不便使用）。正表中仍然还有小型的专类复分表。此外，起附表复分作用的仿照复分，在正表中通过注释也大量存在。

七个附表中的标记符号，与正表一样，没有另外的标志符。因此，附表的使用，应根据类目注释来使用，而不能任意使用，以免发生号码冲突。特别是几种附表结合起来使用时，比较复杂，更需要按照类目注释说明来使用。

从 DC 七个附表的发展来看，由没有到有一个、到二个、到七个，是逐步在使共性复分方法走向规范化、标准化，更多更明显地起助记作用，也是为了方便使用，避免多处仿分套号的失误。这里有组配的因素和雏形，或者说在向列举与组配相结合的方向发展，但基本上还是为精简篇幅，避免重复的列举。虽然说附表中还有多种方法可供选择使用，但是仍然得根据注释说明中的次序来使用，这还是属于不能任意划分其次序的列举。关键是附表作为七个方面，没有各自的标志符，一经使用，就难于识别和拆开，当然也就不能任意组配使用。

这里单就附表 1"标准复分表"再予以介绍。

DC 从 1885 年第 2 版开始在第 1 版所谓千类表的基础上设置"形式细分表"，以后发展到"标准复分表"。在前面介绍 DC 体系结构时,提到十大类中"总论类"设置的必要,和以下每个学科门类再按内容细分展开也同样会出现"总论类"的情况。总论类是按内容分不下去而集中起来的一类,再细分就只得按图书资料的编著出版形式来分了,即所谓形式细分。试设想在千类表中十个总论类的细分尚可分别一一列举,到千类表的逐级往下展开,众多的总论细分,就不必分别一一列举了。自然地需要设一总论复分表(即形式细分表),供在实际使用中照此复分,以精简正表篇幅,且使形式细分在各处达到规范统一。后来人们总结 DC"形式细分表"的设置,称之为组配原则的首先采用者。第 19 版中"标准复分表"的大纲如下:

—01　原理与理论
—02　杂集
—03　词典、百科全书、词汇索引
—04　一般适用的特种问题
—05　连续出版物
—06　组织机构与管理
—07　研究与教学
—08　人群间的主题与记述
—09　历史与地理的论述

　　表中号码前的一长画,指明这个表不能单独使用,而必须连接到正表中的号码上去;这一长画意即正表中任一需要用附表复分的号码;它不是号码成分之一,更不是代表标准复分号的标志符。要说标准复分号的标志符,倒应该是代表"标准复分表"使用位置的 0,即标准复分号在其首位一定有一个 0 作为标志符。

　　"标准复分表",根据其含义加之有 0 这一标志符,原来是可以适用于正表中任何需要据以细分的门类的。可是在后来正表类目的修订发展中,有时为在小数 1 前面并列地扩充类目,只得借用 0 作为扩充类目的符号,已有借用到三个 0 的。这样在使用"标准复分表"时,就要注意正表中类目的细分展开是否已借用了 0。已借用了 0 的,再使用"标准复分表"时则要跟着再加 0,保证标准复分号能在原有的位置。然而,在正表中末尾用 0 补位的类号后使用"标准复分表"时,则需要去掉补位的 0。例:150 心理学,变为15 后,再用"标准复分表"。使用"标准复分表"需要加 0 的情况,在正表中相应地方通常已作了注释说明。例如:

611	人体解剖学、细胞学、组织生态学
.001— .009	人体解剖学标准细分用附表 1"标准复分表"
.01	组织胚胎学、细胞学、组织生态学
.013	组织胚胎学
.018	细胞学和组织学
.1	循环器官
.2	呼吸器官
.3	消化器官
350	国家行政　政府部门
.0003	词典、百科全书(用附表 1"标准复分表"复分所得)
.003	行政部门一般问题
.03	内务部门
.3	文职公务考核
353	美国联邦政府与州政府

上例为摘录,用以说明在使用"标准复分表"时有达到四个 0 的情况。350.003—350.3 的类名是根据注释仿分所得,不一定正确,但这些类号是有的。如果说 DC 是把 0 作为变换分类标准的标记在使用,这里就是一个典型线索,可根据一些实例来归纳说明。不然就会简单地把 0 看作在 1 前面扩充号码的手段。

DC"标准复分表"中有些类目,还可分别用七个附表中的五个附表再细分,就是说除了"文学复分表"和"语言复分表"两个以外,甚至"标准复分表"中的 −04 用于具体学科门类指明了具体内容之后,还可再按"标准复分表"中的有关类目细分。("标准复分表"中的 -04 一般适用的特种问题,实际是一个留待用到具体学科门类中按内容分的号码。)

把"标准复分表"与"000 总论类"两者的纲目对照来看,010 目录学、书目,020 图书馆学及情报学,030 普通百科全书,050 普通连续出版物,060 普通组织机构及博物馆学,070 新闻学、出版学、报章,080 普通丛书,090 手稿及善本,就只有 -03 百科全书、-05 连续出版物这两个属于形式的类目相对应了;其他类目,两者各有了适应具体情况的发展变化。"000 总论类"在原有基础上发展安排了一些所谓综合性的学科,诸如目录学、图书馆学及情报学、博物馆学、新闻学、出版学等。040 空号,还可用来安排类似的所谓综合性的学科。这些如同"标准复分表"中的 -04,已不是形式问题,而是具体学科问题了。从各个"总论类"的出现及"形式细分表"的编制,到改称"标准复分表",也就体现了这种发展变化。从名称上看,我国现阶段称之为"总论复分表"还是比较概括而能说明问题的。

四、相关索引

DC 的全称就指明有相关索引。前面提到 DC 的体系结构是把主题分类表和主题字顺索引两个通过类号联系的部分,视作组织起来的一个完整体系,初期甚至把主题字顺索引当作体系的主体。DC 认为,主题分类表主要用于按学科内容之间的关系进行藏书的活动排架,便于就架检阅;一般不理解学科之间的关系者,通过主题字顺索引查找就更方便了。

主题字顺索引,是由各式各样主题名称按字顺排成的一个表。在一个主题款目下,能把该主题与有关学科的关系通过类号显示出来,也就把一个主题的各个方面显示出来了。这样的索引,由原来在于指出图书在架上、在目录里以及在其他记录中的相对位置,到后来被赋予能将分类中分散的图书资料予以集中的意义。称之为相关索引,就在于指明它的意义。

为了具体了解 DC 相关索引的形态和作用,现摘录第 19 版中一条主题款目的部分作为示例如下:(款目下面各级主要项目,如同款目词"冰"一样,按英文字顺排,译后未能按汉字字顺排。括号中的内容为译时所加,以便能说明问题。)

冰　　　　　　　　　　　551. 31(冰川学)

　时期　见　更新世(即历史地质的冰川期)

建筑结构(arch. construction)　721. 044 91(建筑艺术中的冰建筑结构)

　参见　各种建筑

芭蕾舞　见　冰上溜冰

建筑结构(bldg. construction)　693. 91(建筑工程中的冰建筑结构)

雕刻装饰艺术品　　　　　736. 94(冰材料的雕刻装饰艺术品)

道路工程管理

　技术　　　　　　　　625. 763(冰的控制措施)

　其他方面　见　道路

……

雹

　气象学　　　　　　　551. 559(其他暴风,含冰雹)

　　人工改变(气象)　551. 685 9(其他暴风的人工改变和控制)

　　天气预报　　　　551. 645 9(其他暴风预报)

　　　各个地区　　551. 65(各个地区天气预报)

　其他方面　见　天气

第二节　国际十进分类法

国际十进分类法(Universal Decimal Classification,简称 UDC)是比利时人奥特勒(Paul Otlet,1868—1944)和拉丰坦(Henri La Fontaine,1854—1943)于 1895 年发起并主持编制的,1905 年出第

1版(法文版)。UDC的编制,目的是为全世界社会政治科学专著和论文目录作分类之用,是在国际目录学会(后改为国际文献联合会)下设专门机构进行的。以后经常不断的修订和补充,亦由国际文献联合会下的分类法中心委员会负责。(修正或补充意见,以"提案通告"形式送交各使用国分类法小组,如果四个月内没有异议,就算通过,发表于每半年出版一次、每三年汇编一次的补充表内作为定本。)

UDC的出版,陆续得到许多国家,首先是欧洲一些国家的支持和采用,有的并定为国家标准。因此,各国又有以不同文种,根据各自需要陆续进行增补或从简翻译的,有详表与简表之分,还有所谓中型本,一般都得到国际文献联合会分类法中心委员会的认可。故而UDC的版本问题比较复杂,难以少量文字理清。(1961年葡萄牙和巴西开始编译葡文本,称国际第8版。苏联于1963年决定科技情报出版物采用UDC,到1983年有就UDC第3和第8国际版自然科学和应用科学部分的译本,称为YHK苏联第3版。)UDC这一简称就是源自使用较多的英文版(法文版简称CDU,德文版简称DK)。我国50年代末曾主要以英文版翻译了自然科学和应用科学部分的简本及部分详本,但并未坚持使用,现已极少见到译本了。

根据UDC在世界范围内的使用情况,并验证适合于采用计算机进行文献检索,故有人称之为世界图书情报的国际交流语言。因此,有必要介绍UDC的基本面貌和特点,从而了解UDC在图书分类法发展史上的地位。

一、体系结构

奥特勒在论述分类法的国际标准化问题时,认为如同度量衡已经做到的,采用一个因袭的约定的分类法就足够了;并认为DC是当时最先进最普遍采用的,只不过DC的类目对资料的分类还不够详细,且多偏重美国观点,必须予以补充和调整,以适应世界各国对文献资料分类之用。奥特勒认为,与 DC 一样,不应将 UDC 看作是一种知识的哲学分类,类目的次序也非首要,而是从根本上组成为一种实用的情报检索方法,学科之间的次序占次要地位,细类的专指占首要地位。一直到 1976 年 UDC 仍然坚持它同知识分类是完全没有联系的。

UDC 以概念的分析为根据,相关的概念和概念组归于一处;在 DC 一、二、三级类目的基础上,为了基本适应通用的阿拉伯数字小数制的特点,将人类的全部知识分为十个大类;再按照从一般到特殊的原则,每个大类又逐级进行细分,直至必要的程度(据称曾达到 15 万多个类目,除比 DC 详细以外,以后各自的修订发展,在列举式体系的安排上两者已不全一样了)。三级类目以下的每度区分,不限于十个,一般是少于十个,也有多于十个的。后期的十个大类及一个大类的逐级细分,举例如下:

0	总论类	5	数学、自然科学
1	哲学、形而上学、心理学	6	应用科学、医学、技术
2	宗教、神学	7	艺术、娱乐、游艺、体育
3	社会科学	8	语言学、文学
4	【空。1964 年前为语言学】	9	地理、传记、历史

(注:1964 年将语言学从 4 调到 8 与文学合并;曾在 8 文学类用 8.07 和 82/89 中的.07 作为交替类来安排普通语言学和各种语言学。空下的 4 拟用来扩充科技类目。)

6	应用科学、医学、技术
62	工程技术
621	机械工程、原子能、电气工程
62.3	电子工程
621.38	电子学、放电管
621.384	放射线粒子束的发生
621.384.6	粒子加速器:回旋加速器等
621.384.61	环形加速器
621.384.612	同步加速器

621. 384. 612. 1 　　　　恒陡度同步加速器

621. 384. 612. 12 　　　　电子同步加速器

　　该例同时说明了 UDC 在 DC 基础上比较详细列举的部分。DC 中"621.384 6 无线电话专门仪器仪表"为不同的最后一级类目。而 UDC 不同于 DC 的显著特点是在于 UDC 通过标记符号中的辅助符号,产生的概念组配复分部分。

　　二、标记制度

　　如同 DC 一样,UDC 的基本标记符号,采取通用的阿拉伯数字小数制,用以表示类目的层次和顺序。小数点皆省略,但为了醒目,除有其他辅助符号间隔以外,在数字每达三位以上时用小圆点隔开(如前例)。

　　用第一位小数标记十个大类,不像 DC 为要保持至少有三位数的基号而用 0 来补位。

　　类目逐级展开的层次,一般用小数的级位来标记(即层累制),每细分一次,就在原号码后加一位号码(如前例)。

　　展开的同位类(即同一层次的子目)超过十个或需要预留空位时,则用双位小数(即百分法)或仅用 9 的双位小数(相当于八分法)来标记。例如:

686 . 8 　　　文具、书写、绘图与美术用品

　.851 　　　吸墨纸与吸墨具

　.853 　　　日历

　.861 　　　墨水缸、笔架等

　.863 　　　钢笔、铅笔

668.3 　　　胶粘物、粗胶、明胶等

　.31 　　　胶一般

　.32 　　　皮胶

　…　　　……

　.37 　　　骨加工、骨灰

.38	兽炭、骨炭
.391	蛋白
.392	蛋白质:酪朊等
.393	植物胶
…	……

上例如果有规律地使用,可以说还是层累制的配号方法,号码的级位与类目的等级相应一致。同时为了缩短号码和扩充类目,又采用号码级位不相应标记类目等级的借号法,分别有借上级号码、借下级号码、借同级号码三种情况。依次举例如下:

622.41	矿山通风及其设备
.42	自然通风
.43	加热、抽风
.44	扇风机、鼓风机、空气压缩机

546.28	硅
.289	锗
725.15	法院建筑
.155	档案馆建筑

622.75	选矿:分离、分级
.751	一般分级(沉降法)
.753	淘选(直流)
.755	湿式离心分离:旋流器等
.762	跳汰选
.763	手工槽选
…	……
.771	机械分离法
.775	溶剂溶解提取法
.776	混汞法
…	……

UDC 正表中纯数字部分的标记方法与 DC 基本相同,其显著不同之处在于附表复分所采用的多种辅助符号。严格说,数字加上多种辅助符号后,就难说所采用的是纯数字标记符号了。下面将 UDC 各种辅助符号的意义及使用,结合附表复分来介绍。

三、附表复分及辅助符号

类目体系根据知识概念的主题分析,在层层区分展开的过程中,有些共同的附属概念,如语文、类型(体裁、形式)、地区、时间、观点等等,为了避免重复列出,皆分别编表配号,待使用时附加于代表具体事物的主类号码上。同时,类目体系不管怎样展开,因其结构是列举式,也不可能多方面一一列举,故而对复合主题的表示仍然是片面的。于是,采用表示复合概念相互关系的冒号和表示特定门类各细目中共同主题的专用复分号。用主表类号和关联符号等各种辅助符号的组配,使复合主题得到多方面的表示,这种体系组配法,使分类法有更大的灵活性。附表复分和各种辅助符号的使用方法,是 UDC 的显著特点,也是学习和掌握 UDC 的重点和难点。

1. 附表复分及辅助符号的种类

①并列符号——加号 +

+ 号,用以连接两个或两个以上不相连贯的类号,表示在内容范围上较其中任何一类更大的综合类。 + 号前后的类号可以相互调动,就是说可以使其中任何一个类号在前,进行编目、排列,提供多种检索途径。例如:

59 + 636　　动物学和家畜饲养

633.18 + 633.5 + 633.85　　水稻、棉花、油料

②扩充符号——斜线/

/线,用以连接一组并列的相连贯类号之中最前和最后的两个类号,表示两个类号之间的所有各类,形成较起始类的含义要大得

多的综合类或学科。/线前后的类号无从调动,与其他不带辅助符号的类号一样,当作一个类号看待。"/"符号,既可在分类标引工作中针对具体图书资料自行使用,也在分类表中已用作现有类目的标记,或用作说明。例如:

592/599	动物分类学(已有类目的标记)
626.8	农田水利
626.81/.86	排灌工程(表中没有;据图书资料的标引)
626.81	灌溉
626.86	排水
632.6	寄生虫害、鸟兽害
.62/.69	仿照或联用:592/599(作说明)
	例:632.693.24 豪猪危害
	或 632.6:599.324

③关联符号——冒号:

:号,用以连接两个或两个以上的类号,表示它们之间一种相互制约(交叉)关系,构成比其中任何一类的内容范围更狭小的新类,起复分的作用。:号前后类号的次序可以调换,构成不同门类下的细目。就是说,按其中在前的类号进行编目、排列,可以从其中任何一类的角度来集中有关的图书资料,即从其中任何一类的角度都可以检索到同一种图书资料。

如果只是表示细分,不用后面的类号另行编目、排列,可用双冒号::表示前位置固定;或用方括号〔〕代替:号,将另一类号括起来。并且方括号〔〕可以作插号,插入前一类号中的任何必要位置,起到不同的排检效果。用+号或/线连接的类号与:号联用时,也得用方括号〔〕括起来作为一个完整类号,与:号联用。例如:

31:63	统计学应用于农业
63:31	农业统计学
669.14:543:546.26	钢中分析测定碳素
620.174∷669.14	材料弯曲强度试验中的钢(材料)

620.174〔669.14〕 材料弯曲强度试验中的钢（材料）

620.1〔660.14〕74 材料试验中钢（材料）的弯曲强度

620.17〔669.14〕4 材料强度与变形试验钢（材料）的弯曲强度

681.3：〔626.81/.86〕 计算机应用于排灌工程

：号是使用最多的符号，灵活性最大，语义关系也多样。：号特别适应于新的学科、问题的出现而类表中无适当的类目，又不能自添类目的情况。当具体图书资料的标引是用＋号，还是用：号，从相互关系上难以确定时，用：号。

④语文辅助号——等号＝…

＝号后面的文种号码，由原语言学类各种语言的号码，去掉代表语言学类的数字，代之以＝号而成。例如，＝20 英文，＝30 德文，＝40 法文，＝82 俄文，＝951 中文，＝956 日文，＝002 两种文字，后接具体文种号，常用于多语文词典。语文辅助号，用以区分图书资料所用文种，使用时加在主类号后面。如果需要先按各文种集中图书资料，则语文辅助号的前后都用等号＝，把它置于主类号之前。例如：

61＝20	英文医学图书	＝20＝61
61＝40	法文医学图书	＝40＝61
62＝20	英文工程技术图书	＝20＝62
62＝40	法文工程技术图书	＝40＝62
61＝002＝20＝40	英、法两种文字的医学图书	＝002＝20＝40＝61

⑤形式辅助号——圆括号零（0…）

其中"…"用数字表示，编有专表（例如，（02）系统著作、手册，（03）词典、百科全书，（04）文集、小册子、学位论文，（05）期刊、杂志、年鉴），用以表示图书资料的编著出版形式，在主类号后面使用。如果某些形式的图书资料需要集中组织目录或排架，可将形式辅助号置于主类号之前。例如：

54（03）	化学词典	（03）54
54（05）	化学杂志	（05）54

66(03)	化工词典	(03)66
66(05)	化工杂志	(05)66

⑥地区辅助号——圆括号(1/9)

括号内的首位数字不用0(以与形式辅助号相区别),而用1/9。编有较详细的专表,其中还有用于1/9的专表－0/－8地带、地区、方位、联合区等。例如,(1)一般性地区,(2)自然地理区域,(282.252.3)长江,(3)古代世界,(354)巴比伦,(4/9)现代世界,(43)德国,(43－15)西德,(44)法国,(5)亚洲,(510)中国,(519－13)南朝鲜,(520)日本。地区号,用以表示图书资料内容所涉及的地点或地区,一般在主类号后面使用。如果需要按地区集中有关图书资料,就把地区号置于主类号之前;还可将地区号插在主类号中间适当位置,以形成必要的区分。地区与地区之间还可在括号内分别用:√、＋进行连接。例如:

551.583(510)	中国古气候学(510)551.583
551.58(510)3	中国气候学中的古气候学
551.5(510)83	中国气象学、气候学中的古气候学
382(520:519－13)	日本与南朝鲜之间的贸易
625.1(44＋520)	法国和日本两国的铁路状况
551.58(596/599)	印度支那半岛东部地区气候

⑦种族与民族辅助号——圆括号等号(＝…)

其中"…"以语文辅助号码为基础进行编制,因语言类是依民族区分的,大致与人种学种族相符。各种特殊范畴也可以用(＝1…)结合(1/9)专指出来。例如,(＝1.3)古代民族仿(3)分,(＝1.4/.9)现代民族仿(4/9)分,(＝2)白种民族一般,(＝3)日耳曼种族与民族,(＝81)斯拉夫民族,(＝95)蒙古(亚洲)种族与民族,(＝951)中华民族。种族、民族辅助号,用以表示图书资料内容所涉及的民族或种族。例如:

92(＝951)	中国人传记(包括世界范围的)
327(＝81)	泛斯拉夫主义

⑧时间辅助号——引号"…"

引号内用数字表示图书资料内容所涉及的日期、时期或其他时间属性(例:过去、现在、未来,春、夏、秋、冬,每日、每时等),与图书资料的出版发行日期无关。编有专表。一般的年月日用"四·二·二"的固定写法,例:1987 年 9 月 19 日为"1987·09·19";公元前用减号"－"表示,公元前后皆包括的,公元可破例用加号"＋"表示,例:公元前 206 年至公元后 220 年为"－0206/＋0220";百年(世纪)或十年,用二或三位数字,例:第 4 世纪(300—399)为"03",20 世纪(1900—1999)为"19",20 世纪 80 年代(1980—89)为"198"。例如:

  92"19"   20 世纪名人传

  69.03"324"   冬季建筑物

⑨观点辅助号——点零零 .00…

其中"…"是用数字表示主题的各个重大方面或某些特殊方面的问题,代表处理主题的不同观点或不同角度。编有专表,大纲为:.001 理论观点;.002 实践观点;.003 经济、财务及商业观点;.004 使用观点;.005 装置、设备观点;.006 厂房、场所、设施观点;.007 职工、人力观点;.008 组织、行政管理观点;.009 社会、伦理观点。各自都有详细区分。另一版本中的 .000 作者观点,后来还表示科学、部门学科知识或部门活动,以及世界观、状况等观点;并借助主表中类似部分进行细分;可与 .00 的一些类号重复。例如,.000.17 道德观;.000.2 宗教观;.000.34 法律观点;.000.93 历史观点。

必要时,可在观点辅助号后再加时间、地区或语文辅助号。但作进一步细分时,一般仍用:号连接主类号。如果某类图书资料不多,可不用观点辅助号,而直接用:号细分。总之,观点辅助号提供一种方法,便于按特定需要,把某类里大量的图书资料重新加以归集,建立一个专门的系统。例如:

628 . 1	给水工程	628 . 1
628 . 1 . 002	配水等问题	
	（属实践观点）	
: 543 . 3	配水分析	628 . 1 : 543 . 3（水的分析）
: 663 . 63	配水净化	: 663 . 63（水的净化）
.005	设备与安装问题	
: 022 . 5	公共阅览室	: 022 . 5
: 069	博物馆	: 069
: 659 . 24	情报机关	: 659 . 24
.007	职工问题	
: 331 . 8	工作小时、工作条件	: 331 . 8
: 368 . 4	社会保险事项	: 368 . 4（职工保险）

以上④至⑨共六种辅助符号的复分,都编有专表(或借助语言类表),UDC 称之为通用复分号,即其号码用于全部类表时所表示的概念含义是一致的或近似的。下面紧接着介绍专用复分号。

⑩专用复分符号——短横及点零 – … 及 .01／.0

短横 – 后面为数字,可以用0,但点零 .0 后面不能用0,以与观点复分号 .00 相区别。另外,如 523.03 天体物理学,这是第三、四位数之间的小圆点,不宜从形式上看作 .0 专用复分号。这种情况不多,应该且正在尽量避免。例如,634.0 林业,634.0.2 造林,就是一例。

专用复分号,原称特殊分析号,用以从另一角度(方面)分析某学科主题,起专门角度的细分作用,在一定范围内具有共性意义。

– 和 .0 这两种符号,用于主表各部分已列出细分的含义是各不相同的。 – 和 .0 在某一类同时使用时,两者不同的含义也未能明确指出,只是表示两个不同的方面,以区别于已列出的不带任何符号特征的主要方面;一般来说,短横 – 偏重于事物局部性问题,.0 偏重于事物的理论方面。短横 – 在应用科学范围内较 .0 的使用要多,在自然科学范围内的使用比较少,在艺术和人文科学部分就更少于.0的使用。

主表中某类采用专用复分号列出的细目,可供有关类目仿分。(621 机械与电气工程类的 621－1／－9 机器细目,被用来仿分的范围就特别广。)一般是根据注释来仿分,并常注明专用复分号仅用于已有主类号不能充分表示的时候,短横－复分号又仅用于.0复分号不能充分表示的时候。仿分时,由于有两个标志符,不会与已有号码发生冲突。

"同一专用符号形式在不同门类表示不同的概念含义,以及在有关类可仿分"可举例如下:

－3　　在 54 化学类为"化合物类型"(例:－31 氧化物)

　　　　在 621 机械与电气工程类为"阀门机构部件"(例:－31 筒式阀)

.05　　在 34 法律类为"比较"

　　　　在 621.3 电气工程类为"输电"

66　　　化学工业、化工技术

66－2／－8 设备、程序、产品细目

　　　　　　　　仿 621－2／－8 分。

　－4　　　产品形状与式样

　－5　　　设备的操作与控制

66.0　　化工技术、化学工程

　.01　　　基本理论与规范

　.02　　　一般化学工艺方法与设备

　…　　　　……

661　　　化学制剂(精细化学品、重化学品等)

662　　　爆炸物、燃料

631/635　农业、植物栽培与育种、林业

631　　　　农业、农艺一般著作

　.52　　　　选种、育种

632　　　　植物病虫害

174

.7	虫害
633	大田作物（及其他特种作物）
−1	各种作物的耕作
	仿631分。
−2	病虫害
	仿632分。
.1	谷类作物
.15	玉蜀黍
.5	纤维作物
.52	亚麻、大麻等
	仿677.1分。例:633.525.1苎麻。

⑪合成符号——撇号′

撇号′又称省略号,比专用复分号更专,且′号后面没有一定数码表示。′号常用于化合物、合金等特定门类。当两个以上概念的类号组合成一个类号时,在第一全称类号后面将其他类号从左至右相同的部分省略,用′号表示,于是构成一个复合概念的简单合成类号。一般根据注释说明来使用。例如:

669.3	铜、铜合金	669.5	锌、锌合金
669.35	铜合金	669.55	锌合金
669.35′5′6	铜、锌、锡合金	669.6	锡、锡合金
		669.65	锡合金

〔注:撇号′也有改用小圆点或逗点的。撇号或逗点都宜置于后面数字的左上角为比较醒目。1961年英文版简表已明确将撇号′列入专用复分号,为第三种。这里仍根据撇号′的使用特点,把它单独作为一种,紧接着专用复分号来介绍,以方便说明问题。就撇号′所起的合成作用而言,如果撇号′所省略的类号部分不省略,就得用冒号:来表示,按冒号发挥作用。UDC使用撇号′的情况,在Б_БК中是用冒号:来省略的。〕

⑫字母及非UDC数字符号

前面介绍的各种辅助符号,都是在小数基础上所作的类目区分,并没有标明个别的名称或号码。遇有需要具体指明个别的事

物名称或号码时,就用名称的字母(或缩写或加括号)来标记;利用的或自编的号码前面用加星号 * 或 No. 来标记。例如:

025.49ZTF 　　　《中图法》(《中国图书馆图书分类法》简称后用首字母)

895.1Lu Xun 　　　鲁迅著作

589.2(51 * 1/7) 　　中国各地区鸟类分布(* 用《中图法》中国地区表的号码)

656.4.02(51 * 1)No.11 　北京市 11 路电车

623.451－519 V2 　　　V－2 型导弹

　　2. 辅助符号复分的选用及其次序　　UDC 的各种辅助符号复分,表示图书资料多种属性特征的多种分类标准(或方面),提供了对图书资料明细区分的多种方法,能构成多种复合号码。如果对同一图书资料的所有内在外在属性特征,都一一照搬使用各种辅助符号逐一进行区分,那就不亚于对图书资料的详尽号码翻译。更何况每种辅助符号复分又有多种使用方法,比如包括插号〔〕的所谓"闭合"符号( )、""等,可作插号用于层累制号码的不同级位。不顾需要的逐一照搬使用各种辅助符号复分,是不堪设想的。究竟不是用于机检,用于机检也应有个通盘设计考虑的问题。故犹如对主表类号的细分程度和多种处理办法一样,事先应根据需要,从总体上设计考虑需要什么样的集中与分散的系统问题,在各门类里对各种辅助符号复分是否连续使用,制订出明确的条例。这就有根据不同门类的需要,对各种辅助符号复分是否连续使用的选择问题和连续使用两种以上辅助符号复分的先后次序问题。

　　在一般情况下,主表中某一类号类目的进一步区分,当使用冒号:以后,是很少有必要再连续使用两种以上辅助符号复分的;同时,不是每一图书资料都具有所有辅助符号的属性特征,需要逐一进行复分的。当需要连续使用两种以上辅助符号复分时,除特殊需要以外(包括主表中已明确的),一般是按各种辅助符号复分的性质,即所谓"具体性递减"原则这一次序来选用。就是说在一个复合号码中将性质上比较具体的号码部分依次优先采用。UDC对常用的几种辅助符号依次列表如下:

主表类号	专用复分号		通用复分号:观点	地区
0/9	.01/.09	−0/−9	.00	(1/9)
时间	形式	语文		
"…"	(0…)	=…		

例:66.012−52   化工生产过程的自动控制

    616.24−006.6−08   肺癌的治疗

    621.9.002.56(73)   美国机械加工所用的仪表

    63(41)"18"   19世纪的英国农业

    655(510)(091)=20   《中国印刷史》(英文版)

    621.38.001.5(73)"19"(082.2)=82   《美国当代电子学科
                              学研究论文集》(俄文版)

3.辅助符号区分后的集中排列次序 每一图书资料归入主表类号后再用辅助符号区分(标识)所构成的复合号码,其中固然如前面已分析的很少有必要用两种以上的辅助符号;但是各种图书资料归入主表同一类号后再采用辅助符号区分(标识)所构成的复合号码,这些复合号码在同一区分等级上会有两个以上的辅助符号出现,并且会比同一复合号码中出现的辅助符号要多得多。遇此情况,当图书资料分类排架和分类目录款目排档时,在同一区分等级上就有各种不同辅助符号的先后次序问题。UDC对此指明的基本原则是从一般到特殊,即表明主题范围较广的排在前面,较窄的排在后面,亦即"具体性递增"原则,恰与同一复合号码中采用两种以上辅助符号的"具体性递减"原则次序相反。

    UDC对几种辅助符号在诸多复合号码中同级排比的次序,列表并部分举例如下:

$\left.\begin{matrix}+\\ /\end{matrix}\right\}$综合符号   例如:675+636   皮革工业和家畜饲养

                          675/677   皮革、造纸、纺织工业

符号		示例	
空白(属上级主类号单纯数码,本级为空白)		675	皮革工业
: 关联符号		675:37	皮革教育
或〔〕插号		或 675〔37〕	
=…语文	⎫	675=30	皮革工业(用德文写的)
(0…)形式(类型)	⎪	675(021)	皮革工业手册
(1/9)地区	⎬ 通用辅助符号	675(517)	中国内蒙的皮革工业
(=…)民族	⎪		
"…"时间	⎪	675"19"	20世纪的皮革工业
A/Z 个体名称	⎪		
.00 观点	⎭	675.007	皮革工人
−… ⎫ 专用复分符号		675−78	皮革工业中的安全保护装置
.0 ⎭		675.02	鞣革与整饰工艺
'… 合成符号			
1/9 普通子目(另一主类号)		675.2	明矾鞣的轻软革

以上这个次序,就是 UDC 介绍这几种辅助符号的次序。(本书在介绍时也基本按其次序,只是把字母 A/Z 符号移到撇号'之后放在最后介绍,这是根据 UDC 对字母符号的解释安排的。)UDC 在这个次序中贯彻的"从一般到特殊"这一基本原则,也只能说大体基本如此。正如它在体系结构上的一个基本思想:学科之间的次序占次要地位,细类的专指占首要地位;在这个次序中并通过注释已指出:如果认为地区较时间更专指,也可排在时间后面。这就涉及各种辅助符号所表达概念含义的规范、确切理解和正确使用了,特别是用于不同学科门类后的语义解释是比较复杂的。这也涉及应用后,几个符号相比,哪一个符号所表达概念较一般(宽泛),哪一个符号所表达概念更特殊(专指)。在这个次序上,比较有争议的是:譬如(英国)米尔斯(J,Mills)认为 + 应在/之后,:〔〕应在'之后,= 应在空白之后,(1/9)应在"…"之后,A/Z 应在最后。

178

第三节 美国国会图书馆图书分类法

美国国会图书馆图书分类法（Library of Congress Classification，简称 LC），是专用于美国国家图书馆藏书排架的世界上最大型的列举式分类法。它产生于 20 世纪初，一直在增补修订，每季度根据新收藏情况，将其修订结果发布于《LC Classification：Additions and Changes》刊物上。LC 分别由各类专业人员编制，以各大类分册形式先后出版，到 1969 年至 1977 年"K 法律"类陆续出版，才基本完成，共约 33 卷。其中早出版的分册有的已有修订第 5 版。各大类分册可单独为专业图书馆使用，因此，LC 可说是各专业分类法的机械综合。LC 的类号后来用于美国国会图书馆发行的印刷目录卡，并输入所发行的机读目录磁带，这也成了 LC 得以巩固，并为其他许多图书馆所采用或改用的主要原因。

一、体系结构

LC 是在研究比较了杜威十进分类法（DC）和克特展开式分类法（EC）等之后，在 DC 不容许改变其体制的情况下，以 EC 为基础编制的。EC 的编者克特认为图书分类应当以关于知识分类的理论为基础，注重类目体系的逻辑和哲学基础。虽然主要供藏书排架之用，然而，LC 体系"不是知识分类，不追求各学科的严密科学系统，它只是企图把许多不同的类安排成便于实用的次序。LC 类目的设置和次序完全受图书情况的制约。"LC 所采取的这种以图书作为分类法对象的原则，后来英国图书分类理论家赫尔姆称之为"文献保证"原则。

LC 是一部列举的等级式类目表。全部类表以大类的分册形式出现，第一分册是全表的总纲。LC 的基本大类，可说是 20 个，

也可说是 18 个,列表如下:

A	综合性著作	M	音乐
B	哲学、宗教	N	美术
C	历史:辅助科学	P	语言、文学
D	历史:世界及古代史	Q	科学
E-F	历史:美洲史	R	医学
G	地理、人类学、文体活动	S	农业
H	社会科学	T	技术工程
J	政治学	U	军事科学
K	法律	V	海军科学
L	教育	Z	目录学、图书馆学

各大类的次序,大体上是继承 EC 的。其总序列为:综合性著作→哲学→历史→社会科学→艺术与文学→自然科学→技术科学→图书馆学。

每一大类一般先列出纲要和大纲,相当于纲目或简表。大小类目的并列、从属关系,用排列的齐行、缩行或字体来表示。

每类所分细目,有时十分琐碎,其分组及次序大体如下:

①"外在"形式(期刊、词典等等)

②"内在"形式(理论、方法、研究与教学、历史等等)

③总论性著作(系统著作)

④总论性专题著作(关于主题一个侧面的著作)

⑤专题著作(关于主题范围内专门问题的著作)

各种著作,以各类内容和数量的需要为转移,有时按时代再分,有时按国家或语言再分,或按字顺再分。这些,有的已详细列举,有的还需要用辅助复分方法和复分表,在使用过程中来细分。

LC 本身没有总的说明,注释、举例也比较少。除各类分册有索引外,没有总索引。(Chan,Lois Mai. Immroth's Guide to the Library of Congress Classification,3ded. 1980. 可作为总说明。)

二、标记制度

LC 采用拉丁大写字母和阿拉伯数字的混合符号。字母在号码开头用一个、两个以至三个不等。数字用在字母后面从 1—9999 皆为整数，有时少量的也在 1—9999 任一整数后面用小数，必须有小数点。数字后面常用克特字顺号码，一个大写字母带一位至三位数字不等；第一个字顺号码的字母前得带一小圆点，相当于小数点；连续的第二、三……个字顺号码，则字母前不再有小圆点。有时还用四位数的年份号码，前面用小圆点或逗点标志。

以上 LC 的标记符号形式大体分三个层次：字母；整数，小数；字顺号。各层次的序列，除整数由小到大序列外，其他都应理解为小数制，逐级按字母顺序和数字由小到大序列。（小数制号码部分本身一个一个字母或一位一位数字是有层次的；把整数部分当作一个层次，则 LC 的标记符号形式本身可视为逐级展开的。）例如：

H2	HD351. 7. 25R8
H12	HD4966. B2
H22	HD4966. B26
HD28	HD4966. B3
HD62. 5	HD5022. 5
HD66. F5	HD5023
HD101	K
HD1972. 1940	KDC
HD2321	KF

LC 标记符号与类目体系之间的关系，即标记的方法或制度，总的说是混合制的，基本不能用号码的级位来判断类目之间的并列与从属关系，只宜用号码的顺序来判断类目的前后位置。虽有少量号码的级位与类目的等级局部相应一致，但大量的号码级位，特别是整数部分，与类目等级是不相应一致的。即不同等级的类

目用整数顺序来标记其上下位类的前后次序,或同一等级的类目用整数和小数来标记其并列的前后次序。现摘录 LC 类表中部分类目及其类号示例如下:

H		社会科学(总论)
HA		统计学
		经济
HB		经济理论
HC		经济史
HD		土地、农业、工业
HD 2321—9999		工业
4801—8942		劳动
4906—5100		工资
4918—4924		最低工资
		关于各工业各行业,见 HD4966
4921		欧洲,A—Z
4922		亚洲,A—Z
4966		按工业或行业分,A—Z
4971—5100		按国分,用表 V
5014		欧洲
5014. 5		欧洲经济共同体
5023—5026		法国
5025		一般著作、历史等等
5028		各地方,A—Z
5061		巴尔干国家
5061. 8		罗马尼亚
5061. 83		希腊
5061. 85		亚洲
5076		东亚
5080		中国
5080. A7—Z8		一般著作、历史等等

5080. Z9	各地方，A—Z
5080. Z9H8	湖北
5080. Z0H85	湖南

以上摘录中的起止号码，比如 HD5023—5026 法国，是包括这一段号码，但还要细分到每个号码所指具体类目，实际使用是没有起止号码的。

LC 在配号时，各层次号码中有不少地方预留了空号，以便扩充发展类目。其次是采用小数制号码来扩充发展类目。还大量采用字顺号码，以便扩充发展类目。

LC 克特字顺号码，一般用于标记事物主题名称、国别、地名、机构团体名、著者、书名等，用这些名称的大写首字母带其第二、三字母的代号（2—9）的一或二个数字来标记；也有用这种符号形式来标记特定问题，并不反映其字顺的，特别是 A1—5 和 Z6—9 这两段号码前面和后面的几个号码常不反映字顺。故字顺号码只是大体反映字顺，并不严格反映字顺，一定程度只能看作标记藏书排架顺序之一的符号，甚至有的只借助这种符号形式，并不反映字顺。凡类目后标 A—Z 的，皆为用字顺号细分。

三、附表复分

LC 虽属大型列举式分类法（包括形式细分、地区、国家、时代、事物主题等的列举），但仍有不少类目之间的共性区分，没有一一列举而指明采用附表复分的。LC 没有全表通用的复分表，只有各类根据具体需要而设置的专类复分表或复分方法，还得根据注释说明来使用。复分中的共同概念在不同门类中的详略及其号码，有好多是不同的，这也是受列举式制约的，特别表现在配给的整数号码中。LC 中的复分表或复分方法大体分为以下几种类型：

1. 形式细分表　LC 的形式细分，如前面介绍其体系结构时所示，主要指每类所分细目中的"外在"形式与"内在"形式部分。这些形式细分一般已在主表各类细分中的前部分予以列举,且其名称、详略及次序根据各类实际而定。主表中未列出的形式细分,必要时指明用设置的专类复分表。例如:

HV	社会病态、社会与公共福利、刑事犯罪
HV 5001—5840	酒精中毒及其控制与革除
5285—5720	按国分
5285—5298	美国
5301—5720	其他各国,用表Ⅸ

每个国家再细分:

10 个号码	5 个号码
(1)	(1)期刊
(2)	年鉴
(3)	(2)社会团体
(4)	会议
(5)	文集
(6)	(3)一般著作、历史
(7)	传记
…	……

主表里 HV 社会病态、HV5001—5840 酒精中毒、HV5285—5298 美国的细分中,各在前部分已列出形式细分,而其他各国就用这个专表作形式细分。例如,法国在第Ⅸ地区表中占 161—170 的 10 个号码,它在这里的年鉴号码就是 HV5462(5301 − 1 + 162 = 5462。地区表的使用方法见下节)。

上例法国是用数字号码进行形式细分的。还有不少当基本号码是一个数字或一个克特字顺号,有必要再进行形式细分时,通常是指定用 . Al—9 中前一段号码进行细分的。例如,匈牙利在第Ⅸ地区表中只有第 160.5 这一个号码,它在这里的期刊号码就可编为 HV5460. 5. A1。

2. 地区细分表 LC 不仅没有通用地区表,而且需要设置地区

184

表的各类也不只一个地区表。各个地区表中的地区、国家名称及其排列顺序虽说相同,但所配给的数字号码多少和次第顺序数是各不相同的。这也反映了 LC 根据实际列举和按数字顺序配号的情况。以较多使用地区表的 H 社会科学类为例就有 10 个地区表。这 10 个地区表按同一的地区、国家名称序列集中在一起,紧接着附于该类主表之后。节录这 10 个地区表的片段并说明如下:

这 10 个表的次第用罗马数字 I—X 表示,需要用某一表就指明其罗马数字。节录中截去部分的地名用省略号…,除起始的次第数字号码外,其他截去的号码也用省略号…。每个表中从起始到最后一个次第整数看,各表分配给 100 到约 1000 个号码不等,外加小数号码就难说每个表各配给多少号码了。需要明确的是,这些数字是一个地区、国家所占的次第号码,包括小数在内,不是它的代号,而且同一地区、国家在不同表中分配有 1—20 个号码不等。故这些号码须在主表中根据所指号码段,转换成所指的地区、国家。

转换方法是,主表中所指号码段的起始号码减 1,加地区表中的次第数,就是所指地区、国家的实际使用号码。例如,HD 4971—5100 工资,按国分,用表 V;中国则为 HD5080。其转换方法是:4971—1 + 110 = 5080(110 是表 V 里中国的次第数)。

当一个地区、国家在地区表中分配有 2 个以至 20 个次第号码时,这些号码是供主表中指明该地区、国家再作细分用的,所要细分出来的各个类目也用(1)、(2)……指明其次第。这里的(1)、(2)……是与地区表中已有的几个次第号码相当的。例如前面形式细分表中已举例子,HV5301—5720 其他各国,用表 IV;10 个号码的国家再细分为:(1)期刊、(2)年鉴……就属于这种情况。

I	II	III	IV	V	
1—41	1 – 80	1 – 121	1 – 160	1 – 43	……
42	81 – 82	122 – 124	161 – 164	44	欧洲
42 . 8	82 . 5	124. 5	164. 5	44 . 5	欧洲经济共同体
43	83 – 84	125 – 127	165 – 163	45	英国
44	85 – 86	128 – 130	169 – 172	46	英格兰
…	…	…	…	…	……
47	91 – 92	136 – 138	181 – 184	49 – 52	奥地利
47. 3	92 . 3	138. 3	184. 3	52 . 3	捷克斯洛伐克
47. 5	92 . 5	138. 5	184. 5	62 . 5	匈牙利
47. 9	92 . 9	138. 9	184. 9	52 . 9	列支敦士登
48	93 – 94	139 – 141	185 – 188	53 – 56	法国
…	…	…	…	…	……
64	125 – 126	187 – 189	249 – 252	91	巴尔干国家
…	…	…	…	…	……
67	131 – 132	196 – 198	261 – 264	91. 8	罗马尼亚
67. 5	132 . 5	193. 5	264. 5	91. 83	希腊
68	133	199	265	91. 85	亚洲
…	…	…	…	…	……
76 . 5	150 . 5	225. 5	300. 5	106	东亚
…	…	…	…	…	……
78	154	230	306	110	中国
…	…	…	…	…	……
100	197	295	393	130 . 9	南极地区

的十个地区表片段

VI	VII	VIII	IX	X
1 – 51	11 – 280	1 – 270	1 – 135	121 – 420
52 – 53	281 – 290	271 – 280	136 – 140	421 – 430
53. 5	289. 5	280. 5	140. 5	430. 5
54 – 58	291 – 300	281 – 300	141 – 150	431 – 440
60 – 61	301 – 310			441 – 450
…				…
66 – 67	331 – 340	301 – 320	151 – 160	471 – 480
69. 3	340. 3	320. 3	160. 3	480. 3
69. 5	340. 5	320. 5	160. 5	480. 5
69. 9	340. 9	320. 9	160. 9	480. 9
70 – 74	341 – 350	321 – 340	161 – 170	481 – 490
…	…	…	…	…
150 – 154	501 – 510	511 – 520	256 – 260	641 – 650
…	…	…	…	…
154. 8	531 – 540	541 – 550	271 – 275	671 – 680
154. 83	540. 5	550. 5	275. 5	680. 5
154. 85	541 – 545	551 – 555	276	681
…	…	…	…	…
164. 9	610. 5	620. 5	310. 5	770. 5
…	…	…	…	…
169	621 – 630	631 – 640	316 – 320	781 – 790
…	…	…	…	…
200. 7	830. 7	842. 7	420. 7	996

以上是地区、国家名称按一定层次分类排列后,配给次第数字以固定顺序位置的一种地区表。还有用国家、地方名称的克特字顺号码来标记的,可称之为"浮动"的地区表,在主表中需要按国家、地方分的类目后面标为 A—Z,这是一种大量使用的方法。例如,HD1417 大农场,按国分,A—Z。中国(China)的大农场,就是HD1417. C6。在 H 类的 10 种地区表后面紧接着有这种按字顺排的字顺号码地区表。这种表是作为规范使用的;如果没有这种表,按照编字顺号码的规则,应该说可以临时编字顺号码。

3. 时代细分表　　LC 需要按时代细分的类目,一般在主表中已一一列出了时代区分及其类号;主表中还没有列出而需要用时代表细分的,则时代表中的时代区分比较概括,且各时代表也不太一样。没有一个像地区表那样比较集中的时代表,时代表往往分散在各处,与其他细分表结合在一起,很不明显。通常注明了"按时代或年代分",则不宜任意使用或进一步细分。时代表中标记各时代的符号有两种,一是数字,一是借用的克特字顺号,还有两者结合的。例如:

HJ 1190—1839　　其他各国财政史

每个国家再细分:

10 个号码	5 个号码	
(0)		早期著作,到 1800 年
		一般著作、历史
(1)	(0)或(5)	一般
(2)	(1)(6). A3	到 1789/1810
(3)	. A6—Z	1789/1810 – 1900
(4)	(2)(7)	20 世纪
	(3)(8)	机构和部门
(6)		一般著作
(7)		早期
(8)		各部门

(9)	(4)(9)	州、省,A—Z

HJ 1230—1234   挪威

　　1235—1239   瑞典

　　1240—1249   西班牙

西班牙财政史(到 1810 年)　　　　为 HJ1242

挪威财政史(到 1810 年)　　　　　为 HJ1231. A3

瑞典财政史(到 1810 年)　　　　　为 HJ1236. A3

HJ3370—3698　　　其他各国税收

　　　　　　　5 个号码的国家再按下表分:

(1)　　　　文集,按第一卷的年代分

　　A8　　　1800 年前

　　. B　　　1800—1809

　　. B1　　1810—1819

　　. B2　　1820—1829

　　　　　　等等。

　　. C　　　1900—1909

　　　　　仿 B、B1、B2 等等处理

(1.5)　　税收法(连续性出版物),按编辑者分,A—Z

(2)　　　税收法(非连续性出版物)及个别法令,按颁布年分

…　　　　……

(5). A8—Z5　　地方(州、省等等),A—Z

　　　　　　再按年代分

　　四位数字的年份前面一般用间隔或逗点或小圆点隔开。例,
HJ3370—3374 加拿大税收,细分为:HJ3371. 1985 加拿大 1985 年
颁布的税收法令;HJ3374. A8,1985 加拿大阿尔伯达省 1985 年的
税收情况。

　　4. 事物主题字顺细分表　　LC 中一些较明确的可以并列的事
物主题,常不一一列举配给表示它们之间一定关系的固定顺序号,

而采用其名称的字顺号给予灵活标记。当其大量的事物主题会多次或在不同类下出现时,也在某一处将其字顺号用举例形式基本都列举成表,供几处使用,相当于仿分,起一定规范作用。(前面从地区细分角度提到的一种字顺号码地区表,也属于这一类型。)例如:

HD8039　　　劳动,按工业或行业分,A—Z

　　　　　　各工业和行业精选表:

. A2　　　演员(Actors)

. A29　　农业劳动者(Agricultural laborers)

. A4　　　飞行员,等(Air pilots,etc.)

…　　……

　　HD4966 劳动工资,按工业或行业分,A—Z;HD5119 劳动时间,按工业或行业分,A—Z;等等这些都指明用"HD8039 劳动,按工业或行业分,A—Z"下面这个事物主题字顺细分表。

　　事物主题字顺细分表是 LC 大量采用字顺区分排列,从分类体系结构上看最突出的一种,常应用于一般与个别(或总论与分论)中的个别部分(相当于前面提到的专题著作部分)。类似的还有如 B 哲学和 P 文学类里按著者字顺细分,并且列举成表的。一般的同类书,再按著者字顺号区分排列,也是作为分类号的延伸,即一个组成部分看待的。

　　以上事物主题字顺号一般是反映其字顺的,有助记性。然而,从 LC 克特字顺号作为分类符号的一种形式来看,有时是不反映什么字顺,无助记性的,而纯粹是一种标记先后次序的符号形式。例如,前面曾提到的常指定用 . Al—9 中前一段号码来作形式细分的标记符号;举例中用 . A8、. B、. B1、. B2、. C 来标记不同时代;又例如,HJ9—99 国家财政文件分国中有:HJ10. B3(美国)众议院(House of Representatives)、HJ10. B4(美国)参议院(Senate)、HJ84B 阿尔及利亚(Algeria)、HJ84C 突尼斯(Tunis)、HJ84F 达荷美（Dahomey）等等就是这种情况。这也看出 LC 采用标记制度的灵活,所含容量之大,增补新内容是不太困难的。只是过于灵活,显得复杂,难以掌握规律。

第四节　冒号分类法

冒号分类法（Colon Classification,简称 CC）是印度图书馆学家阮冈纳赞（S. R. Ranganathan,1892—1972）所创制的分析综合（或分面组配）分类法。1933 年第 1 版,提出分面标记法,只用象征分面连接的冒号":"作为分面符号,故名"冒号分类法"。1952 年第 4 版,提出了"五种基本范畴",采用了五种不同的分面符号。到 1960 年第 6 版,1963 年第 6 修订重印本,大类的个数和一些概念的提出,没有稳定,处在发展变化之中。截止第 6 版,可称之为"浅度"分类法,旨在类分宏观主题文献,供一般图书馆使用。到 1972 年第 7 版,即所谓"深度"分类法,还只有少数几个类的非正式本,比以前又有了重大变化,目的在于为专业图书馆和文献工作提供一部类分详尽知识门类的类表。

CC 的实际使用,甚至在印度当时使用的单位也不多,但 CC 在分类理论上的见解和标记方法上的特点,二次世界大战后逐渐引起了人们的重视,有许多论文和专书讨论它、评论它。我国 50 年代后期特别是 80 年代以来的情况也基本如此,并在提到图书分类法的发展方向时,无不涉及 CC 中的分面组配思想。这里仅就 CC 截止第 6 版介绍其基本面貌。

一、基本概念

CC 为使每一特定的主题有一个特定的类号,并在号码中把主题的组成要素反映出来,针对列举式的类表和单线式的标记,提出了关键性的标记制度新主张。

1. 小数标记法（Decimal Notation） 类目的逐级细分，有直接从属关系的一系列类目称为类系。同一类系，每进一步区分，应能在原号码后增加一个符号，以表示其从属关系。于是，采用"小数标记法"，即把阿拉伯数字都视为小数，不作整数看待，能使从属类目深入细分到无穷。这样，由 1 变为 11、111、1111……；12、121、1211、……；2 变为 21、211、2111……；22、221、2211……，其顺序按数值由小到大仍很自然。小数标记法，同样也适用拉丁字母，即：A、AA、AAA ……；AB、ABA ……；B、BA、BAA ……；BB、BBA……。

2. 八分标记法（Octave Notation） 每度区分的许多同级类目称为类列。同一类列的类目，有无限增加的可能，应有相应的符号来标记同等并列关系。于是，采用"八分标记法"。第一个至第八个类目用数字 1、2、3……8 来标记。到了第九个类目就用 91 不用 9 来标记，91……98 标记第九至十六类，991……998 标记第十七至二十四类……。总之，遇 9 不用（作为空位号，不赋予语义值，只保留其序数值，起外推法的扩号作用）而用 91……98，1……9 个数字只用 1……8 个数字，9 再用其小数 91……98，以至无穷，可以使同位类在理论上无限增加。

当采用数字八分标记法时，连续用 9 作为空位号，会使同级号码比较长。于是，遇同位类不会超过 81 个的情况，也采用组合标记法，如 11、12……98、99，亦即百分法（双位法）。

八分标记法，同理也适用于拉丁字母，用最后一个字母 Z 如同 9（作为空位号）来扩展同级号码。并且字母分别用大写和小写，规定小写字母 a……z 这一分区（Zone 又译为"带"）号码排在数字 1……9 分区号码之前；大写字母 A……Z 这一分区号码排在数字分区号码之后；最后又用圆括号分别将大小写字母和数字括着（称组括标记符号）作为三个分区号码，这就总共是六个分区的同级号码了。六个分区号码可用于有必要把同位类分成不同性质的分区时的标记。

原来的八分标记法,后来发展为扇形法,或称扇形展开(Sector Device 也有译称区段的),就是在数字、大小写字母及其用圆括号的分区号码和空位号的基础上展开同级号码。例:a、b……z,1、2……9,A、B……Z,(A)、(B)……(Z),称为四个扇形数的号码;1、2……8,91、92……98,991、992……998,A、B……Y,ZA、ZB……ZY,ZZA、ZZB……ZZY,称为六个扇形数的号码。如此在数字与字母同时使用的分区号码基础上通过空位号,可以展开任何必要数量的同级号码,以适应不同性质同位类个数的必要展开。

3. 分面标记法(Facet Notation) 分类是根据事物的属性特征来进行的。用一种属性特征作为分类标准,就可以区分出一组类目。同一事物的属性特征是多方面的,可以用许多不同的属性特征作为分类标准,产生出许多组的类目。先依某种属性特征分,再依另一种属性特征分,各种属性特征之间的不同结合,可以产生各种不同的效果和新的主题区分。为达到同一类目的各种属性特征之间的无限结合,产生新的主题区分效果,就应采取"分面标记法",将类号分为若干段,使每段的号码代表主题的一个方面。这是 CC 的中心思想和最突出的新方法。因此,也有称之为分面组配分类法的。

分面(Facet),如前所述,就是按每一分类特征产生出来的一组类目。每一分面的一组类目,其中每个细目,称为焦点(Focus)。被分的类与焦点细目相结合,称为复合类;与一个分面的焦点相结合,称一次复合类;同时与几个分面的焦点相结合的,称二次复合类、三次复合类,等等。分面的类目和分面内的焦点细目,可以根据需要来增加和相结合,所能产生的新类就没有一定限制了。

分面公式(Facet Formula),即各个分面的组配次序及其标记符号,亦称组面公式。将所有分类特征归纳为五种基本范畴:本体

（Personality），物质（Matter），能量（Energy），空间（Space）和时间（Time）。本体，指事物本身的各种体现；物质，指构成事物的材料；能量，指事物的各种活动、影响、状态和问题；空间，指事物存在或发生的地点；时间，指事物存在或发生的时期。每类所有的面，一定是或者都属于这五个基本范畴，或者属于其中的一种或几种。

分别以 ，；∶ ．‘ 五种符号（即逗号、分号、冒号、句点、倒逗号）来依次标记五种范畴。一个类不止一种范畴分面的时候，各个分面的标记，依照具体性递减原则确定先后次序，即分面公式：，〔P〕；〔M〕∶〔E〕．〔S〕‘〔T〕。这是总的各类适用的分面公式。各个类有的又有其具体化了的分面公式，每个分面都有其各个焦点的号码。〔P〕、〔M〕等是不同分面的指示符号，用于类表则具体指明每个分面的各个焦点号码，组成类号时就不再有这种符号了。然而，标记五个分面的冒号、逗号等是不同分面的连接符号，用来组成一个类号时，根据各分面公式，有的是不能省掉的。当运用分面连接符号组成了两个以上的类号后，几个类号在同级排比中，不同分面连接符号的先后次序，则按其所表达含义的具体性递增原则来确定，即 ‘．∶；，这个次序。并且这些又排在同级数字之前。

在同一主题之内，能量面可能不止出现一次，依次称之为第二巡（Round）、第三巡……能量，分别用 2E、3E……来表示。而在第一、第二巡能量之后，还可能出现本体或物质，就称之为第二巡、第三巡……本体或物质，分别用 2P、3P、2M、3M……来表示。在本体和物质范畴之内，可以不止采用一个特征来作为分类标准，即同一范畴可以不止一个分面。同一巡内同范畴的面称为层（Level），依次就有第二层本体、第二层物质、第三层本体、第三层物质等等，分别用 P2、M2、P3、M3 等等来表示。（表示第几巡的数字放在范畴分面指示符号字母之前，表示第几层的数字放在范畴分面指示符号字母之后,第一巡第一层的数字 1 都省略不标。)因此,分面公式可以变成很复杂的形式。例如,畜牧学类的分面公式是 KZ〔P〕:〔E〕〔2P〕:〔2E〕〔3P〕。雕塑类的分面公式是 ND〔P〕,〔P2〕〔P3〕;〔M〕:〔E〕〔2P〕。分面公式中标记本体面的连接符号是否省略,都要按具体公式的规定去做。

利用各类里的分面公式,可以随时按照图书资料论题的组成要素编制类号,把内容复杂的主题翻译成最切合的类号,并能保证对事物主题和图书内容作正确的"分面分析",做到在结构上有根据地一贯地安排其次序。

4. 相的标记法(Phase Notation) 为了不同类目之间能无限地相互联系、相互影响而形成新类,就采取相的标记法。当一个特定主题只涉及一个基本类或其从属类的时候,称为单相类;如果涉及两个基本类或其从属类的时候,称为双相类;涉及两个以上的类,称为多相类。最常见的是单相类和双相类。在双相类中,占主要地位的类称为第一相,而另一个称为第二相。因此,双相类及多相类又称为络合类。不同类目之间的多种联系和相互关系,归纳为五种相(一般关系相、倾向相、比较相、差异相、影响相);每种又分为相相关(两个基本类的关系)和面内相关(同一面中两个点的关系)以及类列内相关(同一类列中两个类列点的关系)。第一相与第二相之间用连接符号零"0"(第 7 版改用 &)来标记相的关系,分别又继之以 15 个小写字母来指示各种相的关系。列表如下:

关系性质	相	面内	类列内
一般	a	j	t
倾向	b	k	u
比较	c	m	v
差异	d	n	w
影响	g	r	y

各种相的关系性质说明,及相相关举例如下:

①一般关系相:第二相对第一相具有大体上全面广泛的、其他几种关系以外的任何关系。两者类号序数值小的为第一相。例如,政治学(W)与经济学(X)的关系(没有明确是什么关系),为 W0aX。

②倾向相:第二相是第一相所倾向的用途、目的等等。例如,数学(B)用于工程(D)的工程数学,为 B0bD。

③比较相:第二相是和第一相作比较的。两者类号序数值小的为第一相。例如,化学(C)和物理(E)作比较,为 C0cE。

④差异相:第二相对第一相是有所差异的。两者类号序数值小的为第一相。例如,波动力学(CN2)对波函数(B85)有所不同,为 B850dCN2。

⑤影响相:第二相是给予第一相以影响的。例如,地理学(U)影响了政治学(W)的地缘政治学,为 W0gU。

面内相关和类列内相关是相相关原理和方法的应用,就不必重述两者各自五种关系性质,仅按照上列表中指示符小写字母次序,各举一例如下:

j. 中(41)日(42)贸易(X:5)关系,为 X:5 410j42。

k. 人体生理(L:3)解剖学(L:2),为 L:20k3。

m.地球(B91)与火星(B943)构造的比较,为 B910m43:68。

n. 分析化学(E:3)与萃取化学(E:5)的差异,为 E:30n5。

r. 佛教(Q4)对基督教(Q6)的影响,为 Q60r4。

t. 梨俱吠陀(Q11)与夜柔吠陀(Q12)的关系,为 Q110t2。

u. 农村人民(Y31)的城市(Y35)文明,为 Y350u 1:1。

v. 印度下议院(V44,32)与上议院(V44,31)权力的比较,为 V44,310v 2:3。

w.农村人(Y31)和城市人(Y35)有所不同,为 Y310w5。

y. 大乘佛教(Q42)对小乘佛教(Q41)的影响,为 Q410y 2。

二、类表结构

CC 首先把全部知识按照习惯以传统的学科门类划分为一定数量的大类;并认为大类的排列次序不十分重要,只要内容上彼此接近、便于实用,不需要有什么客观根据或理论原则。第 3 版以前有 25 个大类,第 3 版是 28 个大类,第 4 版 35 个大类,第 5 版 39 个大类,到第 6 版时是 42 个大类(1972 年第 7 版增至 105 个大类)。42 个大类的标记符号,按分区依次用小写拉丁字母 Z、阿拉伯数字和大写拉丁字母(一个大类的符号有用到三个字母的;同时拉丁字母序数中还插有两个希腊字母)。列表如下:

Z	综合类	KZ	畜牧业
1	知识全体	L	医学
2	图书馆学	LZ	药学
3	图书学	M	实用技艺
4	新闻学	△	精神体验与神秘主义
A	自然科学	MZ	人文科学与社会科学
AZ	数理科学	MZA	人文科学
B	数学	N	美术
BZ	物理科学	NZ	文学与语言
C	物理学	O	文学
D	工程学	P	语言学
E	化学	Q	宗教
F	工业技术(化工)	R	哲学
G	生物学	S	心理学
H	地质学	Σ	社会科学
HZ	采矿学	T	教育
I	植物学	U	地理
J	农业	V	历史
K	动物学	W	政治学

X	经济学	YZ	社会工作
Y	社会学	Z	法律
	解说性大类列举：	（r）	行政报告方法
（:g）	评论方法	（P）	信息论
（P）	会议方法	（X）	管理学

解说性大类的列举，是由于新的大类不断产生，而某些又难用已定大类予以表达，才这样用第四分区符号括号（）来标记，当作大类处理。（第 7 版有将解说性大类并入已定大类，改变其标记符号的。例如，（P）会议方法，改变其标记符号为 9P；（P）信息论，为 9P；（X）管理学，为 8。）

CC 的大类个数是发展的、不稳定的，很难明确说是多少个大类。同时，CC 认为所有大类不都是同位类。例如，B 至 M 诸类，是 A 类的下位类；C 至 F 诸类，是 BZ 类的下位类；N 至 S 诸类，是 MZA 类的下位类；T 至 Z 诸类，是 Σ 类的下位类。至于 AZ、BZ、MZ、MZA、NZ 和 Σ 等类，称之为部分综合类。从字母标记的大类名称上看，除 △ 类外，与一般等级列举式分类法的大类没有多大不同；不同的在于对各大类之间关系的称谓和标记符号。虽说所有大类不都是同等的，然而在运用时是当作同一类列的。大类标记符号有不同符号形式，体现了 CC 的标记制度。特别是带 Z 的两个或两个以上字母符号，在标记制度中已明确了 Z 的作用，即其由空位号发展的内插作用（任一位号码继之以空位号，则丧失其语义值，仅保留其序数值）。

大类的进一步展开细分，虽不像等级列举式类表，但有些大类，如 B 数学、C 物理学、H 地质学、N 美术、R 哲学等还得依习惯分成一系列惯用类。所谓惯用类，就是不依据什么明显的分类特征，而是依据传统习惯予以区分的一系列类目。例如：

B	数学	N	美术
B1	算术	NA	建筑艺术
B11	初级算术	NB	城市规划

B111	计数法	NC	造型艺术
B112	符号	ND	雕塑
B113	算术运算	NE	宝石艺术
B114	近似值	NF	钱币艺术
B12	数的概念	NG	模型艺术
B13	整数(数论)	NH	陶瓷艺术
B15	代数数及理想数	NJ	镶嵌艺术
	(仿B13分)	…	……
…	……		

大类和惯用类称为基本类(Basic Class)。基本类之下,必要的才开始列出分面公式和各分面的焦点号码表。例如:

B13	整数(数论)	ND	雕塑
B13〔P〕,〔P2〕:〔E〕〔2P〕		ND〔P〕,〔P〕〔P3〕;〔M〕:〔E〕〔2P〕	
	〔P〕中的焦点		〔P〕,〔P2〕风格,用(地区法)
1	素数		和(时代法)
2	因子性质限定数		〔P3〕中的焦点
21	高复合数	1	人像
5	划分性质限定数	11	骑马者的雕像
	〔P2〕中的焦点	18	半身雕像
1	素数及可除性	2	自然
2	广义函数	…	……
3	刁番图方程	3	风景
	特殊方程用(时代法)分	4	植物
	(举例)	5	动物
3k	比尔方程	…	……
5	包含划分形式		〔M〕中的焦点
…	……	1	水
	〔E〕和〔2P〕中的焦点	3	大理石
1	初等算术方法	…	……
2	代数方法		〔E〕和〔2P〕中的焦点

有的基本类之下并没有列出分面公式。例如,B11 至 B12 诸惯用类、NC 和 NE 至 NJ 诸惯用类、AZ、BZ、MZ 等大类就没有列出分面公式。没有列出分面公式的类目,如需要细分,可参照 PMEST 这一基本分面公式处理。有的在类表前总的分类规则中已按类给予说明了。例如,N 美术大类分类规则中指明:N〔P〕,〔P2〕风格,用(地区法)和(时代法),这一基本分面公式适用于 N 美术大类中任一惯用类目。

CC 类表,包括大类、惯用类、分面公式中各分面的焦点号码表,以及四种附表(亦即共同点、时间点、空间点和语言点,后面将介绍),与一般等级列举式类表相比,在篇幅上是比较小的。特点是按分面公式进行组配,并且要遵照分类规则进行。掌握分类规则是很重要的,不然对 CC 就难以使用。这里按分类规则就"ND 雕塑"类运用分面公式举例如下:

雕塑通论	ND
雕塑设计	ND:4
大理石雕塑	ND;3
人像雕塑	ND,1
人像雕塑设计	ND,1:4
大理石人像雕塑	ND,1;3
大理石人像雕塑设计	ND,1;3:4
佛教雕塑	ND44,C
佛教雕塑中的人像	ND44,C1
佛教雕塑中风景的设计	ND44,C3:4

(注:ND44,C 中的 44,是地区表中印度的号码,是佛教雕塑这种风格的发源地;C,是时代表中的公元前 999 至公元前 1 年,是佛教雕塑这种风格起源的时代。)

三、附表种类

CC 除了基本类目表及其各分面焦点表以外，与一般等级列举式类表一样，还有作为类表结构之一的各种附表。

1. 共同复分表　CC 称之为共同点，大致相当于一般的总论复分表。按著作形式区分，以小写字母（或带数字）作为标记符号，适用于一切基本类和复合类。相同的字母符号，又分前置共同点和后置共同点。前置共同点，即直接连接于主类号，规定排在该主类号之前（例如，"D6v 机械工程史"排在"D6 机械工程"之前）。后置共同点，即通过分面连接符号连接于主类号，自然地排在该主类号之后（例如，"D6 机械工程"之后排"D6：g 机械工程评论"）。前置共同点和后置共同点的使用，又分别各有几种情况，皆依分类规则的说明来使用。

2. 地理区分表　CC 称之为空间点。按地貌特征、政治区域、人口聚集区、方位区分来安排，以数字为标记符号，或数字后面分别继之以大、小写字母、括号、短横等符号。并规定第一位数字 2 为祖国（图书馆所在国）；3 为优惠国（本国以外的收藏其书最多的那个国家）。例如，52 为意大利，56 为英国；9B 为东方，9G 为南方；1—52 为罗马帝国，1—56 为英帝国；1（H7118）为富藏金矿国家，1（Q7）为伊斯兰国家；g1 为流域，d 为沙漠。表内这些符号的配合使用及其细分，按分类规则的说明来使用。

3. 时代区分表　CC 称之为时间点，分时代类目和特定时间类目两部分，分别以大写字母和小写字母为标记，或各继之以数字。另外又有继之以正箭号→，表示现在与未来；在两个时期的中间插以反箭号←，表示终点和起点。例如，N 为 20 世纪，N8 为 20 世纪80 年代，N87 为 1987 年；e 白天，d 夜晚，nl 春，n3 夏，p1 旱（季），p5 雨（季）；A·1'N→为自然科学的未来（其中 A·1 为世界自然科学），V44'N47←M58 为 1858 年至 1947 年印度史（其中 V44 为印度史;N47 为规定先写下的终点年代)。

4. **语言区分表** CC 称之为语言点,分语系、其他各洲及其海洋语言和人造语三部分,以数字为标记符号。1～3 为语系部分;4～8 和 94～98 为其他各洲及其海洋语言部分,用适合现时的(地区法)细分;99 为人造语部分,用(时代法)细分,带有大写字母。另外,用不带数字的破折号——表示优惠语言,排于其他各种语言之前。分别举例,111 为英语;41 为汉语;94 至 98 各洲海洋语言,实例暂缺;99M84 为勃拉雅·齐蒙达尔语,创造于 1884 年;汉语在中国为优惠语言,用破折号——取代 41。

以上 2 至 4 这三种附表,大体适用于主类表中注明用(地区法)、用(时代法)、用(语言法)以及分面公式中的〔S〕或〔T〕。

四、书号安排

阮冈纳赞把同类书的排列看作分类表的一个组成部分,认为符号是一种人工语言,人用符号来译出图书的特征,决定它在同类中的位置,达到个别化。他不同意按著者姓名来排列编号,认为除了文学书籍和经典著作以外,书的出版年代比书的著者更为重要。因此,同类书的排列号码(书号)应由下列几个部分组成:

1. **文别号** 表示书中所用的文字,利用"语言区分表"中的号码来组成。书中不止一种文字时,就以其中最通行的文字为准。如果排书不分文别,文别号可省去。

2. **体裁号** 用小写字母和阿拉伯数字来表示,例如,b1 分类索引,c6 年表,等等。专门列有一表,不同于"共同复分表"。

3. **年代号** 表示图书的出版年,选用"时代区分表"中的号码来组成。例如,1987 年是 N87。

4. **入藏顺序号** 即数种书的收到先后顺序,当采用上述办法还有重号时,则从第二种书起,依次加 1、2、3 ……等整数以资区别。

5. **卷册号**　一部书不止一卷（册）时，则在年代号或入藏顺序号之后加句点"·"，再按卷册次加 1、2、3……等整数区分。

6. **附件号**　表示一部书的附册，如补编、续编、索引等等。在相应的原书号码之后加一短横"－"，再依其本身册次加 1、2、3……等整数。

7. **复本号**　表示图书馆有相同书的许多复本。一书的复制本、重印本以及无法区别的版本，都作为复本。从第二个复本起，在原书号之后加分号"；"，再依次加 1、2、3……等整数，表示第二、三、四……个复本。

8. **评论号**　标记对某一书的评论性著作、注解等等，在原书号码之后加"：g"。如果一书有数种评论性著作或注解，则于"：g"之后再依次加 1、2、3……等整数以资区分。

以上诸部分号码，应有一定次序，也有一个书号公式：〔L〕〔F〕〔Y〕〔A〕·〔V〕－〔S〕；〔C〕：〔Cr〕，即〔文别〕〔体裁〕〔年代〕〔入藏顺序〕·〔卷册〕－〔附件〕；〔复本〕：〔评论〕。

CC 的基本面貌，围绕其关键性的标记制度问题，基本从肯定的角度简单介绍到此。CC 是从概念分析入手的，标记制度是为概念分析而提出的。一些概念的提出和分析有些费解。特别是所持某些观点，如对△精神体验与神秘主义的提出及其借以对大类之间关系的解释，是明显过时不值一提的；以致所提出的标记制度，难以理清，所用标记符号及其含义过于复杂，也难辨别理顺。即使最后所归结的分面公式的实际运用，除各分面具体到各学科门类难理解以外，运用起来也很复杂，也很难如等级列举式类表那样能提高工作效率。须知按分面公式规定的次序运用起来，最终还是如同等级列举式类表的结果，并非是人们所想象的自由组面而产生的不同效果。目前 CC 使人感到它尚停留在概念和符号上兜圈子，还难付诸实际使用。

第五节 苏联图书书目分类法

苏联图书书目分类法(Библиотечно – бнблиографическая классификация,简称 ББК),是在苏联文化部领导下,有谢德林公共图书馆、科学院图书馆和全苏图书局参加,由列宁图书馆组织专人经过多年编制的,是在这几个图书馆和公共科技图书馆等大型图书馆的分类总目录基础上编制并广泛讨论通过,作为苏联统一分类法颁布出版的。从 1960 年到 1968 年共分 25 卷 30 册先后出版,包括全部类表和各册的主题字顺索引。这是供大型综合性科学图书馆和专业馆编制分类目录用的详本。还有供上述图书馆组织藏书和供藏书 10 万到 100 万种的科学图书馆及大型公共图书馆用的简本,1970 年到 1972 年出版,共 5 卷 6 册;有供藏书 1 万到 10 万种的小型公共图书馆用的简表 1 卷本,1977 年出版;有供儿童图书馆用的类表,1978 年发行;等等。各种版本的基础是统一的,只是供地区和公共图书馆、儿童图书馆用的版本,由字母改用数字标记基本大类。这里仅简单介绍供科学图书馆用的详本。

一、体系结构

1. 二十一个基本大类的序列

A　　　马克思列宁主义

Б　　　自然科学总论

В　　　数理科学

Г　　　化学

Д　　　地球科学(大地测量、地球物理、地质和地理科学)

Е　　　生物科学

Ж/О　技术、技术科学

П	农业和林业、农业和林业科学
Р	卫生、医学
С	社会科学总论
Т	历史、历史科学
У	经济、经济科学
Ф	共产党和工人党、劳动人民的社会政治组织
Х	国家与法、法律科学
Ц	军事科学、军事
Ч	文化、科学、教育
Ш	语言科学、文学
Щ	艺术、艺术学
З	宗教、无神论
Ю	哲学、心理学
Я	综合性图书

"马克思列宁主义"类，包括马克思、恩格斯和列宁的著作，关于他们的生平和事业的著作，马克思列宁主义总论和马克思列宁主义哲学。马克思列宁主义是关于自然界、社会和人类思维普遍规律的科学，因此提出来作为第一大类。

以下大类，依客观实际从自然界向社会的历史发展排列。Б～Е是关于自然界的科学，其分组是决定于研究对象的亲近关系、相互之间的历史联系，以及具有总论性的图书，并根据马列主义奠基者关于自然科学分类的论点来排列。把数学列入关于自然界的科学，有点勉强，其所以这样做，是因为存在着有关数理科学总论的图书。

应用科学——技术、农业和医学是研究为人类社会利益而影响自然界的方式、方法的科学，并且同自然界和社会都有密切联系，故排在自然科学和社会科学之间，其中按无机到有机的次序，先排影响无机自然界的科学，后排影响有机自然界（植物、动物、人)的科学,即农业和医学。

С～Я 是关于社会的科学,基本上根据马列主义关于经济基础和上层建筑的学说来排列。历史,考察社会发展的全过程,它研究生产方式的历史发展、政治的和意识形态的上层建筑、文化和生活,故排在社会科学总论之后其他社会科学之前。经济类之后,是社会生活、政治生活和精神生活的门类,基本上按它们对经济基础距离的远近程度来排列。Ф～Ц 是反映政治、上层建筑的门类,Ц～Ю是以各种社会意识形态为研究对象的门类。Я 综合性图书,是为具有综合性内容的图书而设置的总类,置于最后。

2. 主要体例　每个大类与知识门类相适应地展开为一个科学系统。各大类都有编制说明:指明内容、范围,与有关门类的界限划分及相互关系的处理,揭示其体系结构。

各类在详细展开之前,总冠以基本类目表,相当于一个纲要,便于逐类查检详表。

为了使相近类目的结构最大限度地取得一致,同时也使结构简洁,便于伸缩扩充,在不违反各学科问题特点的前提下,广泛采用了按各种区分表细分的方法。另外还有仿照邻近或相应类目细分的办法。

配置纲要,是基本类表中某些类目研究对象的进一步共同细分,是这些类目的有机组成部分。例如,T3(4/9)外国史的"配置纲要":

(…)0/9	大陆(或国家)史总论
(…)2	原始社会制度
(…)3	奴隶制度
(…)4	封建主义时期(中世纪国家)
(…)5/6	资本主义时期(或(…)5 近代国家)
(…)6	资本主义总危机时期(现代国家)
(…)7	社会主义时期
(…–2/…9)	国内各个民族史和地方史

这些是各国(…)史研究对象的进一步细分。例如,"近代印度史"为 T3(5Ид)5;"近代中国史"为 T3(5Кит)5;"北京史"为 T3(5Кит-2П);"台湾史"为 T3(5Кит891)。

专类标准区分,是基本类表中某些类里细分时重复出现的一些主题概念,是从其研究方面来表征属种对象的一些概念。例如,农业类里 П040.2/9 各种肥料的"专类标准区分":

- -2　同使用有关的性质
- -3　采购
- -4　保管和运输
- -5　使用的准备,使用的方法、分量和时间
- -6　作用与效果
- -7　肥料所适合的各种土壤

这些是各种肥料都重复出现的各个研究方面。例如,"矿物质肥料的效用"为 П040.3-6;"氮肥的效用"为 П040.31-6;"硝酸铵的效用"为 П040.310-6;"硫酸铵的效用"为 П040.311-6。

仿照复分,是仿照已详分的邻近或相应类目细分。例如,"T. e(2)苏联十月革命后的历史科学研究机构"(包括总论十月革命前的著作)细分为 16 个类目(其中有的还按地区或机关名称字顺区分排列)。在"T. e(28)苏联十月革命前的历史科学研究机构"和"T. e(3/8)外国历史科学研究机构"两个类目下都注明:仿 T. e(2)细分。例如,"中国历史博物馆"为 T. e(5Кит)л6(因"苏联历史博物馆"的号码为 T. e(2)л6)。

二、辅助表

辅助表是附属于基本类表的,供基本类表必要时据以细分的类目表。就分类表的体系结构说,辅助表应包括在体系结构之内;就技术上复分方法的体例说,辅助表也应同配置纲要、专类标准区分、仿照复分一样看待。这里只是因它没有列在基本类表之内,对

基本类表的适用范围较广,才单独来介绍。ББК 有两种辅助表:

1. 通用标准区分表　　相当于我国现行分类法的总论复分表。首先列出与各类有关的"а 马列主义经典作家论某学科问题的著作"和"6 苏联党和政府的指导性与法规性文件"。其次是一般性问题的细分。例如,"в 学科的哲学与方法论"、"г 科学史"、"e 组织机构"、"p 教育"、"x 宣传与普及"等等。最后是按著作形式特点及用途区分的一组类目。例如,"я1 书目"、"я2 参考书"、"я7 教学指南和教科书"、"я9 通俗读物"。在各基本大类里已仿照通用标准区分表列出部分总论性的类目,结合各类特点其中有许多类目列得比较详细。

　　例如基本类表中"C 社会科学总论"仿照通用标准区分表已列出:

C . в	社会科学的哲学基础和方法论
. в 0/6	马列主义的社会科学方法论
. в01	社会科学的对象和任务
. в02	社会科学的党性原则
	马克思主义前和非马克思主义的社会
	科学方法论批判见:C. в8 马克
	思主义前和非马克思主义的社会科
	学方法论
. в2	社会科学与其他学科的关系
. в3	社会科学的分类
. в8	马克思主义前和非马克思主义的社会科学
	方法论
. в801	社会科学的对象和任务
. в82	社会科学与其他学科的关系
. в83	社会科学的分类
. в87	各种方法论及其批判

　　如果基本类表里没有在总论的位置列出通用标准区分表中的

相应类目时，则不再用它复分。例如"T 历史、历史科学"类已
列出：

T0	历史科学的理论基础和方法论
T01	马列主义的历史科学理论和方法论
T010．1	历史科学的对象、任务和作用
．2	历史科学的党性原则
．5	历史科学与其他学科的关系
T013	历史科学的分类
T08	马克思主义前和非马克思主义的历史科学理论和方法论
T080．1	历史科学的对象和任务
．5	历史科学与其他学科的关系
T083	历史科学的分类

则不再在"T 历史、历史科学"总论中用通用标准区分表细分出
"T.в历史科学的理论基础和方法论"。

2.地区标准区分表 分两种不同的编排方法，两者的类目大
体相同，基本类目都是：(0)全世界，(2)苏联，(3)外国总论，(4)
欧洲，(5)亚洲，(6)非洲，(7)美洲，(8)澳洲、大洋洲、两极地区。

第一表另有(9)世界海洋，而将两极地区放在(0)全世界里。
第一表偏重于自然地理概念，供自然科学用，先列出自然地区，将
国家按其名称字顺置于大的自然地区之内，例如：(6)非洲，(61)
北非，(61Map)摩洛哥，(61 Ty)突尼斯。

第二表偏重于政治行政概念，供社会科学用，配置纲要中有仅
用于(0)、(3)等基本类目区分的(…,6)社会主义国家总论，(…,
8)资本主义国家总论。各个国家于所在洲内按其名称字顺排列，
即洲号和国家的首字母构成各国的类号。洲内的国家后面排各非
行政区域，用数字代号，即前一部分是行政区域，后一部分是非行
政区域。例如：(5)亚洲，(Кит)中国，(5Я)日本，(53)中近东，
(575)东南亚；(6)非洲，(6 Map)摩洛哥，(6 Ty)突尼斯，(61)

北非。

各个国家不管其大小或社会经济制度如何,在洲或大的自然地区内按字顺排列,置于同等地位。然而,苏联则不按字顺置于洲内,而是在(0)全世界之后,(3/8)或(4/8)各洲各国之前,用数字代号(2),以适应苏联的有关图书资料突出在其他各国之前。其他国家如果采用这个分类法,也可将本国的有关图书资料突出在其他各国之前,用(2)这个号码,将苏联按其字顺置于所在洲内。

第二表,一国内再分行政区域和非行政区域;行政区域在前面按省市名称字顺排,用字母符号;非行政区域在后面按地区排,用数字符号。例如:(5Кит－4А/Я)中国各省,(5Кит－4ХБ)湖北省,(5Кит－6А/Я)中国各自治区,(5Кит－6В)内蒙古自治区,(5Кит1)东北地区。第一表,一国内只再分各行政省区。

此外,另有一简表,就是在基本类目的基础上,各洲再按字顺分国,(2)苏联只分(2А/Э)各苏维埃社会主义共和国和(28)苏联十月革命前,(8)澳洲、大洋洲、两极地区,细分为(82)、(83)、(88)。按第一表列出(9)世界海洋。

3.民族区分问题 按所在地区、国家分,在地区、国家内用等号"＝"民族符号,按民族名称字顺排,取首字母符号。例如,中国维吾尔族,分别在不同门类里为(5Кит＝Уйг)或(54Кит＝Уйг),在历史类为(5Кит9＝Уйг)。

4.时代区分问题 分别不同情况:

①按社会经济结构结合世纪与年代划分:2 原始社会制度;3 古代(奴隶制度);4 中世纪(封建制度)(5 世纪—1640 年);5 近代(资本主义制度)(1640—1917 年);6 现代(资本主义总危机和两种制度的斗争)(1917 年以后)。当其内部发展进程与此不相符合时,则用该时代的某问题标列划分图书资料。例如,用Т3(5Кит)5"近代中国史",而不用"中国近代史";

②按社会主义革命前后分:1 社会主义革命前;7 社会主义

210

时期;

③按马克思主义产生前后分:0/6 马克思主义产生以后时期的×××;8 马克思主义以前和非马克思主义的×××;

④按两种社会制度分,把一个国家的社会主义革命前后的有关资料分隔两处:,6 社会主义国家×××;,6(2)苏联×××;,6(3)其他社会主义国家×××;,8 资本主义和非社会主义国家×××;,(2)苏联十月革命前俄国×××;,8(3)其他非社会主义、资本主义国家×××。

三、标记制度

采用俄文字母与阿拉伯数字混合符号,另有一般著作与一般性问题的符号逗号",",专类区分号连字符短横" - "、地区符号圆括号"( )"、民族符号等号" = "、关联符号冒号":"等辅助符号。数字采用小数制,并有便于发音朗读的句点"·",不是小数点。还有分数符号(意即起止符号)"/",既作说明,也可作表示范围的符号使用。

(1)分类表基本大类的排列顺序即基本序列,用俄文大写字母标记,一个字母一个大类,唯"技术、技术科学"类用 Ж/О 标记,以下八个二级类目用其中的八个字母标记。

(2)基本类目及以下的类目,用小数制的阿拉伯数字标记。一级类目一位数字,但不严格,当同位类超过 10 个或为了缩短号码时,则采用双位数或分数式起止号。例如,"卫生、医学"类的下位类达 26 个,则用双位数 11 至 89 标记。其中左起第一位数又代表一组,表示一定的本质和联系。例如,P11 保健组织,P12 卫生,P19 流行病学,其中左起第一位数字 1 表示它们之间的密切联系,反映了医学的预防方面。又例如,П23/27 园艺和种菜业,П24 种菜业,П25 果树园艺,П26 葡萄园艺,П27 观赏园艺和绿化。П24、П25、П26、П27 所标记的是同位类,它们的上位类总概念用 П23/

27 标记。可用 П23 进行总论复分,例如,П23r 园艺、园艺学史,П23 – 31 园艺选种。

四位以上的数字符号,如果中间没有其他区分符号(字母、逗号",",连字符"–"、圆括号"( )"、冒号":"等),从左至右每三位与下一位之间用句点"·"隔开,以便发音和朗读。例如,Ц4,6(2)425. 223. 33 苏联部队图书馆的口头宣传。

(3)总论区分,即按照通用标准区分表的区分,用总论复分号俄文小写字母,进而用数字标记。如果用在基本类号的字母后面,则在两者之间用句点"·"隔开。例如,Г. с36 化学器皿。

(4)一般著作和一般性问题,用逗号","带数字来标记。例如,П,0 农业一般著作,П25,1 宅旁果园,П25,2 集体果园,П25,3 学校果园。

(5)地区标准区分,用地区符号圆括号里的数字或带名称缩写字母标记。例如,(5)亚洲,(5Я)日本,(53)中近东,(575)东南亚。

(6)民族区分,用民族符号在地区符号内加等号"="带民族名称缩写字母来标记。例如,(54Кит = Ти)中国藏族,(54Кит = Уйг)中国维吾尔族。

(7)专类标准区分,用专类标准区分号连字符短横"–"后加阿拉伯数字标记。各种专类标准区分的含义内容数量虽有不同,但都有连字符短横"–"这一特征,以区别于其他标准区分和基本类目的号码,也不同于配置纲要的号码阿拉伯数字没有什么特征。例如,"E69 动物分类学"类的专类标准区分表中"– 4 遗传学";"П6 各种畜牧业"类的专类标准区分表中"– 4 饲养";"П873 家畜传染病和寄生虫病"类的专类标准区分表中"– 4 免疫性"。

(8)一个类与另一个类的关联组合(即综合类和复合类),用关联符号冒号":"将另一类号连接起来以示标记,但后一类号与前一类号组成的复合类,其相同部分省去。例如,Ч231. 06:Bl 科技情报与数学,B251. 62:201 轴杆最大载荷量(其中 B251. 62 轴

212

杆,B251. 201 最大载荷量,B251 变形固体力学)。

（9）当按主题概念名称字顺区分排列时,用名称缩写俄文字母来标记。这在地区标准区分中的各行政区域标记和民族区分中的各民族标记里已是用名称缩写字顺法。此外,有不少情况也是用名称缩写字母标记的。例如, Г121. 131B 水（Вода）（其中 Г121. 131 氢 的 氧 化 物）, Г121. 131П 过 氧 化 氢（Перекисъ Водорода）, Г222. 6А 阿尔布佐夫重排反应（Перегруппировка Арбуэова）（其中 Г222. 6 命名反应）, Г222. 6Бу 布特列罗夫反应（Реакции Бутлерова）, П415. 269Арс 砷素剂（Арсениты）（其中 П415. 269 各 种 毒 性 化 学 农 药）, П072. 84Хлопчатник 采棉机（Хлопкоуборочные Машины）（其中 П072. 84 其他农作物收割机）,等等。又例如,"Ш5（0/8）世界及各国文学"类标准区分表中" –4А/Я 各个作家",按作家姓氏字顺标记以后,还得再按关于作家的 80 多个细目的标准区分表细分。如: –4…a 马列主义经典作家论作家, –4…л6 陈列、展览馆, –4…2 传记, –4…400.1 作品的人民性和党性, –4…8 作家与艺术。

（10）相似的主题和相近结构的类目尽可能给予相同的标记,以增强助记性。这与大量采用各种标准区分表和尽可能与标准区分表中的号码取得一致有关。

（11）涉及几个门类的问题,集中或分散:一是提供几种方法,都给标记,通过注释说明提供选择。例如,C62 各科统计,注明需要集中者,用关联符号":"集中于此（意即一般是分散入有关各类）。二是在相应位置列出类目,不标记类号,注明"见"已标记类号的所在位置。例如,"C61 统计理论"类下列出了"数理统计",没有配给类号,而注明"见:B172"（B1 数学,B172 数理统计）。

（12）以后需要增加的新概念新类目,可用下列方法之一来标记:

①用相应类号的细分,即仿照复分。例如,"д451/453 矿床、

类型和各种矿物"类的专类标准区分表中"－0 成因",可仿
"д450.0/.09 矿物成因"细分,－01 内生矿,－02 外生矿……。

②用数字顺序中空下的备用号码。例如,"风湿性病症"分散
在 P419.1, P627.701.616, P620.26, P11 ( ) 026.241.91,
P418.120.161 有关各类,可利用空号 P55 集中起来独立成为"P55
风湿病学"。

③用通用和专类标准区分表以及配置纲要中的号码。

④用关联符号":"连接不同类号的方法。

⑤在有按名称的字母区分排列的方法注释类里,增加名称。

⑥用从属于"其他问题"这一类的号码。

参考文献

1.刘国钧:《现代西方主要图书分类法评述》 吉林人民出版社
1980 年。

2.北京大学图书馆学系《图书分类》编写组:《图书分类》 书目文献出
版社 1983 年。

3.白国应:《图书分类学》 书目文献出版社 1981 年。

4.(日本)宫坂逸郎等编 宋益民译:《图书资料的分类》 书目文献出
版社 1982 年。

5.赵燕群译:《国际十进分类法》俄文第三版的结构 载《图书情报知
识》 1985 年第 2、3 期。

6. Chan,Lois Mai. Immroth's Guide to the Library of Congress Classification,
3d ed. 1980.

7.宋克强、许培基:《冒号分类法解说及类表》 书目文献出版社
1986 年。

8.(印度)塞克德瓦著 吴人珊译:《冒号分类法理论与实践》 书目文
献出版社 1985 年。

9. H. П. 茹尔扎琳娜:苏联图书目录分类法介绍 载《图书馆学情报学
参考资料》 1982 年第 3 辑。

第八章　图书分类法的发展与管理

　　无论在我国,还是在国外,图书分类法都有着悠久的历史。在其漫长的岁月中,伴随学术思想的变迁,科学文化水平的进步,图书资料的不断增长以及人们检索利用图书资料要求的变化,图书分类法也在不断更新。作为一种重要的情报检索语言,图书分类法长期应用于图书情报部门至今仍然不衰,主要有如下几个原因:

　　(1)图书分类法在整个结构上所表现的科学系统性和严密逻辑性,能较好地满足读者从学科(或专业)系统方面检索图书资料的要求,其它类型的情报检索语言无法取代它;

　　(2)图书分类法类目结构的组织与展示,分类标识的形成和分类规则的制定,符合人们认识事物的思路与习惯;作为一个开放系统,它能伴随科学的发展,图书资料的增长以及读者检索要求的变化而不断得到改进;

　　(3)图书分类法理论研究的深入,为传统分类法的改造和新型分类法的创制铺平了道路。图书分类法作为图书分类学研究的一项重要内容,无论是在理论上的探索,还是在实践中的应用,都已受到学术界的普遍重视;

　　(4)权威性的组织机构,严格的管理措施,具体而仔细的修订原则和方法,不仅保证了分类法质量的提高,而且不断受到图书情报界及广大读者的欢迎;

（5）各种类型图书分类法的研究与创制，既活跃了图书分类法研究的学术空气，又促使各种类型图书分类法在竞争中不断淘汰自己的对手，从而为分类检索语言的统一和标准化创造了有利条件；

（6）现代技术，尤其是电子计算机技术在图书分类工作中的应用，为图书分类法的发展开拓了广阔的前景。

综观图书分类法发展的历史，可以说，它是一部不断改革，不断创新，不断追求最佳检索效率的学术研究史。

第一节　建国后我国图书分类法的发展

我国图书分类法，若自汉代刘向、刘歆的《七略》算起，至今已有两千多年。然而，在漫长的封建社会和半殖民地、半封建的社会里，由于科学技术的落后及其它种种原因，其发展速度是极其缓慢的。我国图书分类法真正得到迅速发展，还是在建国以后。

一、发展道路

建国近40年来，我国图书分类法的发展大体经历了四个阶段，现已初步形成了具有中国特色的图书分类体系。

1. 变革时期（1949—1953 年）　这一时期的主要特征是摸索前进，寻求编制适合中国国情的图书分类法的新方法。

中华人民共和国的成立，标志着我国已经进入了社会主义革命和建设的新时代。图书馆为人民所有，丰富的图书资料要为人民所利用。因而，如何重新揭示、系统组织已有的图书资料和将要出版的图书资料，就成为当时图书馆所面临的一个重要问题。解放以前所编制的图书分类法已不适应社会主义图书馆的需要，这是一个基本事实。因此，改造旧分类法，创制新分类法便是当时图书馆界的迫切任务。

1949 年至 1950 年,我国先后编辑出版的《东北图书馆图书分类法》和《山东图书馆图书分类法》,以及 1950 年北京图书馆编目部着手修订刘国钧编的《中国图书分类法》(1957 年正式出版)等,就是为适应当时的情况而编制或修订的。这几部分类法的共同特点是,企图以新的思想观点重新组织原来的分类体系,力求准确地揭示和组织新旧图书资料,使之适应社会主义图书馆的需要。但是,由于时间仓促,没有来得及认真研究图书分类法的基本理论问题,加之这些分类法是在旧分类法的基础上产生的,受原分类体系的限制,因而没能从根本上摆脱原来的思想体系,亦没能彻底纠正错误的类目名称和类目的排列次序。这几部分类法只是一种过渡性的图书分类法。

1950 年 6 月,中央文化部文物局召开了图书分类法座谈会,专门讨论了新中国图书分类法的编制问题。在比较研究我国解放前后国内流行的以及改编的各种图书分类法的基础上,与会代表对于新分类法的编制问题提出了四点原则性意见:①图书分类法应具有时代性、科学性,要用马克思主义观点重新编写一部适应我国现实要求的图书分类法;②应由主管部门组织编制;③应动员和组织各方面的专家,走集体编制的道路;④应提倡分类法的统一,同时又应提倡各自研制,不断创新。这些原则成为以后编制具有社会主义特点的图书分类法的重要依据。

1953 年,由中国人民大学集体编制的第一部社会主义图书分类法——《中国人民大学图书馆图书分类法》正式出版了。它打破了统治我国图书分类法长达数十年之久的十进制体系,第一次在分类体系中贯彻马克思主义的思想体系,并按照毛泽东关于知识分类的理论安排分类法的基本序列。它以崭新的面貌揭开了我国社会主义图书分类法编制的序幕。无疑,《人大法》的出版,成为我国图书分类法发展的一个根本转折点。

2. 发展时期(1954—1965 年)　这一时期的主要特点是广泛开展图书分类学的研究,巩固和发展编制图书分类法的成果。

随着国民经济的恢复,社会主义改造任务的基本完成,我国政治安定,经济繁荣,科学文化事业也有了长足的发展。在这段时期内,虽有过"左"的路线的干扰,但总的趋势是发展的,前进的。图书分类法也一样,它在发展,在前进。

自《人大法》出版以后,我国图书情报界就图书分类法的理论与实践问题展开了广泛的讨论。其主要内容涉及图书分类法的编制原则,基本部类、大类的设置,基本大类的序列以及标记制度等问题。与此同时,一批新型的图书分类法相继编辑出版。

1956 年,文化部文化事业管理局组织图书馆工作者和图书馆学专家,着手编制《中小型图书馆图书分类表草案》,并于 1957 年正式出版。它的问世,开创了我国有组织、有领导地集体编制综合性图书分类法的道路。这种编制方法后为《中图法》所仿效。实践证明,这是一条比较成功的经验。

1954 年着手编制的《中国科学院图书馆图书分类法》也于 1958 年正式出版,1959 年完成了该分类法的类目索引。《科图法》是当时最为完备的一部分类法。它的体系结构比较合理,类目设置较为详细,编制技术有所突破,因而,应用范围比较广泛。值得一提的是,它一出版,便统一了整个科学院系统的藏书分类,为全国图书分类的统一提供了可资借鉴的宝贵经验。

继《科图法》之后,又出版了《武汉大学图书分类法》和《大型图书馆图书分类法》下册(自然科学和综合性图书部分)。应当着重提及的是,《大型法》是在政府部门领导下,组织全国力量编制的。其编制原则是:①以马克思列宁主义、毛泽东思想作为指导思想,以毛泽东关于知识分类的理论作为划分类目的基础;②要适用于图书和资料的分类,适用于古今中外的图书,适用于各类型图书馆。很明显,《大型法》的宗旨是统一全国图书馆图书资料的分类。1963年,下册(自然科学和综合性图书部分)出版后,又着力于上册(马克思列宁主义、毛泽东思想,哲学和社会科学部分)的编制。由于历史的原因,只公布了油印本,使这部分类法未能正式完稿,也未推广使用。尽管如此,《大型法》仍不失为建国后一部较为理想的分类法,它的基本精神、分类体系和编制技术已为后编的《中图法》所继承。

总的来看,这一时期我国图书分类法已经进入了全面发展的新阶段,虽有过曲折(如开展对有些分类法的批判等),但发展是健康的,成绩是主要的。

3. 徘徊时期(1966—1976年)　由于众所周知的原因,这一时期我国图书分类学的研究几乎处于停滞状态,图书分类法的编制也徘徊不前。

1971年,在北京图书馆的倡议下,由政府部门领导,集中全国力量开始了《中国图书馆图书分类法》的编制。经过几年的努力,于1975年正式出版。随后又出版了它的详本(《中国图书资料分类法》)和简本(《中国图书馆图书分类法(简本)》)。这三种版本属同一体系,供各类型图书馆和情报部门选择使用。由于当时的实际情况,这几部分类法都存在着先天不足。

4. 开拓前进时期(1977年—现在)　这一时期的主要特点是学术空气浓厚,人们视野开阔,思想活跃,重视对图书分类法检索效率的研究。

党的十一届三中全会以来,图书分类学领域出现了一派生机勃勃的景象,学术研究盛况空前。据统计,这一时期研究图书分类学的论文远远超过了1949—1976年的总和,同时还相继出版了一批图书分类学的专著和教材。研究的重点有了明显的转变:①图书分类法的研究已经深入到微观领域;②由纯理论的探讨转向理论与应用并重;③数学方法已经应用于图书分类法的研究;④将各种检索语言的优异性能进行比较研究;⑤分类主题一体化、图书分类自动化亦引起了国内学者的重视。

在深入研究的基础上，我国先后对《科图法》、《中图法》、《资料法》以及《人大法》作了修订，并相继出版了修订版。《中图法》和《资料法》类目索引的出版，使这两部分类法逐渐完善。现在，《中图法》和《资料法》的第3版的修订工作正在进行。预计不久，这两部分类法将以更新的面貌展现在我们面前。

在这段时间里，我国图书情报界还比较重视国外分类法的介绍和研究，重视分类法标准化和分类主题一体化的研究，并加强了国际间的交往与合作。

1978年，我国加入了国际标准化组织（ISO），成为其P成员（即参与成员）。同年，在成立全国文献工作标准化技术委员会的同时，成立了担负情报检索语言标准化工作的第五分委员会——词表、分类法和标引分委员会，与ISO中的第46技术委员会（ISO/TC 46）下的第五分委员会相对应。

1980年12月全国文献工作标准化技术委员会在南宁召开的会议上，建议将《中图法》作为我国国家标准分类法的试用本，经过修改、补充，将其定为国家标准分类法。这一建议的实施，必定能加快我国图书资料分类检索的规范化。

二、主要成就

建国以来，我国图书分类法的发展虽经历了一条不平坦的道路，但是由于图书情报界广大工作者和专家们的共同努力，仍然取得了很大的成绩。概括起来主要有如下几个方面：

（1）编辑、出版了一批较好的图书分类法。这些分类法都能以马克思列宁主义、毛泽东思想为指导，能在一定程度上反映当代科学技术的发展水平，基本上符合我国出版物的实际情况，从而能较好地满足我国图书情报部门组织图书资料和读者检索利用图书资料的要求。其中影响较大的有《人大法》、《中小型表》、《科图法》和《中图法》等。

（2）结合新型分类法的编制和使用，对图书分类法理论和实践的研究逐渐深入。经过广泛的研究和讨论，我国图书情报界对编制社会主义图书分类法的"三性"（即思想性、科学性、实用性）原则，以及分类法总体的五分法，类目设置必须遵循客观发展原则和逻辑原理等，基本上取得了一致的意见；图书分类法检索效率的研究亦引起重视，尤其是近几年来，我国关于图书分类法的研究已经深入到微观领域，如分类法的实际应用和如何运用组配方式、如何反映新兴学科等方面。

（3）编制技术有较大的突破。从建国后所编制的新型图书分类法来看，在类目体系上都冲破了十进制的束缚，其基本大类都在20个左右；各种分类法都有部分体系结构、类目设置或标记符号等方面处理得比较成功的地方（详见第六章第三节的介绍）。并且，几部主要分类法（如《人大法》、《科图法》、《中图法》和《资料法》）经过修订，逐渐臻于完善。

（4）统一了对图书分类法标准化的认识，并原则上通过了将《中图法》作为国家试行标准的建议，为全国图书资料统一分类检索创造了有利条件。

（5）分类法、主题法一体化受到图书情报界的重视。如在类目设置方面比较注意运用交替的方法按事物集中列类；为分类法编制类目相关索引等。这些措施使分类法在一定程度上能具有主题检索的功能。

三、基本经验

从建国以来我国图书分类法的发展来看，其基本经验可概括为如下几点：

（1）图书分类法的编制，必须适应科学技术的发展、图书资料的增长，满足读者检索利用图书资料的要求。从《人大法》到《中图法》的编制过程,可以说明这一点。这是一条基本的经验,也是图书分类法发展、变革的基本规律。

（2）开展对图书分类法理论与实践问题的讨论,及时掌握国内外图书分类法的发展动向,是创制和改造图书分类法的重要条件。我国分类法的发展过程表明,只要能够从理论与实践上研究图书分类法的有关问题,分析国内外图书分类法的现状,了解图书分类法的发展方向,图书分类法的改造和创制工作就有成效,否则相反。

（3）坚持从本国实际情况出发,是编制适合本国国情图书分类法的基本要求。图书分类法是用来揭示和组织图书资料的一种工具。由于各国图书情报部门的性质、任务不同,收藏图书资料的重点不同,读者对象不同,因而对分类法的要求也不一样。图书分类法不可能完全摆脱各国的具体情况,这一点可能在相当长的时间内不会有较大变化。

（4）加强领导,发挥专家的作用,运用集体的智慧和力量,是改造和创制图书分类法的保证。建国以后,我国几部主要图书分类法的编制,基本上采取了国家领导,全面协作,集体编制,集体修订的办法。实践证明,这是一条比较成功的经验。

（5）成立一定的组织机构（如研究小组,编委会等）,负责分类法的管理与修订,是提高分类法质量的重要措施。

第二节　国外图书分类法发展趋势简论

自杜威分类法问世以来,国外图书分类法发生了一系列重大变化。尤其是近几十年来,图书分类法的理论和实践得到长足发展,分类法呈现了分面组配化、分类主题一体化以及分类标准化和自动化的趋势。

一、图书分类法理论的发展

我们知道,传统的图书分类法是建立在概念划分和概括原理的基础上的。按照这一原理所编制的分类法基本上是列举式的(或称等级体系分类法)。它能满足按学科(或专业)系统进行检索,且族性检索功能较强,能较好地适应图书馆的各项工作等。这些优异性能已为图书情报界所熟知。但是,随着科学技术的发展,出现了科学分支日益加强,各门学科严重交叉、相互渗透的趋势,依据传统理论所建立的分类体系已不能适应需要。因此,图书情报界在寻求揭示、组织图书资料最佳方案,以满足读者检索的各种需求的过程中,开始探讨编制新型图书分类法的理论依据,从而导致了图书分类法理论的革新。

如果追溯远一点,图书分类法理论革新的倡导者可推比利时的图书分类学家奥特勒。在杜威分类法问世不满 20 周年时,奥特勒和他的同事拉丰坦经杜威允许,于 1895 年 6 月底,将杜威分类法译成法文。实际上,这远不是一个简单的翻译,它既含有技术上的创新,也含有分类理论上的革新。翌年,奥特勒发表了《论数字分类法的结构》的重要文章。在这篇论文中,他首次提出了按"观点"分类的原则和把表示几个简单主题的分类号组配起来以表达复杂主题的思想。奥特勒所提出的"概念分析"和组配原则集中体现在由他主持编制,并于 1905 年出版的《国际十进分类法》(UDC)上,从而使这部分类法成为西方分类法史上的第一部半分面分类法。尽管奥特勒本人当时没有明确提出"分面分类"的字眼,但是他所创导的"概念分析"和组配原则为后来许多图书分类学家所继承,并有了进一步发展。

本世纪 30 年代,印度著名的图书分类学家阮冈纳赞在对当时已出现的分类法进行考察后,认为这些分类法几乎都是列举式的,缺乏专指性,难以容纳新出现的学科问题。因此,他决心创制一种新型的分类法。经过几年的研究和实践，于1933年初次发表了《冒号分类法》(CC)，并且明确提出了"分面组配"的原理。他根据图书资料的特征，于1952年提出了五个基本范畴的思想并规定了不同范畴的不同连接符号。尔后，他又进一步发展了巡(Round)及层(Level)的概念，并普遍地运用了带(Zone)的概念分析。

如果说奥特勒的"概念分析"和组配原则还停留在经验知识阶段的话，那么阮冈纳赞所提出的"分面组配"原理则是分类法理论的重要突破。阮冈纳赞的功绩不仅在编制分类法的实践中应用了"分面组配"原理，而且还从理论上对"分面组配"原理进行了系统的总结，其代表作是1937年完成的《图书分类法导论》一书。这部集中反映阮冈纳赞图书分类学思想的著作至1968年已出3版，每版都作了重要修订，其理论也不断深化。世人称赞这部著作是本世纪最著名的一部关于图书分类法动态理论的著作。随着阮冈纳赞本人认识的不断深化，他的《冒号分类法》也由一个完全呆板的分面分类表朝着自由分面分类表的方向不断发展。

在阮冈纳赞学说的影响下，各国对分类法的"分面组配"原理的研究也极为重视，其中以英国分类法小组最为活跃。该小组经过大量的研究，于1955年向英国图书馆协会及联合国教科文组织提出了《需要以分面分类法作为一切情报检索方法的基础》的报告，这份报告从战略的角度分析了"分面组配"原理对编制图书分类法的指导作用，它肯定了分面分类法是今后编制分类法的方向。同年，该小组还向在布鲁塞尔举行的图书馆和文献工作中心会议提出了维克利所写的《当前图书分类法的趋势》的报告，再次肯定了分面分类法是当前的发展方向。

自那以后，关于分类法"分面组配"理论的研究成为图书分类学理论研究的一个重要课题。现在"分面组配"理论的研究已由分类法系统扩展到主题法系统，成为研究和创制各种情报检索语言的共同基础。

二、等级体系分类法向分面组配方向发展

20 世纪 50 年代以来,现代科学技术发生了日新月异的变化,形成了许多新的特点。现代科学技术的发展,不仅导致了科学之间的分野和相互关系与传统的认识产生很大的差异,而且还促使大量图书资料的出现。这就使得传统的图书分类法面临着严重的挑战:①不管学科的专门化程度如何,图书分类法要适应各个专业的需要,能集中各专业的图书资料;②要有较高的专指度,能揭示任何狭窄细小的主题,从而适应科学技术研究工作者的精细要求;③能适应多途径、多因素的检索要求,保证读者从不同角度查全、查准图书资料;④能及时反映新学科、新技术、新问题,使新出版的图书资料有类可归;⑤既能满足较大范围的族性检索,又要便于进行细小专题的特性检索,能视检索过程中出现的具体情况自由扩大、缩小检索范围或改变检索方向;⑥能在适当的位置或采用一定的方式,及时地补充边缘学科和横向学科;⑦能正确地反映各类图书资料的出版形式,尽可能将各种图书资料纳入统一的检索系统;⑧能适应各种检索方式和检索设备,满足电子计算机的应用。

很明显,传统的等级体系分类法无法满足上述要求。

自从阮冈纳赞首次明确提出"分面组配"理论,并运用这个理论编制出第一部分面组配分类法——《冒号分类法》以后,在图书情报界产生了巨大的影响。人们清楚地认识到,阮冈纳赞关于图书分类法的理论与实践比较符合现代科学技术发展对图书分类法的要求,它能将图书分类法推向一个新的阶段。

近几十年来,国外图书分类学家在图书分类法的发展方向方面做了大量的研究工作。归纳起来,主要采取了两种方法:

1. 改造传统的图书分类法 为了适应现代科学技术的发展,满足读者的检索要求,国外分类学家在保持传统图书分类法优异

性能的前提下,依据分面组配原理,对传统分类法适当加以改造,尽量增加分面组配因素。杜威分类法的每次修订,可以说是传统分类法逐步向组配分类法方向靠拢的典型代表。大家知道,杜威分类法是一部典型的等级体系分类法。尽管该分类法的编委会也不主张该分类法采用分面组配的方法,但是,它的每一次修订都是在朝着分面组配的方向发展。杜威分类法从第 2 版起就增设了一个"形式细分表";第 17 版又增加了一个"地区表";到 1971 年出版第 18 版时,编委们在大幅度扩充原有两个复分表的同时,又增设了文学表,语言表,人种、种族、民族表,语种表,人物表等 5 个复分表;第 19 版将杜威分类法的 7 个复分表全部集中在一起,单独作为一卷。除上述所列的通用复分表外,该分类法还增设了不少的专类复分表。杜威分类法采用如此之多的复分表,其目的很明确,即逐步向分面组配方向靠拢。苏联 60 年代出版的著名的大型分类法——《苏联图书书目分类法》(ББК),也是采用这个方针,在保持科学系统性的前提下,大量扩充分面组配成分,如仅 1974年出版的经济类就有 55 个复分表。

2. 创制新型的图书分类法　改造传统的分类法,虽然能在一定程度上缓和等级体系分类法所固有的"集中与分散"的矛盾,但并不能从根本上改变它的弱点。因为,对传统分类法的修订有一个几乎无法克服的困难,这就是原来的体系结构和现代科学技术发展的矛盾。这一点国内外的分类学家都是很清楚的。

为了克服传统分类法的弊端,国外图书分类学家在研究分类法新的理论过程中,着手新型分类法的创制。英国分类法研究小组所取得的成果最为显著。该小组在深入研究分面分类理论的基础上,编制了十多种专业分面分类法,其中影响较大的是《土壤学文献分类表》。这个分类表将土壤学的全部概念归纳为 8 个范畴,并分别用数字作为标记,每个面间又按其特征组成亚面,用小写字母标记。此外,其它一些国家也编有专业用的新型分类表。

226

如美国冶金学会和专业图书馆协会共同编制的《冶金学文献分类表》，它也是一部分面组配式的分类表。

60 年代末，70 年代初，英国分类法研究小组还企图利用分面组配原理编制一部综合性的分面分类法，为此他们做了大量的准备工作，后因其它原因，他们放弃了这个计划。但是该小组的成员奥斯汀却利用了这个成果，发展了一种新颖的轮排主题索引——保持原意索引法（PRECIS）。这种建立在自然语言基础之上，由计算机编制的分面职能型语言被称为是"分面分类法的后裔"。

综观上述，我们清楚地看到，为了适应现代科学技术的发展，满足读者的检索要求，国外采取了改造传统分类法和创制新型分类法两种方法将分类法向前推进。实质上，这两种方法获得了"殊途同归"的效果，即分面组配化。

三、分类主题一体化

本世纪 50、60 年代，由于电子计算机在图书情报工作中的应用，人们对主题法产生了极大的兴趣。由于主题法受到重视，曾有人怀疑分类法的生命力。但后来的机检试验表明：只采用表示主题概念的语词字顺进行检索，虽能提高检准率，缩短检索时间，但无法满足检全的要求。要满足检全、检准的要求，只有将分类法和主题法结合起来。因此，研究分类主题一体化就成为一个重要的课题。

虽然分类法和主题法是进行情报检索的两种不同方法，但是在揭示图书资料内容这一点上却是共同的，只是由于揭示的角度和组织的方法不同，才形成了两种不同的检索系统。多年的文献标引和检索实践证明，这两种检索系统各有所长，各有其短，不能相互取代。因此，国外分类学家企图将两者结合起来，相互取长补短，形成分类主题合流的趋势，并且在这方面做了大量的研究和实验。如英国的阿奇逊（Aitchson）主编的《分面叙词表》（The saurofacet），1977 年出版的《联合国教科文组织叙词表》（UNESCO The saurus）就是分类法、主题法合流的尝试。这两者虽有局部的不同，但都是将分类与主题检索功能融于一体，使之以最优化的结构创最佳的功能。类似这样的叙词表在美国、德国、日本等都曾作过研究，有的已经出版。如美国的《城市叙词表》、《教育词汇叙词表》等，其结构与《分面叙词表》十分相似。最近几年，英国正在研究《社会情报分类表和叙词表》，这个表主要用于情报和文献存贮与检索（人工的，或计算机的），也用于各种指南和统计目录款目的整理，现主表已经完成。

另外，有些国家的学者提出，改进传统的分类法，使之更接近于叙词语言。如波兰学者尤金尼厄斯·希特尔在他写的《国际十进分类法与叙词表的关系》这篇论文中建议，在国际文献工作联合会和联合国教科文组织的主持下，为《国际十进分类法》编制一个类表的叙词式索引，以及《国际十进分类法》类表和叙词表之间的对照索引。这实际上是从编制索引的角度提出了分类法和主题法合流的问题。尤其是编制 UDC 及其叙词表对照索引的设想，能达到互相转换的结果。苏联有的学者在改进《苏联图书书目分类法》的过程中也提出了类似的意见。

实际上，在现代的分类法、主题法中都已有相互渗透的趋势。如分类法中所采取的按事物集中列类，编制类目的相关索引；主题法所采用的用、代、属、分、参、族等完备的参照系统，以及为主题法编制的范畴表、词族表等，都是为了吸收对方的长处，以弥补自身的不足。这样，各自采用辅助措施的结果，就形成了你中有我，我中有你的局面。

总之，研究分类法和主题法的相互结合，无论从哪种角度来说都是有意义的。分类主题一体化是当前图书分类法发展的一种趋势。但是，在两种方法完全结合之前，是不能相互代替的。

四、分类法的标准化和自动化

建立国际统一的分类体系，开展国际间的情报交流，这是图书情报界早已怀有的希望。还在《国际十进分类法》编制之初，编者就希望它成为一个世界性的标准图书文献分类法。由于种种原因，加之这部分类法自身的不足，至今也未统一起来。尽管如此，图书情报界并未产生动摇。随着现代科学技术的发展，图书情报的国际交流日益广泛，对统一分类的认识又有了进一步提高。

要统一分类，就必须要有一个都能接受和采用的标准图书分类法。近几年，又有人主张将《国际十进分类法》进行大幅度的修订，使它成为一种世界性的标准分类法或国际通用的情报交换语言。但是，这种建议遭到一些人的反对。他们认为，《国际十进分类法》虽然在世界上用得很普遍，但它的结构形式是 19 世纪的框架概念，已不适应现代科学的体系结构，如果进行大规模的修订，则会使其变得更加零乱。于是，国际文献联合会分类法中心委员会决定设计一种新分类法，用作国际的交换语言，初名定为"标准参考号"（Standard Renference Code）。后来又作了修改，于 1978 年正式出版了《概略分类体系》（Broad System of Ordering），简称 BSO，又译称"扩展式排序体系"。BSO 共分成 8 大部 76 个大类，约 2000 个小类。它的基本思想是制定一个独立的"基本分类表"，用以控制及转换各个情报中心、服务中心所使用的不同的索引语言、专业分类表、叙词表等。简言之，就是企图制定一个概略分类法作为不同情报系统之间的转换语言。这样就可以在许多情报中心形成的网络中进行大量信息的相互转换。

近年来，英国有些学者提出了一个将 BSO 与 UDC 结合起来的方案。提出这个方案的原因是因为 BSO 类目相当粗略，不能用来标引具体的图书资料，而 UDC 的主要缺点是大类结构陈旧过时，有些重点学科不突出。如果能将两者结合起来，组成一种国际交换语言,就能达到取长补短的效果。

总之,这些设想是很有价值的。尽管世界各国的政治、经济、文化科学水平互有差异,如果真能编制一种国际性的分类媒介语言,将各国的分类语言统一起来,那么就必然会给国际联机检索带来极大的方便。

可见,图书分类法的标准化是很重要的,它不仅关系到能否实现"资源共享"的问题,而且还关系到图书分类自动化的问题。图书分类自动化主要是指分类标引、分类检索和分类表编制及管理的计算机化。

由于传统的习惯,人们对图书分类自动化问题一直是持怀疑态度的。但是到了 60 年代,国外经过大量的情报检索试验表明,作为一种检索方法,分类法不仅在手工情报检索系统中,而且在机检系统中同样能发挥十分重要的作用。这就是说,图书分类可以实现自动化。

自动分类。长期以来,分类一直是靠人工操作,耗费重复的智力判断。自 50 年代末以后,国外就有学者从事自动分类的研究,到现在这项工作已经历了三个阶段。第一阶段(1958—1964 年)是研究自动分类的可能性;第二阶段(1964—1974 年)是进行实验性的研究;第三阶段(1975—)是实用阶段。主要从事这项研究工作的是萨尔顿(Salton, G.)、莱斯克(Lesk, M. E.)和琼斯(Jones, K. S.)。但是有人却认为用计算机分类费用太大而实用价值很小。因此,国外一些情报机构为了降低成本,采用了机器辅助的办法,即由人和机器共同完成分类标引的任务。应当指出,研究自动分类标引是很有意义的,尤其对于专业性很强的资料库更是可行的。

自动分类检索。国外开展分类法用于机检系统的研究比较早。20 世纪 40 年代,美国就开始研究这个项目,在进行长期的准备之后,于 60 年代中期开始了众多的试验。1967 年至 1968 年,建立了第一个用于主题检索和浏览的联机系统。研究者选用原子能核科学领域的文献做试验，利用 UDC 的类目结构、参照系统和注释组成记录文档的一部分。结果，这一试验获得成功，并充分显示了分类法在机检系统中的优异性能。

UDC 用于机检系统的成功，引起了图书情报界的极大兴趣。专家们根据原理和方法的相通性推而广之，利用其它分类法进行机检试验。印度文献工作研究和训练中心就用《冒号分类法》进行机检可能性的实验，并成功地编制了进行机器检索的程序包；美国、英国、加拿大、日本等国分别用《杜威十进分类法》、《美国国会图书馆图书分类法》、《日本十进分类法》编制了机读目录，用户可以用这几部分类法进行检索。最近，美国学者正在从事"杜威十进分类法联机计划"的研究，该项目的研究目的是实现和测试在联机目录中 DC 作为检索、扫描和显示主题的联机检索工具的功能。

人们总结分类法在联机检索系统中的作用时认为：①它可以用来改善查全率、查准率，节约用户输入检索词的时间；②可以用来对含义模糊的检索词作上下文分析，可以使计算机部分地模仿做参考工作的图书馆员与用户商谈检索要求的工作；③可以提供一个意义重大的浏览结构；④可以提供表示和检索非目录型的情报，如统计数据的结构；⑤可以用来按人工系统不可能实现的方式排列文献，如按语言学特征的相似性来排列；⑥作为一种中介或转换语言，通过分类表可以使各种检索语言相匹配。因此，分类法在机检系统中将发挥重要的作用。

计算机管理分类表。经过大量的研究和试验，国外已将计算机用于分类表的管理。如用于修订或扩充类目，编制分类法索引，统计标引频率和检索频率以及控制词汇等。

第三节　图书分类法的管理

科学的发展以及图书资料数量和结构的不断变化,对图书分类法有着重大的影响。任何一部图书分类法,若不能伴随科学的发展和图书资料的变化而不断加以修订,就难以维持其在图书分类实践中的地位,甚至会被淘汰。因而,加强对图书分类法的管理,是保持图书分类法生命力的一种重要措施。所谓图书分类法的管理,是指在一定组织机构的主持下,经常不断地、有计划地、有系统地对其进行修订而言。

一、图书分类法修订的意义

图书分类法是时代的产物。一般说来,它能在一定的时间内较好地适应图书情报部门揭示、组织图书资料的要求。但是,受时代的局限,一部分类法编成以后,不可能完美无缺。因而,需要对其进行修订,使之逐步完善。其修订的意义在于:

1. 能使分类法较好地适应科学的发展　前面曾提到,图书分类法的编制应以科学分类为基础,正确地揭示和组织图书情报部门的藏书。

我们知道,科学是发展的,尤其是现代科学的发展更为迅速。现代科学的发展对于图书分类法影响最大的是体系结构的变化,其突出之点表现在三个方面:第一,科学整体结构的变化;第二,科学学科结构的变化;第三,科学知识的不断更新。科学整体结构的变化,直接影响图书分类法部类的划分和确立。例如,我国现行的图书分类法都是将反映人类全部知识的图书资料划分为三大部类,即哲学、社会科学和自然科学,这种划分方法是依据常规的科学分类理论确定的。随着科学的发展,人们对于客观事物的认识不断深入,科学分类的观点也有了新的发展。有人提出,应将思维科学、技术科学和应用技术与哲学、社会科学和自然科学并立,作为科学体系的部类结构;还有人认为,新崛起的"综合科学"也可作为科学体系的部类结构等。不论这些提法是否合理,对于已定型的图书分类法来讲是一个冲击。况且,这些学科是客观存在的,因此,修订图书分类法时必须予以考虑,要么专设一类,要么采用变通分散予以揭示。科学学科结构的变化,主要是指学科之间相互交叉、相互渗透。科学学科间的网状结构,对于传统的等级体系分类法来说,是严重的挑战。正确地处理好学科之间的交叉渗透关系,是当前分类法修订工作的重要内容。至于科学知识的不断更新,修订分类法应采用增、删、改等项措施就不言而喻了。

综观上述,图书分类法要保持其学科系统性,就必须依据科学发展的实际情况,采用相应的对策来调整其体系结构,使之能较好地适应科学的发展。

2. 能较好地容纳日益增长的图书资料 由于现代科学的迅猛发展,记载学科知识的图书资料也与日俱增。可以说,当今图书资料的增长速度是空前未有的。其特点是数量多、内容杂。图书分类法是类分图书资料的工具,"文献保证原则"应成为图书分类法恪守的信条。具体地说,图书分类法应依据图书资料增长、变化的实际情况来安排类目,做到有书必有其类。一般说来,在分类法的编制过程中,是很难预料图书资料的增长、变化情况的,但是,若能随着图书资料的不断增长、变化,而对图书分类法不断地加以修订,就可以较好地容纳日益增长的图书资料。

3. 能较好地满足用户对图书分类法的需要 图书分类法的用户包括图书情报部门和读者。图书情报部门是利用图书分类法来系统组织本单位的图书资料,为读者提供利用之方便的。图书情报部门的工作人员在类分图书时,感到比较棘手的问题之一是有些图书资料在所使用的分类法中无类可归。造成这种现象的因素是多方面的：有的是原体系结构不合理，有的属于类目陈旧，有的涉及到类目概念含糊不清等等。凡此种种，都需要对原分类法加以修订。读者在利用图书情报部门的藏书时，一个很重要的心理，就是想通过馆藏目录，很快能获得所需要的图书资料。诚然，馆藏目录有多种，在我国，分类目录却是读者检索的主要工具之一。从某种意义上来说，分类目录的质量好坏，取决于所用图书分类法。图书分类法陈旧，馆藏分类目录的质量必定不高。所以，只有经常不断地修订分类法，才能提高馆藏分类目录的质量，满足读者从学科系统方面检索图书资料的要求。

二、图书分类法的修订原则

图书分类法的修订应是一项经常不断的工作。尤其是在科学技术迅速发展的今天，其修订工作不仅是一件经常性的事，而且还是一项浩大的系统工程。因此，需要规定一些具体的修订原则。

1. **目的性原则** 这里所指的目的性，是说在修订图书分类法时，应当明确它的发展方向。各种图书分类法因其对概念划分所依据的原理不同，形成的分类体系也不尽相同。不同的分类体系，具有不同的检索功能。因此，在对某一具体图书分类法进行修订时，应依据该分类法自身的特点，结合科学的发展和图书资料的变化，照顾使用单位的情况，确定修订方针。同时，要正确处理好长远发展和现实需求的关系，既要考虑图书分类法的科学系统性，又要照顾图书分类法的实际应用性。任何一部图书分类法一经编成，其体系结构基本确立，而且拥有一定的用户。不是万不得已，不能随意更改，更不能朝令夕改，应当根据实际情况，确定目标，逐步完善和提高。

2. **计划性原则** 所谓计划性，是指在对图书分类法进行修订时，应预先拟定好修订的具体内容和时间，有步骤地进行。

首先，就修订的内容而言，应做到"心中有数"。每次的修订幅度应有一定的计划,即重点应当明确。分类法的修订,不可能作大幅度地调整,应当根据用户在使用过程中所发现的主要问题,结合当前科学发展的趋向、图书资料的变化情况等,有计划、分重点地进行。尤其对于涉及到体系结构、标记符号等重大修订问题时,更应谨慎从事,经过反复调查研究,制定切实可行的计划,万万不可轻率处理。

其次,修订的时间应有一个大致的规定。图书分类法的修订不宜太频繁,从国内外一些主要图书分类法修订的理论和实践来看,一般是7—8年修订一次。因为,图书分类法一经出版,就可能为一些图书情报部门所使用,编制质量较高的图书分类法,使用的单位也比较多。如果改动频繁,会给使用单位造成组织藏书的困难。再者,图书分类法是一定历史时期的产物,只有经过一段时间的使用之后,才可能发现一些问题,对于所发现的问题进行分析、归纳是需要一定时间的。只有经过反复比较,看法才会成熟一些,修订的把握就会更大一些。当然,个别地方的小修小补,图书分类法的管理机构可视具体情况,采用一定的方式予以解决。

3. 文献保证原则和用户保证原则　　如前所述,图书资料的增长,对图书分类法会产生一定的影响。这种影响主要表现是,图书资料增多,图书分类法的类目必然不断加细。像美国国会图书馆图书分类法,就是依据其馆藏现状和图书资料的增长情况来确定修订方针,以确保其适应国会图书馆图书分类实践的。尽管国会图书馆图书分类法有其特殊性,但用文献保证原则来确定图书分类法修订方针的基本精神是可资借鉴的。

贯彻用户保证原则是要求图书分类法的管理机构应经常注重从用户中搜集使用情况,并根据用户提出的意见,确定修订方针,调整修订方案。只有同用户保持密切的联系,才能经常不断地反馈用户对修订的信息,为图书分类法的修订工作制定切实可行的计划。

三、图书分类法的修订内容

总结国内外图书分类法的修订理论与实践,其修订内容可归纳为如下几个方面:

1. **体系结构的调整**　体系结构是图书分类法的骨架。它涉及图书分类法基本部类、基本大类等的设置及其序列的安排。一般情况下,修订工作不应随意改变一部分类法的原有体系结构。因为,体系结构的变动,就意味着原分类法已不能完全适应或完全不能适应科学的发展和组织图书资料的需要,或是说对分类法要进行部分或全部的改造。这样大刀阔斧地修改,用户是难以接受的。但是,现代科学的发展和图书资料的变化,对于分类法的修订确实很重要,若不将其体系结构作相应的调整,就难以适应图书分类的实践。调整方法包括:

①增设基本部类或基本大类。这是一项很慎重的工作,不是万不得已,修订分类法是不会增设基本部类或基本大类的。众多的情况是采用变通的方法,将其应增设而又因其原体系结构的制约而无法设置的内容,分散在各类予以揭示。像《中图法》修订时,对于"综合科学"、"边缘科学"、"横断科学"的处理就是采用的这种方法。

②调整不合理的排列顺序。一般说来,这种作法也只有在极其必要的情况下才予以考虑。如原分类法的体系实在太陈旧,其排列顺序不符合科学分类的客观发展原则,或者某两类之间要增设新的类目等,可作适当的调整。

③改变某些类的体系。这是指某分类法有些类的体系不合理,必须彻底修改。实质上是将其中的某类重新编表。这种局部改动为国内外很多分类法在修订时所采用。如杜威十进分类法,从第16版开始就采用了这一修订方法。实践证明,这种方法是可行的。

④调整类目之间的关系。一般是指类目的隶属关系。如在编制图书分类法时,将某些内容安排在甲类,但经过一段实践以后,分类观点又有了改变,认为有关这方面的内容列入乙类比甲类更为合适。在这种情况下,可依据新的认识调整类目的隶属关系。

2. 增设新的类目 由于科学技术的发展,新的学科、新的事物会层出累见,从而增设新的类目就成为修订图书分类法的一项重要内容。在增设新类目时应注意的问题是:①正确处理好类目间的关系;②保持分类体例的一致性;③尽可能利用空号或借号的方法配备新类目的类号。

3. 删除陈旧的或虚设的类目 随着人们对客观事物认识的逐步深入,以及科学发展的实际,分类法中有些类目的概念会陈旧过时,陈旧的概念是不能适应图书分类工作实践的;另外,分类法中的有些类目长期无图书资料归入,形同虚设。对此,修订分类法时应予以删除或更新,或并入有关类目,使之能跟上时代的步伐。

4. 增设附表或加注仿分 在修订分类法时,会遇到一些共性的问题有必要增加到有关类目中去作进一步细分,为了缩小分类法的篇幅,可采用增设附表或加注仿分的办法。

增设附表或加注仿分是修订分类法的一种较好的方法,它不仅能缩小分类法的篇幅,避免其体系过于臃肿,而且还能给原分类体系赋予新意。由于附表和仿分都具有一定程度的组配功能,修订时,合理地增设附表或加注仿分,会给原分类体系带来很大的灵活性。

四、图书分类法的管理机构

图书分类法的管理机构是负责图书分类法修订出版的权威性常设机构,通常由从事图书分类学研究的专家、学者和有丰富图书分类实践工作经验的人组成。其名称可称为"图书分类法编辑委员会"、"图书分类法中心委员会"或"图书分类法编辑小组"等。

该机构的主要职责是：

1. 负责图书分类法的推广和使用　图书分类法的管理机构应当满怀信心地宣传、介绍新编图书分类法，争取用户。可通过各种形式，如报告会、培训班、在有关刊物上发表文章等，系统地介绍分类法的特点和使用方法；编写实践性强的使用说明，为用户提供学习和使用的方便。

2. 探讨图书分类法的理论与实践　可通过研讨班、学术交流会等形式，组织图书分类学的学者、专家和从事实际工作的图书情报工作者，对图书分类法的理论和实践问题进行专门研究。开会之前要求拟定好课题，其面不宜过宽，每次可集中讨论一、两个问题，对于有创造性的见解，应进行归纳、总结，以利于指导图书分类法的修订工作。

3. 研究图书分类法的现状和前景　通过各种渠道搜集国内外图书分类法的使用和研究情况，并结合科学的发展和图书资料的变化情况，对图书分类法的现状和前景作认真细致的研究，以便制定切实可行的修订计划。

4. 了解用户的使用情况，定期向用户通报修订信息　可通过召开专门会议或用书面形式，了解用户使用图书分类法过程中所遇到的各种情况，征求用户对图书分类法修订的意见，并将所收集的意见进行综合整理，利用简报的形式通报各用户。尤其是经过研究决定的修订内容，可先印发给用户，再征求用户在使用过程中的意见，以求大家对于修订的内容有一个基本一致的看法。

5. 研究电子计算机的应用，实现管理手段的现代化　现代图书分类法，尤其是综合性的图书分类法，其类表的规模庞大，类目成千上万，传统的人工管理方法，难以适应科学的发展和图书资料增长的需要，而电子计算机的强大数据处理功能则为分类法的管理提供了方便条件，它有着人工管理无可比拟的优越性。据了解，世界上一些著名的综合性图书分类法，像《杜威十进分类法》、《国际十进分类法》等,都已采用计算机管理,即把分类表中的每条分类款目,包括分类号、类名、注释、类名的同义词、分类参照、增补或修订的资料全部都输入计算机,予以储存,制成机器可读型分类表,然后由计算机完成管理的各项工作。实践证明,用计算机管理,不仅能保证分类表的准确性,而且可以大大加快修订工作的速度。

在我国,可在借鉴国外计算机管理的基本经验的基础上,结合研究汉字信息处理的成果,迅速建立一套具有中国特色的图书分类法的计算机管理系统,实现管理手段的现代化,把图书分类法的管理工作推向一个新的阶段。

参考文献

1. 张燕飞:略述建国以来我国图书分类法的发展　载《图书情报知识》1987 年第 3 期。

2. 北京大学图书馆学系《图书分类》编写组:《图书分类》　书目文献出版社　1983 年。

3. 许培基:西方图书分类法近年来的发展及其趋势　载《四川图书馆学报》　1981 年专刊之二。

4. 丘峰:我国检索语言文献剖析　载《北京图书馆通讯》　1986 年第 1 期。

5. 戴维民:国外主要图书分类法修订的理论与实践　载《图书馆》1986 年第 3 期。

6. 张琪玉:《情报检索语言》　武汉大学出版社　1983 年。

第九章 图书资料分类标引工作

图书资料分类标引工作,是指对图书资料的学科性质及其他有检索意义的特征进行分析、归纳,以求用分类语言进行描述,赋予排架、贮存、检索以标识的过程。其内容包括图书分类法使用本的调整,图书资料分类标引的程序和图书资料分类标引的质量管理。

第一节 图书分类法使用本的调整

图书分类法使用本,指将选用或各单位通用的标准图书分类法,根据本单位藏书情况和读者检索需要对某些类目作适当调整后所确定的本子。简称使用本。

全国标准的图书分类法,一般是综合性的分类法,它是为全国各类型图书馆、情报单位设计的,适用于全国一切图书馆、情报单位。但由于各个图书馆、情报单位的性质、任务不尽相同,以致对图书分类法的要求不完全一样。因此,各单位可根据各自的性质、任务和读者对象,对图书分类法分别用于藏书排架和目录检索的规定作适当调整。

调整使用本时要注意:一切调整事项不能违背原分类法的编制原则;调整后,在类目序列上不能违背科学本身发展的规律,不能改变类目序列的逻辑关系;新增设的类目应具有检索的意义;在体例上,要求与原分类法保持一致;新增类号应与原配号制度相符;所增加或修改的类目以及类目注释应尽量消除模糊性。

调整使用本的具体方法如下:

一、规定各类详略程度

综合性图书馆、情报单位,一般按照标准的综合性图书分类法既定的详略程度使用;专业性图书馆、情报单位,一般规定本专业的学科类详,关系不大的学科类略,藏书量大的类要详,藏书量小的类要略;若是发展性学科或是本单位发展规划所涉及的学科,虽然目前藏书量少,也不能从略。详可详至分类法的最后一级类目,甚至还可扩充类目;略可略到分类法的第一级类目。

另外,对通用复分表、专用复分表、仿照复分、组配复分等的使用,要根据本单位的实际情况作出明确而详细的规定。

总之,要结合实际做到详略恰当,既立足现在,又考虑将来,尽可能做到调整后的使用本具有相对的稳定性。

二、加深必要的细分

1. 将注释配号列作细目 在分类法中的某些类下,通常用注释的方式列举出一个事物的各个方面或种类,并注明某一种类按照专用复分表细分等。例如,"P618.53 铂和铂族金属"类下用注释将铂族中各种金属矿列举出来了,并在它前面有一总的说明,各种矿床均可依专用复分表细分。其结果,既不能区分出铂族中的某种金属矿,又无法检索某种金属矿的某一方面的图书资料。作为矿冶系统的图书馆、情报单位,就有必要将类目的注释列作细目,采用类号延伸的办法配置类号。

2. 加注使用附表、仿分、组配或增设附表 例如,医疗单位可将"医药、卫生"类中各科各种疾病的"预防与卫生"、"病理学"、

"诊断学"、"治疗学"等共性问题抽出并编成专用附表,供 R5/78 各科各系统疾病细分。

三、集中相关类目

在编制分类法时,为了呈现学科之间的多维关系,帮助分类人员准确地判断类目和正确地标引,采用了"参见"、"交替"、"组配"类目注释以及在总论复分表中设"与其他科学的关系"类目等方法,将某一学科与相关学科联系起来。调整分类法使用本时可利用这些方法将某一学科的相关类目集中。

1. **选用交替类目** 交替类大多数带有标志,如《中图法》和《科图法》大多数用方括弧"〔 〕"将交替类号括起;也有少数交替类是不带括弧"〔 〕",而用注释说明的,也有少数分类法的交替类不带标志而只注释的,如《人大法》只用注释"见×××"表示。在选用带标志的交替类时,去掉"〔 〕"标志和"宜入×××"的注释,变成正式类目;将对应的正式类目的类号加上"〔 〕"标志和"入×××"的注释。若不能去掉"〔 〕"标志,应加注释说明,消除类目间的模糊性。

《中图法》中除了简单的一对一的交替形式外,还有更为复杂的形式,在选用时要注意如下几个问题:

①一类与带有若干子目的类交替,在选用交替类后,若要细分,可加注释,仿原正式类分或将子目调至选用类。

②交替类仅是正式类的一个部分或一个方面,选用交替类后不能将正式类变成交替类,只能在原正式类下加注"×××问题入×××"类。

③一类与多类交替,常是总论与专论的关系。交替类为总论,正式类为专论,选用总论类后将各专论类改成交替类;若专论类在分类表中没有正式列出,而是隐含在主表与附表的组配类号中,只将总论类目的注释修改一下即可。例:

〔G09〕　文化史	K103　世界文化史
宜入 K 历史有关各类。	K203　中国文化史
	K3/7　各国历史专类
	复分表中的"03 文化史"。

选用后：

G09　文化史	〔K103〕　世界文化史
依世界地区表分。	入 G09。
	〔K203〕　中国文化史
	入 G09。
	K3/7　各国历史专类复分表中
	"〔03〕文化史"的类号
	加方括弧后，并加注
	"入 G09"。

　　④多类与一类交替，常是专论与总论的关系。交替类是专论，正式类是总论，若将交替类全部选用，也不能将正式类改成交替类，否则总论性的书籍无类可归，则可在总论性类目下加注"总论入此，专论各入其类"；若只需选用其中一、两类，可按第②种办法处理；

　　⑤一组性质相同的交替类目，有的在专题表中，有的隐含在起止类号之间，若选用其中一个交替类为正式类，对同性质的其它交替类也要作相应处理，并将对应的正式类变成交替类。例：

〔F418〕　世界工人生活状况	D411.7　世界工人生活状况
宜入 D411.7。	
〔F424.9〕中国工人生活状况	D412.7　中国工人生活状况
宜入 D412.7。	
F43/47　各国工业经济专类复分	D413/417　各国工人运动与组织
表〔8〕工人生活状况	（注：参照 D412.7，D413/417 中也包括"工
宜入 D413/417。	人生活状况"）

选用后：

F418	世界工人生活状况	〔D411.7〕	世界工人生活状况 入 F418。
F424.9	中国工人生活状况	〔D412.7〕	中国工人生活状况 入 F424.9。
F43/47	各国工业经济专类 复分表中"8 工人生 活状况"删去类号的 方括号〔〕和"宜人 D413/447"这个注释。	〔D413/417〕	各国工人运动与组织 类下加注"入 F43/47"。

⑥同一类目两种细分方案的交替。这是不带标志的交替,选用时只注明选用何种方案即可。例:《中图法》A 类各经典作家的单行著作既可依著作时期分,又可按专题汇编分,任选其一。

2.有关主类号进行直接组配 "组配编号法"不仅有细化类目的作用,而且还有集中某一类相关图书资料的功能。《中图法》和《科图法》中的组配就是为了这一目的而编制的。专业馆可在原有基础上扩大组配范围。一般可在总论性类目下集中专论性类目;在某一事物类下集中各方面的类目;对于一种理论、一种方法、一种技术在各方面的应用和一门学科与其它学科的关系,可在该事物、学科、理论方法、技术类目下集中,并按该分类法总序列排;但相应的专论性、分论性类目则要变成交替类或加注释说明。例如,力学研究所资料室可将分散在各学科的弹道学和稳定性理论在力学类集中,把相应的类目变成交替类。

O315:TJ012　　　枪炮弹道学
O315:V413　　　火箭弹道学
O317:0344.7　　弹塑性稳定性

这种主类号组配的方法,应该根据类目的性质说明是哪一级类目使用。一旦组配,就要在类表中注明,便于以后继续使用。

3. 集中有关专业的类目　同一事物的多种属性或不同方面,可从不同学科来研究。它们在分类体系中通常是分散的,因此每一事物有多向成族的特点。若专业馆需要将某一事物各方面的图书资料集中,均可将有关类目集中于本专业类,并将相应类目改成交替类或加类目注释。如:水产研究所图书室可将"鱼类学"从生物分类学中调至"水产动物"类下,用类号 S917.4 标记,将 S93 和 Q959.4 类下的注释改为"鱼类学入 S917.4";甚至必要时将 Q959.4 改为交替类号。

四、增加新类目

靠列出类目注释或利用空号或局部改动号码列出类目。例如,"决策论"入"管理学",在"管理学"类下作注释:"决策论"入此。这种新增类目的措施,特别是利用空号或局部改动号码列出类目,要慎重,要与分类法的管理机构取得联系,以便统一管理。

五、修改类目和类目注释

对于不明确或不适用的类目及类目注释进行修改,消除模糊概念,以便使类目的含义和收书范围更加明确。例如,军事类"E922.9 其他"类下的注释为"特殊用途、特殊性能的武器(如:试验枪、信号枪、钢笔枪等)以及激光武器等入此"。

第二节　图书资料分类标引程序

图书资料分类标引程序类似工厂生产某种产品的操作过程,每一道工序都必不可少,而且每一道工序的操作运行情况直接影响到图书资料分类标引的质量和速度。因此,在对图书资料进行具体分类标引的过程中,必须按照一定的步骤进行。

图书资料分类标引程序主要有五个环节。即:查重—主题分析—判断类别—标引类号—校核。

一、查重

查重,也称查复本,即查看本单位是否已收藏将要分类标引的某一书的过程。所谓复本,是指书名、作者、译者、内容、版次等完全相同的图书资料。对于某一图书的重印版、再版,只要内容不变也称为复本;对于只是出版发行项,甚至责任者项也有变化(原集体作者后改为个人作者或反之),而在内容上仍然相同的图书,也作为复本;只有在内容上作了修改的,才算"新版本"。

查重的目的是为了杜绝同书异号的现象,使同一种图书资料分类标识保持前后一致。复本书的每次入藏是常有的现象,又要求先后给予相同的分类标引以保持其科学性,频繁的工作中是不可能准确无误地记清所有先入藏图书资料的类号的,更何况还有接替别人工作的情况,故必须先经过查重这一机械而科学的步骤。

查重的方法是:以公务书名目录为依据,与图书资料的各个拟著录项目逐一相对照,若完全相同,是复本,就将原图书资料的索书号抄录在书名页的右上角,并注明复本;或者抽出原卡片夹于书内,便于照原索书号制作书标和加复本财产登记号于原卡片上。对于版次不同的图书资料,虽然不作复本处理,但仍抄录原索书号,再加区分号,或改区分号,构成新的索书号,并抄录原目录分类号,就可完成分类标引工作。若不是复本,则作新书,另行分类标引。

二、抽统编卡或查看"在版编目"

待分的图书查重以后若是新书,就要抽统编卡或查看"在版编目"。

统编卡,也称铅印提要卡,是统一编目的产物,上面记载有一本书的有关项目,其中包括该书的分类号。凡由我国发行的中文、西文、俄文等图书资料均编印有统一卡片,发行时有比图书先到馆的。统编卡到馆后有的按书名字顺,有的按出版社代号的顺序排列起来,待图书到馆后抽出相应的统编卡,进行核对。统编卡上的分类号可供图书馆、情报单位直接采用或参考。在采用此类号时要注意几个问题:

①各单位可根据本馆的分类细则作必要的细分或粗分;

②统编卡上的分类号适用于综合性图书馆、情报单位,专业馆可根据本单位的需要在允许的范围内作必要的调整;

③对多主题的图书资料,而统编卡上只有一个分类号,若有需要,还可深标引,为读者提供多种检索途径;

④统编卡上的分类号也有不准确的,要将图书资料的内容、图书分类法的使用本、公务分类目录三者进行核对,确认无误,方能采用;

⑤如果本单位使用的分类法与统编卡上使用的分类法不是一个体系,统编卡上的分类号虽不能采用,但可作参考;

⑥统编卡有比图书迟到一段时间的,对读者急需的图书资料可先编带有索书号的临时代用卡(不必做详细著录),待统编卡收到后再更换。

"在版编目",指图书在出版过程中,集中编目部门根据出版者提供的校样先行编目,把编出的款目印在图书资料上。"在版编目"的款目中标有该书的分类号。

我国1956年开始使用《人大法》17大类的分类号作为统一书号的组成部分。这个统一类号太粗,不能确切地表示图书资料的内容主题,不利于读者检索,一般只适用于书店上架陈列。书目文献出版社出版的图书,有的将《中图法》的分类号印在版权页上,暂称它为"在版分类标引"。此分类号较详细,可作为排架和一般检索用。

出版物的"在版编目"，除北京大学出版社出版的部分图书印有之外，其他出版社还在酝酿之中。英、美、苏和西欧其他一些国家的图书常有"在版编目"，分类标引时，可参考其中的类号。

待分的新书，如果既无统编卡又无"在版编目"可参考时，就直接对其内容进行主题分析。

三、主题分析

主题分析，是对图书资料组成部分浏览后，判明其属性特征，明确其主题性质，并试归其所属学科门类的思考过程。在这个过程中，要采用各种方式和方法。

四、判断类别

判断类别，是根据图书资料的学科主题性质，到图书分类法中找其所属相应具体类目的审视过程。在这个过程中要采用各种方式和方法识别类表体系结构、类目涵义和收书范围。

五、标引类号

标引类号，是用图书分类法中的类号来表达图书资料主题性质的标识过程。在这个过程中，根据图书资料的学科内容，主题多寡，出版编辑形式，读者对象，作者意旨等特点，采用恰当的方式和方法，准确、一致、适度、及时地标引出来。

六、编制分类索书号

馆藏图书资料按分类方式进行排架，给标引类号以后还得编书次号（即同一类号里许多图书资料的排列次序号码）。藏书排架中的分类号和书次号总称为分类索书号。

当一书标引有几个目录分类号时，则选择其中一个作为排架分类号;当一书只标引有一个目录分类号时,此号又是排架分类号。排架分类号中书次号的种类,主要有字顺号、种次号和年代号。就其程序来说,都要查阅公务分类总目录,防止异书同号。最后标出的索书号和目录分类号用铅笔写在书名页的右上角,待校核。

七、校核

对于一本书按照上述环节进行之后,还有最后一道工序——校核,以全面检查标引质量。校核的具体内容是:

①图书资料的学科内容和外表特征是否得到充分地分析,如论述的重点和精华是否分析出来了,有情报价值又符合读者需要的隐含主题有无漏掉;

②主题概括是否准确、恰当;

③辨类是否准确,是否与以前馆藏同类图书归类一致;

④标引的类号是否充分、完整、准确,书写是否正确,如除了排架分类号标出以外,应有的互见分类号、分析分类号、综合分类号等是否均已标引;

⑤分类索书号是否达到个别化。

只有上述内容校核无误后,分类标引才告结束,并转到编目加工的下一工序。

校核这一环节是分类标引质量的把关口,要由具有分编工作经验和仔细、认真、责任感强的人员来担任,否则会失去校核的意义。

第三节　图书资料分类标引的质量管理

图书资料分类标引的质量如何,直接影响到对图书资料的科学管理和检索利用的效率。

一、分类标引的质量标准

图书资料分类标引的质量标准,归纳起来有十个字:充分、准确、一致、适度、及时。

1. 充分　所谓充分是指对图书资料的学科内容和外表特征既要全面分析,又要有针对性地分析。全面分析是为了深度标引其特征,针对性分析是为了有效地标引其特征。所以,对某一图书资料的特征,从整体到部分、从重点到一般均要分析出来,其中特别是对读者有参考价值的部分不能漏掉,无论其内容的主题是显性的还是隐性的,是单元的还是复合的,是单个的还是多个的都应如此。

2. 准确　所谓准确是指辨类、归类准确无误。即图书资料分类标引时赋予的分类标识符所代表的概念与其学科内容、外表特征完全相符或基本相符。也允许根据本单位性质、任务、读者对象作概括标引或上属标引。机器检索要求分类标识符尽量专指,以便提高检准率,满足读者检索时的求准心理。

3. 一致　所谓一致是指要求对同一种图书资料,先后所赋予的分类标识符一致,标引的深度相同,标引的方式一致。在一个单位,对于同一种图书资料,无论其版次和出版年有什么不同,也无论该单位的分类法更换多少次,其排架分类号以及目录分类号前后都应保持一致,以便提高检索效率。

4. 适度　所谓适度是指对图书资料分类标引深度要适中。标引深度是指对图书资料的学科内容和外表特征揭示的详略程度。揭示得详细,标引的类号多,为深标引;揭示得概略,标引的类号少,为浅标引。标引时,不能将分析的结果无选择地一一标引,也不能无故地遗漏有情报价值的主题,一定要根据读者的需要进行适度标引。这一点对于专业性图书馆、情报单位尤为重要。同时,不同的检索手段,其标引深度的标准也不一。手工检索要求每本书、每份资料其分类号控制在 1—3 个以内,而机检可多达 1—5 个。分类标引的作用不同,其分类标引深度也不相同。供检索用的分类号稍多些,供排架用的分类号只能一个。

5. 及时   所谓及时是指快速地标引加工。对图书资料标引时,在保证质量的前提下,注意效率的提高。及时地揭示和传递最新情报信息,是当今信息社会的要求,也是图书分类目的、任务的要求。

二、分类标引质量的制约因素与管理方法

图书资料分类标引质量受到多种因素的制约,如果管理得当可将不利因素化为有利因素提高标引质量。

1. 分类人员的素质   图书资料分类标引工作是智力性和技术性的综合劳动。作为一名合格的分类人员除了具有能胜任工作的体魄外,还应具备有一定的知识和修养。

①要有相当的图书情报基础知识和工作技能。就是说,所具备的图书情报基础知识能胜任分类标引工作。起码的要求是:

a. 熟悉本单位使用的图书分类法,并能用来标引图书资料;

b. 要有阅读、分析、概括、提炼图书资料的主题并较准确地归类的能力;

c. 会使用工具书解决分类标引中的疑难问题。

②要有广博的基础知识和合理的知识结构。当然,知识的广博不是漫无边际,而是有一定的限度。知识结构的合理也不是绝对的,而是相对的。

在标引工作中,分类人员要接触各种学科的图书资料并要能快速而准确地类聚和区分。图书分类法有序地汇集了当今世界差不多的科学知识,分类人员不仅要熟悉它而且要应用它,不仅应用它标引记载现有学科知识的图书资料,而且还要标引记载反映新

学科、新技术、新事物的图书资料，也许它们在分类法体系中未列出明显类目或上属类目。从总体上来看，分类人员面临的是多学科的知识海洋，然而就某一个单位而言，分类人员所需要的是有限度的广博知识。所以分类标引人员应根据分类标引工作的具体要求，本单位的性质特点、藏书范围、读者对象、本身承担工作的学科范围以及本人的兴趣爱好等有计划地学习相应的基础知识，并逐步建立自己的知识结构。具体要求是：

a. 从总体上把握各学科研究对象、内容范围、分支学科、学说派别、历史现状及各学科之间的联系与区别等，特别对新学科、新技术、新问题也应略知一二；

b. 与该单位专业有关的学科应能稍微深入地了解，对本专业学科亦应尽量专深地了解。

这样，分类人员不仅能较准确地概括图书资料的主题，而且能正确地理解图书分类法的体系结构、类目涵义和收书范围，使图书资料归入较恰当的门类。

③要有能胜任工作的外语水平。分类标引人员（尤其是从事外文分编的人员）应较熟练地掌握 1 至 2 门外语，对于其它文种的图书资料也要能借助字典或有关工具书判断其内容的主题所属学科。

④要有良好的职业道德。分类标引人员虽然不直接接触读者，然而他所做的工作却是面向读者的。因此，应研究读者的检索心理，如求准心理、求快心理、求新心理、求全心理等。为了满足读者的检索需求，分类人员应当认真负责、一丝不苟、周密细致、勤学好问，踏踏实实地把工作搞好。

2. 规章制度 对图书资料进行分类标引时，若无详细的标引规则，分类标引人员的随意性、主观性就会导致分类标引的不一致性。若组织管理不合理，无定额制度，无奖惩制度等，就不能很好地挖掘分类标引人员的潜力，发挥他们的主观能动性，以致影响工作效率。因此,图书资料分类标引工作要想达到较理想的标准,必须制定切实可行的规章制度,进行科学管理。具体的规章制度主要有如下几方面:

①分类标引细则。分类标引细则是从事分类标引工作的准则。它是在分类标引的要求和方法的基础上,结合本单位历年来工作实际和读者检索习惯而制定的具有本单位特色的若干条例。具体包括:

a. 使用分类法及确定使用本的原则和方法;

b. 所用书次号的选定;

c. 分类标引程序和具体操作过程的规定;

d. 有关门类及其图书资料的特殊分类标引规则;

e. 分类标引深度的规定。

这些方面在一书进行分类标引之前就要有所明确,以后在保持相对稳定的基础上,根据反馈信息和实践经验,再逐步作必要的调整补充,使之日臻完善。

②工作责任制。在分类标引过程中,将分类标引人员必须承担的工作和必须明确的职责规定下来,并严格付诸实施,这样所形成的一种制度,称为分类标引工作责任制。具体做法各单位不尽相同,一般可采取填写工作单的办法。当一定批量的图书资料按期分编完后,可在工作单下注明数量、质量、完成的日期、出现的问题,并签名负责。这样可增加责任感,促进工作质量的提高。

③定额管理。在单位时间内同等条件下,分类标引质量的指标,称为图书资料分类标引定额标准。它是图书资料分类标引工作科学管理的具体内容,是完成分类标引计划的具体措施,也是充分发挥分类标引人员能力的好办法。因此,要求所制订的定额标准既先进又合理。注意事项如下:

a. 标准不能过高,也不能过低,更不能过死,应有一个波动的幅度;

b. 应以本单位多年来的工作情况为基础,结合目前担任分类标引工作人员的素质,参考外单位(同等条件)的定额标准,再拟订出本单位的定额标准,或记分标准;

c. 分类标引定额标准应和本组(部)编目、加工、排片等工序一起制成一个完整的分编定额指标;

d. 定额管理不是目的,只是达到目的的一种手段,在适当落实到人的同时,应以组(部)为单位,在岗位责任制的基础上分工协作,发挥集体的力量;

e. 岗位责任执行和定额完成的情况,可作为提薪、晋级、评奖的主要条件,但不能作为唯一的依据,因为它们还受到外因和内因的干扰,往往有所变化,况且它只能说明问题的一个方面,而不能代表全部。

④检查制度。在岗位责任制和定额管理的基础上加强质量的检查,使标引质量得到保证。检查的内容包括岗位责任执行情况;定额标准完成情况;标引结果是否符合细则标准等等。对成绩要肯定,对差错要分析研究,找出原因,并及时制订出改进的措施。可采用自查、互查或全组总结工作的方式,将每一阶段检查的结果记载下来,最好建立一套检查索引卡片,按日期排列,供日后总结工作、提薪、晋级、评奖时参考。同时要注意分类标引效果的调查。通过流通部门了解读者检索是否方便,分类标引是否准确,是否满足了读者的检索深度;通过典藏部门了解索书号是否有差误,是否有同书异号或异书同号的情况等等。根据这些反馈信息,进一步调整分类标引工作的各个环节。

⑤奖惩制度。有奖有惩,这是分类标引工作科学管理的一项重要措施。它能防范有损工作的行为,鼓励分类标引人员积极性和创造性的发挥,使分类标引环节运转正常,并能不断提高工作效率。奖惩的具体活动,因单位、工作而定。奖惩制度不是目的,是提高工作效率的手段,因此,奖惩要适度。

3.图书分类法的管理　图书分类法是类分图书资料的依据和法规,是影响图书资料分类标引质量的关键因素。若图书分类法本身不健全,如:科学体系不严谨,某些部分列类标准混乱,类目概念模糊而注释不明确,类目必要的概括性或专指性、排它性弱,类目之间组配能力差,标记符号繁琐,容纳性、规律性差,又无主题相关索引等,用这样的分类法来标引,其结果不堪设想。这就要选择并管理好图书分类法。我国现行的几部分类法不愧为"依据"和"法规",然而多多少少也有不合理的地方,需要不断地修订以臻完善。

选定某图书分类法后,在调整图书分类法使用本时要作记载,以便使用起来有据可查,有规可循,有利于分类标引的准确性和一致性。

4.分类标引方法　对图书资料进行分类标引时要赋予恰当的标识符,没有分析、鉴别、标引的方法是达不到目的的。因此,分类人员都应掌握分类标引方法。

5.改编图书资料和改组分类目录　改编图书资料和改组分类目录是图书馆藏书为了适应图书分类法的变化而采取的两项措施。其目的是为保持图书资料分类排架和分类目录各自的一致性。如果在改编和改组的过程中,态度不认真,方法不得当,非但达不到目的,反而会搅成一团乱麻。因此,各单位在进行这项工作时要慎重对待,具体的方法在《图书馆文献编目》教材(如傅椿徽主编《图书馆文献编目》　武汉大学出版社　1989 年)中作了详细的叙述,这里不再赘述。

6.标引质量分析　对已标引的图书资料,积累到一定程度后,应进行标引质量分析,若发现问题应及时改正。标引质量分析的标准就是前面提到的"充分、准确、一致、适度、及时"。分析的方法可采用抽样的方式和调查访问的方式。前者从定量上进行分析,后者从定性上进行分析。

参考文献

1. 张琪玉：体系分类法中的交替类目　载《图书情报知识》　1982 年第 2
期。

2. 刘湘生：关于文献标引方法与步骤　载《黑龙江图书馆》　1983 年第 1
期。

第十章　分类标引分析方法

对图书资料进行分类标引前,需采用一定的方法对其内容主题和分类表的内部规律进行分析,从中找出两者的相符点或基本相符点,方能标引。具体采用哪些有效的分析方法,是本章所论述的内容。

第一节　图书资料属性辨析法

认识图书资料的目的,在于了解其学科性质和外表特征,并从中提炼出分类标引的依据——主题及其各种因素。

一、浏览归纳法

浏览归纳法,是指分类标引人员让自己的视线快速移动,扫视图书资料的题名、内容提要、文摘、纲目、前言、后记、序跋等,从中提炼出描述图书资料属性的概念,并将这些概念综合起来,选择出共性的概念,再归纳成主题,以便判断其属性。

1.题名分析　题名(包括副题名),是指图书的书名,期刊的刊名,文章的篇名等,是图书资料直接表达或象征、隐喻其主题内容特征的名称。题名一般能反映一本书、一份资料的内容性质,特别是自然科学图书资料其相符性较强。有人对多学科资料的题名与内容的相符性曾作过定量分析,其结果是社会科学完全相等达84%,自然科学完全相等达89.3%。这说明一般依据题名就能判断该图书资料的属性及所属学科。但切忌只凭题名分类标引。因为不少题名的概念不能准确地反映图书资料的学科内容。有的题名概念过窄,包括不了书的全部内容,例如,《托尔斯泰著作研究》一书,内容很广,不仅论述了托尔斯泰对著名作家的评论,还论述了当时俄国剧坛的概貌以及其他有关的问题;有的题名概念过宽,而内容过窄;有的题名是模糊概念,不能精确地反映书的内容,如《"轻薄短小"的时代》一书的题名就是如此;有的题名概念无学科性质,如《你知道吗?》;有的题名只有象征性的意义,如《笑笑笑》等。这说明还有10%—15%的题名情报性弱或无情报性,还需采用其它的方法和途径深入了解。人的认识是由片面到全面,由现象到本质,由模糊到精确,题名仅仅是图书资料很小的组成部分,有时给分类人员留下模糊的印象是完全可能的,要想使认识进入本质,达到全面以致精确,必须要对图书资料深入地了解。

2. 提要鉴定 内容提要是对图书内容作简要的描述,以补充书名中未包含的情报内容,有的还说明了使用范围、读者对象以及简短的评论。

文摘是对资料内容不作解释和批评的简短叙述。

审阅上述两者以后可以获得关于某图书资料的学科内容、使用范围和读者对象等信息。例如,前面提到的一本模糊题名的书《"轻薄短小"的时代》,仅从题名是无法判断该书内容的,在阅读其内容提要后方知:轻、薄、短、小是当今顾客对商品需求的特点,该书详尽介绍了日本各企业为顺应产品的特点所作的种种努力,以及取得成功的诀窍。根据这些信息,分类人员可以作出这样的判断:这是一本关于工业经济的著作。

我国和苏联出版的图书,一般都有内容提要,其它国家出版的图书资料有的有内容主题介绍。但是,许多图书资料却无内容提要或文摘,其不足可由图书的其他部分,如:作者、编者、出版者的话、前言、后记、序、跋等来弥补。因为这些部分能提炼出描述图书内容的概念。作者、编者的名字看起来只是简单的一个名称,然而透过名字可以得到学科信息,因为作者研究的学科均有方向性。当着到一书的作者是冰心或巴金时,一般可推测是文学方面的著作;如果作者是竺可桢,一般可推测是气象学方面的著作等。但是,有的书仅凭作者是不能准确判断其内容主题的,有的作家多才多艺,有的科学家是多学科专家,他们的作品或著作不局限于某一学科;更何况绝大多数的作者是我们不熟悉的。这时,透过出版者也能获得一点学科信息。因为每个出版单位往往有一定的出版学科范围。如"中国少年儿童出版社"出版的多是儿童读物,"科学出版社"出版的多是科技书籍;"书目文献出版社"出版的多是图书馆学和情报学、档案、图书发行等方面的著作等。但也不尽然,如煤炭工业出版社出版了文科书籍。这说明出版者也只能作为参考。

3.**纲目审视**　纲目是指一本书的目次和各章节及其大小标题形成的逻辑结构图,是一部书内容的框架,是全书的缩影,也是作者逻辑思维的显示。分类标引人员审视一书的纲目,等于被作者引着浏览全部图书,让图书的大概内容在脑子里留下印象,然后调动大脑里已贮存的各种知识,将这些印象归纳成图书的主题,以便标引。这种方法可使分类人员准确全面地了解图书的大概内容和作者的写作思路及写作目的,还可发掘隐含的学科内容。

上述三种浏览的途径和方法,可以达到对一部书由表及里,由部分到全面认识的目的。后两种方法是对前一种方法的补充,而第三种方法是对第二种方法的补充。题名分析的速度最快,但准确度弱;纲目审视,效果最好,准确度高,但速度慢;提要鉴定的效果和速度介于两者之间。

分类标引人员要想提高浏览的效率,应注意两点:一是本人的浏览方式。要让自己的视线快速地移动,扫视文摘、提要、前言、后记以及某些重点段落中的每一行字,而且只注意每一行中少数几个重要的字,一次"扫视"3—5个字。二是注意作者强调学科内容的方式。一部书的作者,为了强调该书的学科内容或中心意思,往往采取一定的方式。如设置小标题,在段落之间转折和在联系处设一定的标志,在"综上所述"、"总而言之"之后对上述内容作简短概括的论述,在重要的地方加着重号或排印时用黑体字等。这些地方信息量大,浏览后基本上能快而准地掌握该书的学科性质。

若分类标引人员对某些图书资料经上述浏览之后,由于自身知识结构欠缺,对其内容的理解仍然处于似是而非的模糊状态,那就要查阅工具书或请教有关专家进行学科内容鉴定,以求其解。

二、主题分析法

所谓主题分析,就是在了解图书资料的一切属性的基础上,将其内容分析、归纳成一定类型的主题,并根据本单位读者的需要选择恰当的主题,再依据主题的结构,初判主题所属学科的过程。

所谓主题,在不同的语义环境里有不同的涵义,在图书分类里指的是对图书资料的学科知识所作的概括性语言描述。即使图书资料论述的对象就是某事物或某事物的一个方面,分类标引时,还得依据该事物或事物的方面所属学科标引。因为图书分类的主要目的是揭示图书资料的学科性质,所以图书资料的主题内容包括事物、学科、现象、问题或事物的一个方面、一个部分;学科的一个分支;问题的一个侧面,以及一切作为研究对象并且有检索意义的事物概念。

1. 主题类型　图书资料的主题是对其学科知识所作的概括性语言描述。主题如何称谓,采用不同的划分标准就会有不同的名称。如下表所示:

划分标准	主题名称
依主题的重要程度分	1. 主要主题 2. 较次要主题 3. 次要主题
依主题的数量多少分	4. 单主题 5. 双主题 6. 多主题
依构成主题概念的多少分	7. 单元主题 8. 复合主题
依主题所属学科分	9. 一维主题 10. 多维主题
依专业范围分	11. 专业主题 12. 相关主题
依主题清晰程度分	13. 显性主题 14. 隐性主题

除此之外,若再按另一标准划分,还会形成另外一些称谓的主题。只有对图书资料内容主题分析清楚了,才能采取合适的标引方式和方法。

2. 主题结构　主题结构是指构成某图书资料主题的各种概念或因素。分类标引人员将图书资料的各种属性提炼出来后要用一概括性主题来描述,该主题可按作用与地位划分为主体概念、通用概念、位置概念、民族概念、时间概念、图书资料类型概念(简称类型概念),或称主体因素、通用因素、位置因素、民族因素、时间因素、类型因素。

主体因素是主题中最能表达图书资料内容的因素,一般指图书资料内容所论述或研究的对象、学科及其分支,事物及其方面,事物的一部分,某一问题或现象等。通用因素是主题中次要部分,只表达图书资料内容中的通用意思，一般指理论、方法、设备、维修、安装等。位置因素是主题中的主体所处的空间，即地理位置，一般指地区、国家、地方等。民族因素是主题中的主体所属的民族。时间因素是主题中的主体所处的时间，一般指年代、时代、季节等。类型因素是指主题中图书资料写作体裁和编辑出版形式，一般指丛书、文集、手册、年鉴等。

在主题分析阶段，主题概念所用的词或术语可以是分类标引人员自己选定的；也可以是图书资料本身的，即用自然语言来描述一个主题。只有在分类标引阶段才将概念转换成规范化了的分类法语言。因此用什么词或术语描述图书资料的各种概念就比较自由，词序也无需考虑，因为分类法的体系已固定，组配顺序也作了明显的规定。

3.主题属性　　对图书资料进行主题分析的目的就在于确定该图书资料属于哪个知识领域，属于什么学科或其组成部分。单元主题只有一个概念，只要判断这一个概念属于何学科、何类目，即可标引；复合主题结构复杂，概念多，有的概念还要分层次，如何依据这些概念判断主题的属性呢？其办法有下面几种。

①题名截取：将组成题名的各种概念用斜线"/"分切，使各自概念明晰，并从中截取主题需要的各种概念，随之除去与主题关系不大或无意义的概念。

题名截取分两个层次，首先从题名的多个概念中截取主体因素和其它因素，然后从主体因素中截取中心概念。主体因素是判断图书资料所属学科的主要依据，而中心概念是进一步判断图书资料所属学科中某一具体类目，其它概念是对主体因素进一步限定，使之清晰，以便准确标引。从题名多个概念中截取主体因素可采用提问的方法，凡题名中能回答图书资料论述的是什么的概念，就是该图书资料主题中的主体因素。

例一，《中国/古代/思想家列传/编注》

例二,《实用/农业技术/顾问》

前者论述的是"思想家传记",后者论述的是"农业技术",因此,"思想家列传"和"农业技术"分别是它们的主体因素,分别属于哲学类和农业科学类。而前者的"中国"、"古代"、"编注"分别为地区因素、时间因素、类型因素,是对主体因素"思想家列传"的进一步限定和说明。后者的"实用"和"顾问"两概念对检索无意义,应截去。这两个题名经过概念分析之后,可归纳成主题——前者为"中国古代思想家传记",后者为"农业技术"。

在截取概念时要注意,若只截取主体因素,而忽视了次要因素,就很容易使主体因素由精确变得模糊;如果忽视主体因素,则次要因素的模糊性更大,这样是不会达到截取的目的的,因此要准确、全面地截取题名中每一个因素。

②题名释义:图书资料的题名是作者采用自然语言来概括其内容的,有的题义明确,有的题义费解,对于后者可用明确的语言进行解释,并拟成主题,以便判断其属性。

例:《怎样运用线性规划解决农业经济问题》一书,首先将题名进行概念截取:"怎样运用/线性规划/解决/农业经济/问题",其中"线性规划"和"农业经济"均为两个主题的主体因素,两者是应用与被应用关系,题义为"线性规划在农业经济中的应用",该书应入经济类中的"农业经济"。题义这样解释后,就能比较全面、准确地进行分类标引。

注意:上述两种方法只适用于相符性题名的图书资料。

③题名透视:对于不相符性题名的图书资料其属性判断比较复杂,要透过题名的字面意义,将浏览提要、摘要、前言、后记、目次、重点章节等获得的信息综合概括成主题,然后判断其属性。

例一,《新的综合》一书,其题名是模糊的,透过题名浏览提要,获知是"介绍一门新的边缘学科——社会生物学"的,其主题及其主体因素均为"社会生物学",属生物科学类。

例二,《我的日记》一书,题名是一种写作体裁,不能反映其内容的学科属性。透过题名,浏览内容提要、目次后方知是作者当年的日记,再现了刘伯承、邓小平等领导同志在淮海、渡江战役中的经历。其主题可概括为"中国无产阶级革命家传记",属中国革命家传记类,其隐含的主题为"中国解放战争史",属中国历史类。

总之,要对主题进行分析,使组成主题的各种概念能较全面、准确地反映图书资料的属性,以便依据图书分类法进行标引。组成主题的各种概念在体系分类法中具体体现为:主体概念在主表中展示;通用概念、时间概念、地理位置概念少量的在主表中显示,大量的在附表中序列;类型概念绝大多数在附表中反映,少量的在主表的特定几个类中列出。要使各种概念转换成分类语言,并准确地标出类号,还需要掌握图书分类法。

4. 主题选择   对图书资料的主题分析出来后,是否全部标引;特别是多个主题的图书资料,每个主题所属的学科或类目是否全部标引;对于复合主题的每个概念所属的学科或类目也是否全部标引,不能一概而论,应有选择地标引。选择的原则是:①该主题或概念是否能揭示图书资料的内容;②该主题或概念是否具有情报性;③该主题或概念是否是本单位读者需要的;④该主题或概念是否是最新的科研成果或创造发明。若是肯定的,就应该标引;若是否定的,就该舍去。

综上所述,上述辨析图书资料属性并形成主题的方法,使图书资料的属性由松散到聚集,由模糊到清晰,以致形成有一定逻辑结构的主题,从整体上把握住了图书资料的属性,为下一步的分类标引打下了可靠的基础。

第二节　类表体系识别法

图书分类法的类表是分类标引的主要依据,分类标引人员必须对其内部规律了如指掌,方能较准确地标引。下面以体系分类法为例,叙述识别类表规律的方法。

体系分类法的类表,由大千世界中的各学科、各事物按照一定的原则和方法编成。它以科学分类为基础,同时受到人为的控制,并以直线的形式呈现出来,然而又采用了一系列的科学方法,使各学科、各事物之间固有的主要的关系联系起来,形成了一个隐性的网络体系。对于这个既直线又网络的体系要透彻地认识它还是不容易的,可采用一些具体分析的方法对其进行剖析,也许能找出其内部的一些规律。这些方法可概括为:纵向分析法、横向比较法、注释鉴定法、规则推理法、图表解析法、类目参照法等。

一、纵向分析法

类表体系按照概念划分和概括的原理,将各种概念以直线的形式由大到小地纵向排列。分类人员就顺着这直线由上至下或由下溯上地浏览分析,找出它们之间的联系和区别。

1. 纲目递进　类表由基本大类、简表、详表逐级展开而成,可以说基本大类是简表的纲目,简表是详表的纲目,根据纲举目张的道理,认识类表首先从基本大类开始,逐级递进。

通过浏览基本大类和编制说明,可以得知该类表设立了多少基本大类,为什么要设立这些类,这些类排列先后次序的根据是什么,与时代的特点是否相吻合,与分类法的职能是否相称等。

浏览简表可以了解类表的概貌。每一大类又划分了多少小类和更小的类,每一大学科又划分了多少分支学科和更小的分支,目前已出现的新学科是否都已包涵,每一级类目各按什么标准划分等。

浏览详表的纵向类系可以获悉:若干类目的概念依据它们之间的联系由大到小,从上至下地排列起来,形成一个有从属关系的逻辑系统。这逻辑系统的书面形式是逐级递进式序列,将上、下位类的关系显示得一清二楚。使得这逻辑系统具有这样的性质:下位类的属性包含在上位类之中,上位类的某些属性为某一下位类所揭示;所有下位类属性的总和等于其上位类的属性;上位类对下位类是包含关系,而下位类对上位类是依存关系。因此,在类分图书资料时,能分入下位类的,一定能入其上位类;但能入上位类的不一定能入任何一个下位类。

通过纲目递进的浏览方式,基本上从宏观上把握了类表体系。

2. 链式句读 类表纵向是具有从属关系的类系。有人形象地称这类系为"链式结构"。它的第一种意思就是像一条长链一样,要一环扣一环,中间不能有脱环的现象,否则就会造成类系的混乱,使某些图书资料无确切的类可归。若"宗教"这样列类:

宗教

大藏经

基督教

这个类系中脱掉了"佛教"这一环节,使得大藏经提高一级与基督教成了同位类,这就乱了套,同时,使论述佛教的图书资料无类可归。因此,链式句读可发现类系的脱环情况,一旦发现,可采用补环的方法,列出完整的类系,分清该类的上、下位类关系,方能较准确地进行标引。

链式结构的第二种意思是类系中各类目是层层限定、相互制约的。即每一下位类的属性都要受其上位类制约,而上位类的涵义和收书范围在下位类中基本得到显示。但初学分类的人往往不懂得这条规律,当拿到一本书判断出主题之后,就急于到类表中从

266

头至尾地寻找与主题相同的类名。看到一个类名与主题在字面上相符或基本相符时就立刻标引。如此草率从事,其正确的机率是很低的。例如,有一本日本文学作品《少女的故事》,查阅《中图法》文学类,首入眼帘的是"I207. 427 故事"类,就入这一类吧! 但继续往后看,会发现不少处有"故事"这个类名,到底入哪一类恰当呢? 此时可采用追溯法,顺着链式结构追溯,即由此类向它的一系列上位类追溯,看其属于何类。故事→新体小说→小说→各体文学评论和研究→中国文学。追到此,发现了两个错误;①这是关于故事的评论和研究类系,而不是作品类系,而该书是作品;②这是中国文学类系,而该作品是日本文学作品,应入日本文学作品类,即"故事→小说→作品→日本文学"。因此,在类分图书资料时,不能只看类名,一定要顺着链条往上看,追溯到足以明晰该类的含义为止。当判断"日本文学"类收些什么图书资料时,也可顺着链条从上至下浏览,根据所列出的下位类,概括为三个方面的内容:日本文学作品的评论和研究、日本文学史、日本文学作品。

二、横向比较法

类表中各类目之间除了纵向关系外,还有横向关系。体现在同位类、参见类、交替类、总论与专论类、组配类、仿分与被仿分类以及专类附表等类中。类目的这种横向关系使类表成为一个隐性网络结构。在这个网络结构中某一类的涵义和收书范围除了受到它的上位类、下位类的制约外,还要受到上述各类的限制。因此,有必要采用比较的方法弄清它们之间的联系与区别及其内部规律,以消除某些类目含义不明的模糊现象。

1. 同位比较   分类标引时,常常遇到某一图书资料的内容既能入某类,又能入其同位类。这是为什么呢? 又如何解决呢? 例如,"果核小装饰品圆雕技法"一文,既可以入 J312.1,又可以入J313. 2,更可以入 J314. 9。其原因是雕塑技法具有材料、题材、体裁和样式的属性,而这些属性分别都能首先构成相应的雕塑法而聚类。若类表仅依其材料这一种属性序列类目,该文入 J314.9 即可。然而该类表采用多重列类法,不仅依其材料而且也依其题材、体裁和样式等多重属性列出类目,使得 J312、J313、J314 之间有交叉的现象,因此使一文出现能同时入三类的情况,而这三个类可以看作是同位类。

《中图法》类表中这种情况还不少,这说明类表中的同位类有两种,一种是具有并列关系的同位类,一种是具有交叉关系的同位类。若某一类目每一度划分只用一个标准(一种属性),这些直接划分下来的类目彼此之间称为同位类,它们是并列关系,在外延上是互相排斥的。因此利用并列关系的同位类分书时,只能入某类,不可能入其同位类。若某一类目在同一度(层次)上采用多个标准(多种属性)划分下来的类目在形式上是同位的,而在内容上就是交叉的,在外延上就有部分重合。因此利用交叉关系的同位类分书时,既能入某类,又能入其同位类。分类人员遇到后一种情况时,应根据分类标引的职能而定。对于分类排架来说,类表上应写出明确的注释,是入最前类还是入最后类,两者只能择一。对分类检索来说,可采用最前标号法或最后标号法,或用组配标号法、互见法均可。

通过同位类比较,还可发现其排列也遵循一定的规律。即从一般到个别,从抽象到具体,从低级到高级,从理论到应用,从基础到技术,从简单到复杂,从古至今或由今溯古,由近及远以及数量递增等顺序。明确了这些规律,就能较准确地辨类。

2. 交叉比较   分类标引时,有时一本书的内容能入某一类,又能入其交叉关系的类目,如交替类、参照类、应用类;有的图书既可以入总论类又可以入专论类等。这是为什么呢?又怎么办呢?例如"图像增强与复原"一文,涉及到一组参照关系的类目:

TN957.5　　　雷达显示设备

参见 TN873。

TN873　　　　终端显示设备、显示器

参见 TN27。

TN27　　　　显示技术

这三条类目的涵义中都有显示技术,该文入其中任何一类都不算错,但将三者仔细比较分析,不难发现第一条只收专论雷达显示设备的图书资料;第二条收论述终端各种显示设备的图书资料;第三条收论述一般显示技术的图书资料。这是一条从具体到一般的参照关系。论文论述的是一般显示技术,应入 TN27;若需要可在其它两类作互见。

　　分类法里类似这样的类目大量存在,其原因有两点:一是同一事物可以同时被许多学科所研究,具有多向成类的性质;二是各学科、各事物互相交叉渗透,本来存在着多维关系,体系分类法却常以一维关系呈现。为了弥补其不足,不得不设置一些交替类、参照类、总论与专论类、应用类、组配编号法、注释等,将它们之间的关系联系起来。类表结构看来复杂,其实这些类目的设置也是有规律可循的。

　　交替类目是供专业馆选择使用的。它能改变事物概念成类的方向,达到专业集中,并进一步细分的目的。其种类较多,详见第九章第一节。

　　参照类目的设置是为了将一些涵义上既有相同之点又有不同之处的类目,用“参见”注释联系起来,供分类标引人员根据图书资料的内容重点选择标引。必要时可在参见类里作互见标引,其类号供检索用。目录里类目之间的“参见”注释,可明确并扩大检索范围。参照类目一般用在:①一事物的理论、应用、制造、使用等方面相互参照;②同一事物各个方面被不同的学科所研究,它们之间要参见。其具体表现形式是一类参见另一类;两类相互参见;一类参见多类;多类参见一类;一系列的类连续参见等。前面所举的

"显示技术"一例就是最后的这种形式。

总论与专论类目的设置也是为了将总论某事物的各方面的类目与专论某事物一方面的类目联系起来而设置的。因为总论性类目属于一个学科，而专论性类目往往属于另外一个学科。凡具有这种关系的类目，如有需要，均可采用组配编号法将分散在各学科的专论类目集中在总论类下。

总之，类表中类目之间的关系看起来复杂，若将它们梳理清楚了，也容易辨别。

三、注释鉴定法

类目注释是对类目的涵义、收书范围、与相关类目的关系等作补充说明。通过注释能对类目的性质范围进行鉴定，对已判明主题的图书资料迅速作出归类的判断。例如，现有"金刚石定量分析"一文，是否可入"O613.71 碳 C"类呢？该类下有一注释"石墨、金刚石入此"，该文好像可以入此类，但没有把握。查阅《资料法》，在 O613 类下有一方法注释"以下 O613.1/.8 可仿 O611 分"，再查阅"O611 化学元素与无机化合物"的下位类，发现"化学元素与无机化合物"的"分析与鉴定"在此是一个交替类〔O611.5〕，此类下注释指明"宜入 O653"。仅此看来，"石墨、金刚石"这个类由于受它的总论性类目 O611 的制约，其内容只包含它们的结构、性质、制备等，不包含它们的"分析与鉴定"，从而得出该文入此不当的结论。还需要继续寻找恰当的类目。根据交替类注释的指引查阅"O653 无机分析"，该类所列举的下位类均是一般的各种无机分析法，该文入此也不妥。再查"O653 无机分析"的上位类"O65 分析化学"，此类下有一注释"不同元素和化合物的分析方法入无机和有机化学有关各类"。如此类推"金刚石定量分析"一文仍应入"O613.71 碳 C"类。注释在此起了鉴别作用。

通过此例可以明确，某类的注释，不仅说明本类，而且还说明它的所有下位类。

四、推理应用法

类表是按照一定的原则、规则和方法编制的,分类标引人员只有掌握了它们,才能驾驭类表。这些原则、规则和方法均体现在类表的体系结构之中,只是有的明显,有的模糊,应用推理的方法即可使之明晰。

1. **体例推导**　编制类表,不仅要求各个大类展开的体例大体一致,而且要求在一个大类或二级类的范围内,性质相同或相似类目的划分标准和列类的顺序一致,以便使用起来有规律可循。即使有些类目没有详细列出细目,通过对与其性质相同或相类似类目所列下位类的分析也能推导出它所含的内容范围。例如《中图法》中,关于"TK6 生物能及其利用"类的内容范围是不明确的。其类下没有列出细目,只有一个注释"沼气利用入此。"现有"地下沼气的计算、测定、收集与贮存方法"一文,查阅《中图法》索引,无此条目,只有查视该类的邻近类目,发现"太阳能"、"水能"、"风能"所列下位类目均包括各种能源的产生、计算、测定、收集、贮存和利用等。因此,此文也应入"TK6"类。

2. **原则类推**　编制类表,为了保持体系的单线排列,采用以应用为主的编列原则。即一门学科、一条理论、一种方法、一项技术、一种材料、一种产品等在另一学科、另一专业中应用,无论是否形成新的学科,均在应用到的学科或专业范围内列出类目,如"建筑声学"、"声在农业上的应用"等。然而类表中不是在每个大类都列出了相应的应用性类目,例如,现有"优选法用于琵琶演奏法"一文,查阅《中图法》索引得知,优选法的应用只在工程技术类列出"TB114.1",在经济管理类列出"F224.3",在农业类列出"S11",而在其它学科的应用均未列出类目。我们可以编制原则和已列出的类目类推出这样一条分类规则:凡专论学科、理论、技

271

术、方法等在某一方面、某一学科、某一技术中应用的图书资料,应随应用到的学科或专业范围归类。无论应用到的学科或专业是否列出明显类目,都应如此。故此文应入艺术类中的"J632.33 琵琶演奏法"类。

3. 聚类推演　编制类表时,为了节简篇幅,精炼类表,将某类事物和某类中各种事物的各个方面带共性的问题采用三种编列方法。一是在概括性类目下列出"一般性问题",如"TM30 一般性问题",并注明"TM31/38 均可仿 TM30 分";二是列出专类复分表,如"S5"的农作物复分表,并注明"S51/59"均可依此表分;三是在某一事物的类下详细列出,如"S821 马"类下详列各方面的类目,并在"S823 牛"和"S826 羊"类下注明"仿 S821 分"。但《中图法》也有许多类中的某种事物未将其方面列作细目,又未注明仿分,而恰好有论述该事物某一方面的图书资料,如"S829.1 兔"类下就未列出其方面的类目。现有"机械化养兔技术"一文入何类呢? 编制类表时,有这样一条聚类规则:某类事物的各个方面随该类事物集中,该类中某种事物的各个方面随该种事物集中。照此推演,"机械化养兔技术"一文应入"S829.1 兔"类,必要时可仿"S828 猪"类分。但是,关于这条聚类规则,在类表中也不是绝对的,有时为了维护某一学科的系统性和完整性,常常将各类事物中的一个方面集中起来,归入到那一方面所属的学科,在各类事物中只设交替类,或不设类而作注释说明。例如,R 医学类,将各类、各科、各种疾病的护理从各类、各科、各种疾病中抽出,按护理学集中列类,从而保持了护理学的系统性和完整性。关于各类、各科、各种疾病的护理入护理学有关类目。

上述例子说明类表结构既有普遍性的规律,也有特殊的情况,不能硬套,还要结合具体学科的体系结构进行具体分析。

总之,上述各种推理方法是由一般编制类表的原则、规则和方法推演出个别类目的涵义和收书范围;又以个别类目与各种类目的关系推导出类目之间普遍存在的制约性;同时又以某一特殊类目类推另一特殊类目等,从多种角度认清整个类表。

五、图表解析法

当分类标引人员对类表中陌生的学科体系不了解,对某一多种列类标准不明晰,一本书的内容不知归入某大类中的哪个小类时,采用图表解析是很有效的。因为在编制分类法时,每一大类都是按照一定的模式列出的。这个模式可以缩简成一个图表,通过图表可将各类的体系结构、列类标准、学科体系等清晰地展现出来。例如"TM 电工技术"类,序列了 12 个三级类目。首先按电工学的内容序列电工理论和电工材料,然后序列电机种类、部件、电的生产输配、电能应用、电气测量及仪器等类目。若将该类的体系结构用图表形式表示,就一目了然了。现列表如下:

内容	列类标准	类目		说明
电工学	电工各方面	TM0	一般性问题	电学、磁学宜入 O441;电路、磁路、磁场入此
	基础理论	TM1	电工基础理论	
电机	材料及制品	*TM2	电工材料	半导体材料宜入 TN304;电气照明材料入 TM 923
	电机各方面	TM30	一般性问题	电机材料宜入 TM2
	各种电机	TM31	发电机	仿 TM30 分
		TM32	电动机	
		TM33	直流电	
		……		

内容	列类标准	类目	说明
电器、工件	变压器等各方面	TM40 一般性问题	变压器材料宜入 TM2
	各种变压器等	TM41 电力变压器 TM42 按作用性能分变压器 ……	仿 TM40 分
	各种电器	TM50 一般性问题	电器材料宜入 TM2
		TM51 高压电器（总论） TM52 低压电器（总论） ……	
电力系统	电力生产及输配电工程	TM6 发电、发电厂 TM7 输配电工程、电力网及电力系统 TM8 高电压技术	
	直接发电技术	TM91 独立电源技术	
	电能应用	TM92 电气化、电能应用	灯丝材料入此
	电气测量及仪器	TM93 电气测量技术及仪器	

电工材料有多种属性，每种属性就是一个划分标准，《中图法》对此进行列类时，不仅在不同等级上采用了多个标准，就是在同一等级上也采用了多个标准，这些标准又没有明显地说明，这使分类标引人员难以辨类。若将所列类目按不同的等级分别归纳成各种列类标准，就会使体系明晰。

内容	列类标准	类目		列类标准	类目	
TM2 电工材料	物理性质	TM21	绝缘材料	化学成分	TM241	金属导电材料
		〔TM23〕	半导体材料		TM242	非金属导电材料
		TM24	导电体材料 —		TM243	导电塑料
		TM26	超导体材料			
		TM27	磁性材料			
	物理效应	TM22	铁电材料	作用	TM246	电气装备用绝缘电线电缆
	用途	TM26	微波材料		TM247	电力电缆
		TM28	电工陶瓷材料		TM248	通信电缆
					TM249	特种电缆

从上述图解可以得知:①凡论述电工学、电机、电器、变压器、整流器、电抗器、电力系统等方面的图书资料入 TM 类;②各种电机、电器、变压器、整流器、电抗器等所用材料宜入 TM2 有关类目。但半导体材料宜入 TN 类;电气照明用的灯丝材料入 TM923 电气照明类。

上述例子说明,对某类图解的过程,是分类标引人员分析类表逻辑结构,理解类目涵义和收书范围的过程。它能使分类人员耗费较少的脑力,取得较好的辨类效果。

六、类目参照法

所有的体系分类法,既有共性,又有个性。哪怕处在同一时期的分类法,由于使用对象、编制目的以及分类法的职能不同,各自体系结构也稍有不同。一个单位选定一部分类法作为使用本后,还应该学习其它分类法,必要时还要学习叙词表的范畴索引,吸收它们的优点,弥补所使用分类法的不足。特别是当类目体系模糊不清,类名涵义和收书范围不明,新学科不知如何处理时尤应参照。例如,现有"蕹菜栽培技术"一文,查阅《中图法》在"蔬菜园艺"类无明显的类目;查阅《人大法》,发现"叶菜"类下列出"蘸菜"类,说明该文可入《中图法》" S636绿叶菜"类下的"其他"类。在参照其它类表时要注意,不能盲目参照,不能以一种类表的类目范围来理解另一种类表,一定要根据具体的分类法作相应理解,只有这样才符合分类法类表的体系安排。例如,"心理学",《中图法》序列在哲学类,而《科图法》序列在生物学类,而且《科图法》将心理学划分得比较详细,倾向集中,包括心理学一般著作、医学心理、劳动心理、社会心理和一部分应用心理。而《中图法》的心理学类,相比较不太集中,只包括《科图法》中的前三者和总论应用心理学的著作。《中图法》类分心理学的著作,可以参照《科图法》,但要注意两者的范围是有区别的,不能在《中图法》的心理学类下增设"社会心理学"类,因为《中图法》将其序列在"社会学"里。否则就不符合《中图法》类表的体系安排。

综上所述,各种辨类的方法,具体运用时又不是孤立的,常是几种方法相互结合,达到较准确辨类的目的。

第三节　分类标引方式

图书资料分类标引方式有多种。以揭示图书资料内容的程度分:有整体分类标引、全面分类标引、部分分类标引、互见分类标引和分析分类标引;以图书资料内容与类表相符度分:有相符性标引、依附性标引;从标引目的和稳定性来看:可分出目标性分类标引(重点标引)、暂定性分类标引;以标引的作用分:有排架分类标引、目录分类标引等。采用这些方法所标出的类号有:排架分类号、目录分类号、分析分类号、互见分类号、完全分类号。

276

一、整体分类标引

将一本书的内容只归入最能包含它们的类里,给予一个分类号,作概括性标引,称为整体分类标引。这种标引方法的特点和应用范围是:

①从整体的角度对图书资料的内容进行揭示,适用于某一装订单位的图书资料,如:图书、装订成册的期刊、资料等。

②标引度浅,提供检索的途径少,适合公共性图书馆和综合性图书馆、情报单位。因为这样的图书馆、情报单位,藏书范围广,内容综合,注意藏书系统完整配套;读者的检索要求广而浅;藏书量虽大,而目录体积不能庞大,故整体分类标引较适合。

③标引概括,一个装订单位一个类号,而且类号简短,适合任何性质的图书馆、情报单位进行分类排架。

二、部分分类标引

对具有多个主题或多个主题概念的图书资料,将其中主要的有检索意义的和读者需要的主题或主题概念按所属学科进行标引,称为部分分类标引。这种标引方法的特点和应用范围是,

①从局部的角度对图书资料的内容进行揭示,适合类分多主题或复合主题的图书资料。

②标引度较整体分类标引深,提供的检索途径也较多,适合于专业性图书馆、情报单位。因为这样的图书馆、情报单位,藏书范围较窄,读者检索要求较专深,要求目录揭示的针对性强。

③标出的类号可能只有一个,也可能有几个,但只能选择一个作为排架用。

三、分析分类标引

对一本书的内容进行整体分类标引后,再对其中的某章节或

部分所属学科进行标引,称为分析分类标引。所标出的类号为分析分类号。分析分类标引是对整体分类标引的补充,不等于部分分类标引。凡适合采用整体分类标引的图书资料,此方法均能适用。但所标出的类号只能组织分类目录,供读者检索用。

四、互见分类标引

当一本书的内容涉及几门学科时,对其作整体标引后,再在所涉及的其他学科门类作重复整体标引,称为互见分类标引。标出的类号为互见分类号。这种标引方法是对整体分类标引的补充,是揭示图书多用途以及类目学科之间固有联系的一种方法,其作用和应用范围与分析分类标引相同。

五、全面分类标引

对一本书、一份资料论述的全部主题或主题的所有概念,依据它们各自所属学科一一标引,称为全面分类标引。这种标引的特点和使用范围是:

①采用整体分类标引和分析分类标引相结合的方法,既从宏观又从微观的角度全面揭示图书资料,适用于类分与本专业有关而且情报价值高的一切图书资料,特别有利于丛书、多卷集、期刊、论文集等的分册、分卷及每篇文章的标引。

②标引度深,提供检索的途径多,能充分地揭示图书资料的内容,适用于专业性图书馆、情报单位。因为这类单位藏书内容专深,不仅重视新兴学科图书资料的收集,而且也很注重藏书的科学性和系统性;读者多为科研人员,他们检索目的明确,检索课题专深,检索途径多而杂,要求检准率、检全率都很高,这种标引方法对他们很有帮助。

③所标引出的类号有多个,其中采用整体分类标引标出的类号可作为分类排架,其余类号只可用来组织分类目录或输入计算

机,供检索用。

六、相符性分类标引

某一图书资料的全部内容所概括的主题与类表中类目的收书范围相吻合时,称为相符性分类标引。这种标引方法能准确地揭示图书资料的内容,满足读者检索需要,提高检准率,所以无论什么性质的图书馆和情报单位在分类标引中都大量使用。在使用过程中,分类标引人员往往感到心里踏实。因为类表编制时,类目的确立一般遵守"文献保证"原则。

七、依附性分类标引

当某一图书资料的内容在类表中无恰当的类目可归,而归入与其内容相近的类里,称为依附性标引。这种标引的结果,不是分类标引所期望的。因为它不能充分地揭示图书资料的内容,不能为科研读者提供确切的检索途径,然而它能满足一般读者的检索需要。因此,它适合中小型公共图书馆、综合性图书馆类分图书资料。在分类标引中,固然大多数是相符性标引,但依附性标引也不少。因为作者、编者们不一定按照类表中类目设置情况写书,图书的内容既有专一,又有多方面的,还有无所不包的。体系分类法是以学科列类为主,同一事物的各个方面,被不同的学科所研究,关于总论某一事物各方面的图书资料无恰当的类可归,只好采用依附性标引的方法进行标引。一旦确定归入某一类以后,应在该类下注明"×××入此",以便以后效仿。

八、目标性分类标引

根据本单位读者需要,从某一图书资料中选择某一主题或主题的某一方面,归入某一类目的标引方法,称为目标性分类标引。这种标引方法对图书资料的内容起筛选的作用,同时能避免目录体积的庞大。它适用于专业性、专科性图书馆和情报单位。

九、暂定性分类标引

当某一图书资料的内容，类表中无类可归时，分类标引人员根据其学科属性，或本单位的性质、读者需要，在有关大学科里增设新类目，或采用组配编号法进行标引，故称为暂定性分类标引。待分类法编者发出增设类目通知，或新版分类法修订出版后再进行重新标引。这种标引方法带有一定的预测性，适用于标引新学科、边缘学科和综合性学科的图书资料。

十、排架分类标引

从图书资料论述的一个或几个主题中，选择一个最符合本单位读者需要的主题或主题因素，依主题因素所属学科，采用整体分类标引，或依附性分类标引，或暂定性分类标引。所标引的类号主要用来组织分类排架，故称为排架分类标引，此类号为排架分类号。

十一、目录分类标引

根据图书资料论述的一个或几个主题所属学科，依据读者检索需要，分别采用整体分类标引、部分分类标引、全面分类标引、互见分类标引、分析分类标引等，所标出的类号用来组织分类目录，故称为目录分类标引。此类号为目录分类号。

总之，上述各种方法不仅受客体的制约，而且还受标引目的的制约。一定的方法必须与一定的对象相适应；一定的方法还要为一定的目的服务。若重在从宏观的角度揭示图书资料的内容，满足一般读者检索需要，可采用整体分类标引和互见分类标引；若注重从微观的角度揭示图书资料的内容，满足专业人员、科研人员的检索需要，可采用全面分类标引、分析分类标引、互见分类标引、相符性分类标引;若意在挑选本专业、专科情报性强的图书资料,可采用部分分类标引、目的性分类标引。

对某一图书资料来说可选择上述几种方法进行标引,所标引的类号为该书的完全分类号。

参考文献

1. 刘湘生:关于文献标引的方法与步骤 载《黑龙江图书馆》 1982 年第 4 期,1983 年第 1,2 期。

2. 张琪玉:认识分类表的内部规律是辨类的基本方法 载《图书馆学刊》 1982 年第 2 期。

第十一章　各种主题、各类型图书资料分类标引的方法

图书资料有多种属性，对不同的属性进行分类标引，其方法各异。对图书资料主题论述的多寡，对图书资料的载体形式，对图书资料内容的学科属性以及写作方式、编辑出版形式等进行标引时，各有独特的标引方法。本章将作具体阐述。

第一节　单主题、多主题图书资料分类标引方法

前面已经提及，图书资料论述对象的多少，可分为单主题、双主题和多主题。由于主题的多寡不同，对其标引方法就不一样。

一、单主题图书资料的分类标引方法

所谓单主题是指一本书、一份资料所论述的对象只有一个主题。单主题的图书资料又以组成其概念因素的多寡划分为单元主题和复合主题。

1. 单元主题　单元主题是由一个概念因素组成，这个概念因素就是主题的主体因素。标引时一般依主体因素所属学科标引；若是从一个方面对主题进行研究，就依这方面所属学科标引；若是从多个方面对主题进行研究，则要分析作者的意旨。如果作者的目的在于提供该主题的全面知识，则依主题所属学科作整体标引；

如果作者的目的是利用几个方面的知识来说明其中一个特定方面,则依被说明的方面所属学科标引。

例一,吴健安编《市场学》一书,论述了市场学的一些基本问题,有选择地介绍了一些国外市场学的原理与方法。该书的主题及其主题因素均是"市场学",属贸易经济类,标引为:

F713. 5;29. 419。

例二,(苏)布列赫曼著《人参》一书,详述了人参用作药物的历史、人参的化学成分、生物学、生态学、栽培技术及其对人体的影响。该书的主题及其主体因素只有一个——"人参",所涉及的学科有药物学、农业科学、生物科学等。但是,其综述人参各个方面知识的目的在于说明一个特定的方面,即人参的药物作用。其重点所属应是药物学类。药物学类下所列各种药物,均包含各种药物的采集、加工、炮制、鉴定、药理、药性、应用等。故该书标引为:R932. 6;62. 3675。此标引符合医学图书馆、情报单位的需要;如果是农科所图书室、情报室,该书则可能入农业类。因为关于药用作物的栽培技术序列在农业类,标引为 S567. 5;66. 917。作为检索,这两个类号都应标引,再根据单位需要选择其中一个作为排架分类号。

2. 复合主题　复合主题是由两个或两个以上概念因素组成。概念之间是限定与被限定关系。一个复合主题中不一定具备各种类型因素,各种概念因素也不一定只有一个。对复合主题的图书资料标引时,首先要分析组成该主题概念因素的类型,分清哪些是主体因素、通用因素和位置因素,哪些是民族因素、时间因素和类型因素,然后依据分类法初判主体因素所属大的学科范围,再判各类型因素在不同分面中所属的类,最后将各类的类号组配起来,就是该复合主题的分类号。组配的顺序一般是:主体因素类号＋通用因素类号＋位置因素类号＋民族因素类号＋时间因素类号＋类型因素类号。然而在体系分类法中,大部分类目概念是先组式的,其类号是固定组合的,不一定遵循这样的顺序,特别是哲学、社会科学类,位置因素类号往往在通用因素类号的前面,甚至在主体因素具体类号的前面(主体因素所属大学科类号的后面)。如"中国国营企业经济"这个主题的类号为:

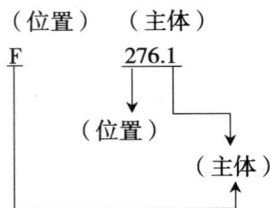

$$
\begin{array}{cc}
(位置) & (主体) \\
F & 276.1 \\
\end{array}
$$

（位置）

（主体）

这是因为有的分类法,在哲学、社会科学类下是按地区、国家列类的;还有的类目是时间因素在位置因素的前面。因此,复合主题类号的组配要依据图书分类法本身的体系结构和所规定的组配规则进行。

二、多主题图书资料的分类标引方法

一本书、一份资料论述两个主题,称其为双主题的图书资料。论述两个以上主题的称为多主题的图书资料。有人把双主题图书资料的两个主题称为多主题,我们为了叙述方便将双主题析出,因为主题多少不同,标引方法有别。

1. 双主题 双主题图书资料的两个主题所论述的可能是两个事物(如"国外松香和松节油"),两个问题(如"动作与时间研究"),也可能是事物及其学科(如"人才与人才管理学"),事物与其部分(如"河内船舶及其轮机问题"),一事物的两个方面(如"潜艇空气再生和分析"),学科与其分支(如"物理学与光学"),作者与其著作(如"熊伯龙与《无何集》")等。

对于双主题图书资料,首先依据分类法的体系结构作部分标引、全面标引或整体标引,其类号作组织分类目录用。然后分析两主题的主次、逻辑关系以及篇幅多少,并根据本单位读者检索需要和作者意旨、出版目的等,选择一个类号作分类排架用。

①并列关系　图书资料的两个主题不相隶属,并列存在,就称其为并列关系的主题。对于并列关系的两个主题,分类标引时要视情况而定。

a.两个主题同属一个类组,应作整体标引。

例:林科院林业研究情报室主编《国外松香和松节油》一书,论述的"松香"和"松节油"均属于化学工业中一个概括性类目,应作整体标引,标引为:TQ351.47;82.852。

b.两个主题分别代表某事物的两个方面,若这两个方面同属一个类列,可依事物所属类目作整体标引,也可依事物重点方面作部分标引,另一主题不必标引;若这两个方面分属不同的学科,或同一学科中的不同类系,应对两主题作全面标引,选择其中一个类号作排架用。

例:王震澂、郝廷玺编著《气体保护焊工艺和设备》一书,内容分三部分:第一、二部分论述气体保护焊工艺,第三部分介绍气体保护焊所用设备。所论述的是一个事物的两个方面,而前者是主要的,它们在分类法中分别隶属于同一大类中的两个类系,标引时,可对前一主题作部分标引,也可对两个主题作全面标引。该书的完全分类号为:TG444＋TG434.5;77.736＋77.794。

c.如果两个主题指的就是两个具体事物,那么应对两主题作全面标引,为读者提供两种检索途径,选择其中一个类号作排架用。

例:(美)F.安森讲授,黄慰曾等编译《电化学和电分析化学》一书,两个主题在分类法中同属一学科中的不同类系,依各自所属类目作全面标引,标引为:O646＋O657.1;54.24＋54.641。选择其中一个类号作为排架用。

②从属关系　图书资料的两个主题,其中一个主题是另一个

主题的一部分,即一个大主题包含一个小主题。标引时,一般依较大较全的主题所属学科作整体标引。若需要,再依另一主题所属学科作分析标引。若较小的主题是本书的重点,而且这重点正是本单位读者所需要的,应首先依这较小的主题所属学科作部分标引,若需要,再依另一主题所属学科作互见标引。

例:彭泽益著《十九世纪后半期的中国财政与经济》一书,论述了两个主题:"十九世纪后半期中国财政史"和"十九世纪后半期中国经济史",前者是小主题,后者是大主题,它们同属于经济学大类中两个不同的类系,分别属于"中国财政史"和"中国经济史"。该书完全分类号为:E129.52 + F812.952;29.71042 + 28.2873。根据图书馆的需要选其中一个类号作排架用。

③因果或影响关系 图书资料的两个主题,一个是另一个的原因,另一个是结果,或一个受另一个的影响,另一个是影响的发生者。或者两个主题互为因果、互相影响。它们之间的关系称为因果或影响关系。

具有单因果或影响关系的两个主题,一般依结果或受影响的主题所属学科标引;需要时,再依原因或发生影响的主题所属学科作互见标引。对于互为因果、互相影响的两个主题,将它们所属类的类号,采用组配编号法进行标引为宜;若分类法中某一类目名称就反映了这两个主题的影响或因果关系,如"地形与温度"、"耕作与小气候"等,就依两个主题所共属的类标引。

例:中科院植物研究所编著《环境污染与植物》一书,叙述植物与环境之间的相互影响,即大气、水质、土壤和农药污染对植物生长的影响以及植物对污染物的吸收、净化、代谢和积累作用。应对它们作全面标引,或将两个主题的类号进行组配(这要按照分类法所规定的组配规则进行),然后再轮排。该书的完全分类号为:X506 + X503.23;50.95515。各单位根据需要选其一类号排架。

④比较关系　图书资料的两个主题,作者的意旨在于比较它们之间的优劣或异同,这两个主题之间称为比较关系。标引时,一般依作者赞同的主题标引。若需要可对另一主题作互见标引。若在分类法中有类组或概括性类目能包含它们,可对它们作整体标引。

例:梁德曼编著《四川方言与普通话》一书,论述了学习普通话的意义和方法,重点分析了四川方言和普通话在语言、语法、词汇等方面的异同。作者的目的在于帮助四川人学好普通话,故先依"普通话"所属类标引,可在"四川方言"所属类作互见标引。该书的完全分类号为:H102＋H172.3;41.2011＋41.262。

⑤应用关系　图书资料的两个主题,一个应用到另一个之中,它们之间具有应用与被应用的关系。标引时,一般先依应用到的主题所属学科标引,需要时再依被应用的主题作互见标引。若被应用的主题是本单位读者需要的,标引的次序可以反之。

例:(英)郭成吉著《计算机在造船技术中的应用》一书,依"造船技术"所属学科标引,标引为:TP399;《科图法》可选用交替类,标引为:73.87946。

2.多主题　图书资料中多个主题之间也存在几种逻辑关系,标引时,除了要考虑主题的学术价值、读者检索需要和分类法的体系结构以外,还要分析它们之间的逻辑关系,将这几方面的因素综合分析,再确定其标引方法。

①并列关系　图书资料的几个主题之间是并列关系,一般依它们的上位类或概括性类目作整体标引。若需要,可对其中有关的主题作分析标引。

例:王贤章等编《理论力学—材料力学—弹性力学指导书》一书,有三个主题,它们同属"力学"大类,其中"材料力学"在分类法的"力学"类设的是交替类,正式类在"工业技术"类。标引时,应先作整体标引,必要时再对"材料力学"作分析标引。该书的完全分类号为:O3 + TB301;52 + 71. 221。

②因果或影响关系 图书资料的几个主题之间,一个对多个发生影响,一个是多个的产生原因,或者一个受多个的影响,一个是多个的结果。标引时,前者一般依原因或发生影响的主题所属学科标引,必要时,也可对受影响或结果的主题所属学科作分析标引。后者依受影响或结果的主题所属学科标引,必要时,也可对发生影响或产生原因的所属学科作分析标引;若多个对多个发生影响,多个是多个的结果,标引时,应依作者的意旨标引。

例:伊藤代次郎等著《短波辐射和风速对水稻叶温、蒸散的影响》(《国外农学》1985 年第 4 期第 29 页)一文,论述的是辐射和风速对水稻生长的影响。"水稻"是受影响的主题,应入水稻类,标引为:S511;66. 14。

③应用关系 图书资料的几个主题之间,一个主题应用于多个主题,标引时,一般依被应用主题所属学科标引。必要时,再从其它主题中选择最需要的主题所属学科作分析标引。

例:(英)P. K. 费雷克利、A. R. 佩恩著,杜承泽等译《橡胶在工程中应用的理论与实践》一书,论述了橡胶在建筑工程、交通运输工程以及其它工业中的应用,依"橡胶生产"所属学科标引,标引为:TQ33;82. 4。

若作者的意旨重在论述应用到的事物,可依应用到的事物所属学科标引。

例:常光宇编《电子养花养鱼》一书,阐述的是电子技术在养花、养鱼中的应用。应入花的栽培和鱼的养殖类,标引为:

S68 + S96;67. 6 + 69. 73。

第二节　各类型图书资料的分类标引方法

图书资料的类型较多,有图书、连续出版物、技术标准、科技报告、专利说明书,以及各种声像资料和缩微品等。它们的分类标引方法,除了上节论述的以外,还有各自的特点,现将其中几种主要类型图书资料的分类标引方法分述如下。

一、原著的关联著作分类标引方法

原著的关联著作,指的是对原著的改写、改编、节选、缩写、翻译、注释、解说、评论、分析、研究、补充等图书资料。对这些关联著作,视它们本身的特点,结合分类法的体系结构进行标引。

1.改写、改编的著作　凡是将科学著作改写、改编成文学作品,或将一种体裁的文学作品改写、改编成另一种文学体裁的作品,标引时,依作品改编后的体裁及其改编者的国籍、时代标引。

例:肖尹宪等编的电影文学剧本《药》,就是根据鲁迅的小说《药》改编。标引时,不入小说而入电影文学。

2.缩写、节选、补充、影印、翻译等著作　凡是对原著的缩写、节选、补充、影印、译本等图书资料,标引时,均跟随原著标引,但不包括供学习语言的对照读物。

例:(美) M. L. 沃尔巴什特编,刘普和等译的《激光在医学和生物学中的应用》一书,是原著《激光在医学和生物学中的应用》卷二和卷三的节译本,应跟随原著标引。

3.注释、解说、评论、分析、研究等著作　对于原著的注释、解说、评论、分析、研究等,要根据原著的学科性质,结合分类法的体系结构分别标引。原著是科学著作,依原著主题所属类目标引;原著是马列经典作家著作,不随原著类目标引,因为在马列类为研究性著作设有专类。某一文学作品的评论和研究,《中图法》归并于"各体文学的评论和研究"类,而《科图法》跟随原著标引。

例一,《〈中国图书馆图书分类法〉使用说明》一书,就应跟随《中国图书馆图书分类法》所属学科标引,标引为:G 254. 12;37. 6441。

例二,中国人民大学等编《〈自然辩证法〉解说》一书,不随恩格斯著《自然辩证法》标引,因为分类法在马列类设有研究专类,故单独标引为:A811. 24;03. 5。

例三,刘欣中著《短篇小说之王〈聊斋志异〉漫谈》一书,专门论述《聊斋志异》艺术技巧。《中图法》入"中国古代小说评论与研究"类,标引为:I207. 4;《科图法》入"中国清人著章回小说"类,标引为:44. 566。

二、丛书、多卷集、文集的分类标引方法

1. 丛书 所谓丛书,是将多种书加以编辑或整理并为一套,并加一个概括性书名,以编号或不编号的方式出版的图书。一套丛书的各种书之间在内容编排上无多大联贯性,可以各自独立存在,但整套书仍有一个中心主题。标引的方法因作用而定。对分类排架来说,标引的方法有两种:一是分散分类标引;二是集中分类标引。

所谓分散分类标引,是以丛书中的每一种书的主题所属学科标引。所谓集中分类标引,是指以整套丛书的主题所属学科标引,再加"丛书"这一形式细分号。

一套丛书到馆以后是集中分类标引,还是分散分类标引,由多种因素决定,一般有四点:一是根据图书馆的方针任务、读者需要,既便于管理,又便于利用;二是依丛书本身的知识深浅程度和编者的目的;三是该丛书的出版单位有无完整的编辑出版计划,是否预计无限地连续出版下去;四是本单位是否需要搜集齐全,以及是否

能够搜集齐全等。

①科普性、知识性丛书　对科普性、知识性丛书,各类型图书馆都可集中分类标引。因为这些丛书学科内容通俗易懂,是供中小学学生和相当于中小学文化水平的人阅读的,集中标引能便于使用;另一方面,这一类型的书往往装帧形式一样,书又很薄,分散标引后在书架上很难寻找,只有集中排架才便于管理。收不齐全也没关系。

例:《日本少年博物馆丛书》、《生活小丛书》等,均属科普性、知识性读物,集中分类标引为好。

②内容广泛、中级程度的丛书　对于学科内容相当广泛,横跨几门学科或所有学科,又适合中专和中专以上文化水平的人阅读的丛书,一般分散分类标引为好,便于读者从学科系统来利用图书。

例:《现代化知识文库》、《科学之路丛书》、《走向未来》丛书等,均横跨好几门学科,适合较高文化程度的人阅读,以分散分类标引为宜。

③学科性、技术性强的丛书　对于学科性、技术性强,有相当的科学价值,主要供科研工程技术人员从学科系统来利用某一具体问题的丛书,分散分类标引为宜。但为某一问题编制的丛书,集中标引为好,否则失去了编制丛书的意义。

例:《辛亥革命丛书》就应集中标引。

对于检索来说,丛书在分类目录中做了分散分类标引后,还应做整体分类标引;做了整体分类标引后,对各种书还应做分析分类标引,为读者提供多种检索途径。

例:中国社会科学院青少年研究所领导编辑的,由四川人民出版社出版的《走向未来》丛书,涉及自然科学、社会科学和文学艺术等领域,选题100种,现举出三本说明之。

金观涛著《在历史的表象背后》一书,其内容是用系统论、控制论的观点研究中国封建社会。

李醒明著《激动人心的年代》一书,其内容论述 20 世纪初物理学革命的背景、思想源流和重要进程。

另一部是译著,《GEB——一条永恒的金带》一书,G、E、B 分别代表三个著名数学家、画家和音乐家。此书作者是一位数学家,他精妙地刻画和描述了在音乐、美术和现代数理逻辑之间的深刻联系,指出了人类活动领域中某些惊人的一致性。

这一套丛书,对排架来说应分散标引为好,其类号分别为:K230.7;22.217;O4–091;53.041;O141;51.3。整体标引的分类号为:Z121.7;97.36。

出版社预计无限连续出版下去的专著丛书,应集中标引。

2. 多卷集　同一著作分若干卷册逐次出版或一次出版的书。有总书名,各卷册通例自成一单位,甚至有自己的名称,全部分卷、分册的内容有联贯性,构成一个完整的系统。

对于多卷集,一般集中分类标引。无论该馆是否收藏齐全,都应如此。即以多卷集总主题所属学科标引,保持全套书的完整性,既便于读者集中使用,又便于图书馆集中管理,更有助于补充馆藏。

例:冶金工业部编写的《合金钢钢种手册》

　　第一册　　合金结构钢
　　第二册　　弹簧钢易切削钢滚动轴承钢
　　第四册　　耐热钢

这一套书,无论是排架还是检索都应集中分类标引,标引为:TG142;75.63。

3. 文集　所谓文集是指包括许多篇文章的集子。如:论文集、选集、全集等。

论文集、选集以内容分,有综合性的和专科、专题性的。标引时,以其内容的学科性质归类,不考虑作者的多少。综合性的,入

"综合性图书"类中的"论文集、选集"类;专科、专题性的,首先依其内容的学科属性标引,然后加上"总论复分表"中的"论文集、选集"的号码。但关于五位经典作家的选集入马列类,必要时,可在涉及的学科类作互见标引或分析标引;总论社会科学或自然科学的文集,入"社会科学(总论)"类或"自然科学(总论)"类中的"文集"类,不再加上"总论复分表"中的有关类号。

例:皮高品著《图书分类法评论选集》一书,是专题性选集,入专类,标引为:G254.12 – 53;37.6441083。

个人的全集依其所从事的主要工作所属学科归类。五位经典作家的全集入"马列"类。

三、工具书的分类标引方法

工具书是专供查阅的特殊类型的图书。它是根据社会需要,广泛汇集有关的知识材料,按一定方式加以编排而成的。

工具书的类型多种多样,按功用特点分,有字典、词典(辞典)、百科全书、类书、政书、年鉴、手册、书目、索引、文摘、年表、历表、地图、图谱、总集汇编等。现就其中几种主要的常用工具书的分类标引方法叙述如下。

1. 字典、词典(辞典) 类分字典、词典时,要根据编制的目的、收录的内容及其用途而定。

①语言学字典、词典(辞典)

a. 用本种语言、文字注释本种语言文字的字典、词典,一般归入本种语言的"字典、词典"类。本种语言的专门词典入本种语言的语音、方言、词汇等类。

例:《新华字典》、《康熙字典》标引为:H163;41.25;《现代汉语词典》标引为:H164;41.25;《汉语成语词典》标引为:H136.3;41.2283;《同义词词林》标引为:H136.2;41.2282。

b. 两种外语对照的词典入前一种外语。若有必要可在后一种语言类作互见标引。

例:《英俄词典》入英语,标引为:H316;41.685;互见为:H356;41.655。

c. 汉语和外语对照的词典均入外语。若有必要可在汉语的词典类作互见标引。

例:《英汉词典》入英语,标引为:H316;41.685;互见为:H164;41.25。

d. 汉语和中国少数民族语言对照的词典,均入有关少数民族语言。若有必要也可在汉语的词典类作互见标引。

例:《蒙汉辞典》入蒙语,标引为:H212.6;41.531;互见为:H164;41.25。

e. 三种以上语言对照的词典入"语言文字"类的"词典"类。

例:《英、法、俄、德辞典》标引为:H061;41.15。

②专科、专题性词典 对于专科、专题性的词典、名词、术语等图书,无论其用一种或多种语言文字,一律依其学科性质入有关各类,然后再依"总论复分表"中有关"词典"号码复分。但社会科学词典或自然科学词典,入"社会科学(总论)"或"自然科学(总论)"类中的"词典"类,不必再依"总论复分表"复分。

例:李葳编著《图书馆学与情报科学词典》(英汉汉英对照)一书,归入"图书馆学"或"情报学"类,然后加上"词典"形式复分号。标引为:G25-61;37.6072;互见为:G35-61;37.216072。

对于上述几种类型的词典,采用的是分散处理的办法。如有必要也可采用集中处理的办法。即首先依其编著形式在"综合性图书"类集中,然后依学科性质细分。采用组配编号法,按所用分类法的序列排。

例:《简明政治经济学辞典》 Z38:F0;93.271

《现代汉语词典》 Z38:H1;93.412

《汉英常用中医词典》 Z38:R2;93.62

③综合性词典　综合性词典的内容范围涉及多门学科,也可称为百科词典。凡属综合性词典,一律归入"综合性图书"类的"词典"类。

例:孙衔等编《简明新技术革命知识辞典》一书,其内容涉及社会、技术、科学以及机关、人物、著作等。应归入"综合性图书"类的"辞典"类,标引为:Z3;93。

2. 百科全书、类书　百科全书、类书按内容分,有综合性的和专科性的。标引时,依其总体内容所属学科标引。专科性的,首先入所属专科,然后再依"总论复分表"取其相应类号与主类号组配而成。

例:《医学百科全书》一书,标引为:R－61;61.072。

综合性百科全书、类书归入"综合性图书"里的"百科全书"、"类书"类。

上述专科性的百科全书、类书,如有必要可在"综合性图书"类集中,采用组配编号法,按分类法本身的序列排。

例:《数学百科全书》　Z28:O1

　《医学百科全书》　Z28:R

　《农业百科全书》　Z28:S

3. 书目、索引、文摘　书目、索引、文摘就它们的内容分,有综合性和专科、专题性。标引时,综合性的入"综合性图书"类中相应类目。专科、专题性的按各分类法的规定进行标引。《中图法》规定:专科专题书目、索引、文摘也入"综合性图书"类,采用组配编号法,按本分类法序列排;如愿入有关各类,可在各学科的类号后,再加总论复分号－7。而《科图法》规定:专科、专题性书目、索引、文摘入有关各类,再加总论复分号071;若需要也可集中在"综合性图书"类,采用组配编号法,按本分类法序列排。前者强调集中,后者强调分散。

对于专书索引,《中图法》和《科图法》均规定随原书归入有关各类。

例一,《中图图书馆图书分类法索引》一书,随《中图法》归类,标引为:G254.12;37.6441。

例二,南京图书馆编《图书馆学论文篇目索引》(1983—1985)一书,是专科索引,依《中图法》分,首先入"综合性图书"类,然后在"图书馆学"类作互见;依《科图法》分,首先入"图书馆学"类,然后在"综合性图书"类作互见。分别标引为:Z89: G25;37.6071;互见为:G25 - 7;91.9437。

综上所述,工具书标引的方法有两种:一是集中;二是分散。

所谓分散,是依它们的内容主题所属学科标引,专科的归入各学科,再加各自的形式分类号;综合性的归入"综合性图书"类。

所谓集中,首先依其编著形式在"综合性图书"类集中,然后依学科性质细分,采用组配编号法,按所用分类法的序列排。

图书馆、情报单位对于上述工具书,在分类目录中既作分散标引,又作集中标引。在分类排架中只作集中标引。其目的是为了集中管理、集中使用,同时为读者提供多种检索途径。

辞典、百科全书若是按专科分册出版,对检索来说,既要作综合标引,又要作分析标引。

另外,当这些工具书各自成为研究对象时,应依其自身所属学科标引。

例:(美)哈罗德·博科、查尔斯·L·贝尼埃合著,王知津、王津生合译《索引的概念与方法》一书,归入目录学,标引为:G257.2;37.6892。

四、连续出版物

连续出版物是以印刷或非印刷形式连续出版,通常有固定或统一的题名,有卷期或年月的标识,每册一般登载多作者的多篇文章,并预计无限期地定期或不定期地连续出版下去。它包括期刊、报纸、年度出版物、报告、年鉴、指南、学会会志、备忘录、会议录、汇刊和专著丛书丛刊等。（为了叙述的方便，笔者将它们分成期刊、报纸和其他连续出版物三类。）

对于连续出版物，各图书馆、情报单位根据本单位性质、特点以及管理和利用的方便，允许有不同的处理方法，不一定都依据某一分类法分类。但无论采用什么方式方法分类，所赋予的标识符应能体现连续出版物的"连续性"这一核心特征。

1. **期刊** 对期刊进行分类标引时，其方式有两种：一是整体标引，即将期刊作为一个装订单位依内容所属学科标引，有称之为宏观分类标引的；二是分析标引，即依期刊中有学科价值的每篇文章内容所属学科标引，有称之为微观分类标引的。

①整体标引 对期刊进行整体标引时，要求所使用的分类法具有现实性、活跃性、概括性和容纳性。其类目设置不宜繁多，一般只需列出 1—2 级，最多 3—4 级即可。例如，中国图书进出口公司根据《科图法》的主要类目编制了《外国报刊目录》分类表；《中图法》编委会在《中图法》的基础上也编制了一个期刊分类表，供各单位类分中外文期刊用。后者的分类体系和 3—4 级以上类目设置基本上按《中图法》序列，以取得书刊分类的统一。同时，对于个别类目，结合期刊特点，作了一些调整，以适应期刊分类的需要。各使用单位可根据本专业的特点和读者需要作适当的调整和细分。

对期刊进行整体标引时还要注意几个问题：

a. 就室阅览的现刊按类陈列，同类期刊可按刊名或地区名的字顺排列；

b. 装订成册的过刊必须以全册内容主题所属学科标引，不能仅凭刊名表达的内容主题或某一期内容主题所属学科标引；

c. 对于多主题的期刊，根据需要，应适当地取分析分类号或互见分类号，供组织读者目录用，为读者提供多种检索途径。

例:《核科学与工程》一刊,其内容既有基础科学中的核物理学,又有核工程技术。可首先入"物理学"类,然后在"原子能工程"类作互见标引。

②分析标引 对期刊进行分析标引时,要求所使用的分类法具有现实性、专指性和容纳性。其类目的设置要尽量的详细专指,不宜限制级别,并能体现学科之间的多维关系。现有的期刊分类法是不能达到目的的,只有《资料法》或专科分类法才适宜。

对期刊进行分析标引时也要注意几个问题:

a.将每篇文章作为一个单元进行标引;

b.若文章的主题内容或主题概念因素在分类法中涉及几类时,如有必要,可适当地采用互见标引、综合标引、类号组配或轮排等方法,从多方面、多角度揭示其内容,供读者多途径检索;

c. 对期刊进行分析分类标引,实质上是在做篇名分类索引,这项工作工作量大,要求分类人员具有相当的基础知识和专业知识,一般由专门的工作人员来做。

上述标引方式可根据图书馆、情报单位的实际需要和期刊内容的情报价值适当采用。

小型图书馆收藏期刊不多,可采用整体标引,并与图书共同使用一部分类法。期刊使用简表,图书使用详表,但宜分别典藏,否则不便管理;也可将期刊在图书分类法"综合性图书"类集中。

大、中型图书馆和情报单位收藏的期刊,在数量、品种、文种上都很多,而且还有相当多的核心期刊(指发表的文章密度比较大,代表着科学技术发展水平,为科学界广泛重视,借阅和引用率比较高,资料寿命比较长的期刊),标引时,对普通期刊应作整体标引;对核心期刊除了作整体标引外,还应作分析标引。进行整体标引时,可使用期刊分类表;进行分析标引时可使用《资料法》。但是应注意保持一个图书馆、情报单位各类型藏书分类的一致性,即所使用的期刊分类表和《资料法》都应与本单位所使用的图书分类法在体系结构、标记制度上基本保持一致。

2. 报纸　报纸因其登载的文章内容多而杂,一般不依其内容分类。为了管理和利用的方便,对于装订成册的报纸,无论是排架(单独排架)还是目录,一般按"地区—刊名—年代"或"刊名—年代"排列,有的还按"年代—地区—刊名"或"年代—刊名"排列。但为满足读者的特定需要,将馆藏报纸的复张上的一些文章剪裁下来,按某些专题编排成册,同时编制专题分类目录,供读者检索。这可以看作是对报上某些文章按内容进行的分类。

3. 其他连续出版物　其他连续出版物指的是年度出版物、报告、年鉴、指南、学会会志、备忘录、会议录、汇刊和专著丛书、丛刊等,这些连续出版物一般依各自整套的学科性质归类,然后再依相应的形式类号复分。若需要,可对其中的某册在相应的门类作分析分类标引。它们一般同期刊一起排架和一起组织目录。

五、技术标准的分类标引方法

技术标准是各国的政府、部门或某学术、商业团体对工农业产品和工程建设的质量、规范和检验方法,以及对技术文献上常用的图形、符号所作的技术规定。它是作为从事具体工程、生产、建设的一种共同依据。

对于技术标准的分类,各国图书馆、情报单位处理不尽相同。有的国家,如美国、苏联、日本等,为其专门编制了分类表;有的国家,如联邦德国、民主德国、丹麦、意大利等,与图书共同使用一部分类法。我国就属于后一种情况。我国的图书分类法为技术标准设有专类,如:《中图法》"在工业技术"类设"T－65 工业规程、标准",《科图法》在"技术科学"类设"71.24 工业标准规格"。不过这两个类主要收总论性的技术标准汇编,专论性的技术标准按学科内容各入其类;若需集中此处,可按标准本身系统排列或入所列细目。各学科技术标准入各学科时,则各学科有专类者入专类,无专类的,首先入学科,然后加上"标准"的类号。

例:"食品卫生标准",分类法"食品工业"类设有专类,标引为:TS207;83.092;"电工陶瓷材料标准",分类法"电工技术"类未设专类,标引时首先入"陶瓷材料"类,然后加形式复分号,标引为:TM 28－65;73.177078。

图书馆、情报单位一般均按分类法的规定标引,也根据各馆需要,允许有所变通。

1. 集中分类标引 技术标准一般是在"工业技术标准、规格"类下集中分类标引、集中排架、集中组织目录。集中的办法有两种:一是采用组配编号法;另一种是根据需要扩充类目,配给类号,供进一步细分。这两种办法都便于管理,便于检索,适合收藏标准较多的图书馆和科研单位。

2. 分散分类标引 对技术标准还可采用分散分类标引、分散组织目录、集中排架。分散分类标引的方法可按分类法的规定进行,按分散标引的类号组织目录,但集中排架。因为技术标准一般比较薄,有的只有一、两张纸,与普通书排在一起不容易查找。集中排架,可按标准号集中装入特制的盒里,并以集中的标准号为排架号,便于查找,便于使用,便于管理。这种方法适合收藏标准不多的图书馆。

3. 外国技术标准的分类标引方法 对于外国技术标准已译成中文的,在收藏不多的情况下,一般可依中国的图书分类法标引,并与中国技术标准列在同一个排架系统里,组织在同一个目录体系之内。未译成中文的外国技术标准,收藏不多的单位,一般可依中国的图书分类法标引,并与外文图书排列在同一个排架系统里,组织在同一个目录体系之内。收藏外国技术标准较多的单位,为了保持该国的标准特点和自身的体系,可依该国的标准分类法另编制一套辅助的索引检索工具。对于标准号本身就包括分类号的技术标准,尤其应该如此。

例:美国耐火材料标准号:ANSI<u>A111.20</u> – 62

↓

分类号

日本热轧不锈钢带标准号:JIS<u>G4306</u> – 68

↓

分类号

六、专利说明书的分类标引方法

　　专利说明书是指发明人(设计人)为了获得发明的专利权,在申请专利时必须向专利机构提交详细技术说明书,并经专利机构审查、印刷,予以公布。专利说明书是专利文献的主要核心部分,所以又称其为专利文献。

　　专利说明书是专利申请人的发明创造和新技术、新方法、新工艺、新产品的真实文字记录,它反映了世界科研的新水平、新动态,对于科研人员进行技术预测、商品改进、科研设计等有相当大的参考价值,是非常重要的情报源。现今世界各国专利说明书数量很大,为了便于科技人员检索利用,必须对其进行科学、系统的整理和揭示。整理、揭示的方法较多,分类整理、揭示是其中之一。由于专利说明书具有完整性、新颖性、时间性、广泛性等特点,所使用的分类法有别于图书分类法。因此,世界各国一般都编有专门的专利分类表。如:《美国专利分类表》、《日本专利分类表》等,同时还有《国际专利分类法》(IPC)。

　　世界各国一般用本国编制的专利分类表来标引专利说明书,但也有不少国家采用《国际专利分类法》标引。有的国家出版的专利说明书上既有本国专利分类表的类号,又有《国际专利分类法》的类号。我国图书馆、情报单位对于所收藏的外国专利说明书,可以依据我国的图书分类法标引,还可以按各国或国际专利号另编一套辅助性的检索工具。当按照我国图书分类法分类标引时,可依专利内容的学科性质各入其类,然后加上总论复分表中的专利类号;也可集中在工业技术类的"专利"类(T–18;71.277),然后按照各国或国际专利号排列。

收藏专利说明书较多的单位,往往是采取集中排架、集中组织目录的方法。这样既便于管理,又便于集中检索。

七、科技报告的分类标引方法

科技报告是关于某一专题科学技术研究成果的报告。分类标引时,一般依每份报告的内容主题所属学科标引。若是连续的科技报告,应以整套报告的内容主题所属学科标引,然后对每份报告的内容主题作分析分类标引。

八、科技档案的分类标引方法

科技档案:凡是记述和反映本单位的基本建设、生产技术和自然科学研究等活动的,具有保存价值,并且按照一定的归档制度作为真实的历史记录集中保管起来的技术文件材料(包括图纸、照片、表报、文字材料等),都是技术档案(或称科学技术档案)。

图书馆、情报单位对所收藏的科技档案,依其科技内容按照图书分类法标引;也可在所使用的图书分类法的基础上,根据科技档案的特点,作适当调整后再使用。但科技档案应和图书资料分库典藏,分别组织分类目录。

对科技档案进行分类标引时,要注意几个问题:

(1)要保持一套科技档案的完整性,各种科技档案均有自己形成的规律,各个组成部分是一个不可分割的自然联系的整体。

(2)兼有两种不同性质的档案,如:一份档案既有文书档案又有科技档案性质,应根据收藏单位的性质——如果是综合性图书馆、情报单位,在科技档案和文书档案类均作标引,便于读者多途径检索,可任选一类作为排架号;专业单位则根据需要作部分

302

标引。

九、声像资料和缩微资料的分类标引方法

声像资料，又称视听资料，是直接记录声音和图像的一种知识载体。

缩微资料，又称缩微品，是将某一知识载体上的文字或图像缩小到必须借助于放大设备方能阅读的一种知识载体。

声像资料和缩微资料，它们分类标引的方法应与印刷型的图书资料一样。因为它们仅仅是一种不同的知识载体（唱片、录音带、录像带、科技电影、幻灯、缩微卡片、胶片、胶卷等）。因此，在分类标引时，也应以它们内容主题所属学科标引。如果一盒声像资料或一卷缩微品中有几个主题或有几本图书资料的内容，应对这几个主题或几本图书资料的内容作全面标引，并在分类号上加上载体的代号，可与图书排入一个目录体系之中。但应单独排架，便于管理和利用。

上述各类型图书资料的分类标引方法适合于各种类型的图书馆和情报单位。

参考文献

1.白国应：《图书分类学》 书目文献出版社 1981年。

2.（日）宫坂逸郎著 宋道民译：《图书资料的分类》 书目文献出版社 1982年。

3.《中国图书馆图书分类法》编委会：《〈中图法〉使用说明》 书目文献出版社 1981年。

4.沈永年：科学技术档案管理基本知识 载《档案学通讯》增刊 1981年2月。

第十二章　各学科门类图书资料
的分类标引方法

　　各学科门类图书资料如何分类标引,除了与其主题多寡和编辑出版类型有关外,还受各学科门类知识结构和图书分类法体系结构的制约,因此,除了前两章论述的方法均能适用外,对各学科门类中的特殊问题还要采用特殊的标引方法。这就是本章所要讨论的问题。

　　为了叙述的方便,本章主要参照《中图法》(第 2 版),适当参考《科图法》(第 2 版)和《人大法》(第 5 版)。

　　下面以图书分类法的五大部类为基础进行讨论,并且只对部类中某些重要而特殊的问题,标引过程中难解决的问题,以及某些类或某部类中的共性问题进行探讨,细节可参看《〈中图法〉使用说明》。

　　另外,《中图法》五大部类中“综合性图书”类所列内容已在前面讨论过,木章不再重述。

第一节　马克思主义、列宁主义、毛泽东思想
部类图书资料的分类标引方法

　　马克思主义、列宁主义、毛泽东思想(以下简称“马列”)的图书资料包括六个方面:

（1）马克思、恩格斯、列宁、斯大林、毛泽东等五位经典作家的原著；

（2）对五位经典作家原著研究的著作，以及对马克思主义、列宁主义、毛泽东思想综合研究的著作；

（3）五位经典作家生平传记的著作；

（4）各国马列主义政党领导人的著作；

（5）马列主义三个组成部分的著作；

（6）运用马列主义、毛泽东思想对各学科门类进行研究的著作。

这六个方面中，《中图法》"A 类"主要包括前三个方面；第四个方面序列在"D 政治、法律"类的"D3 各国共产党"里；第五个方面，总论列入 A8 类，专论依各组成部分的内容序列在"B 哲学"、"D 政治、法律"、"F 经济"等类中；第六个方面序列在各学科门类中。《科图法》的"00"类包括前四个方面，后两方面与《中图法》处理一样。

我国现行几部分类法，在"马列"类采用的是"依人列类"的方法，即关于经典作家的著作及其研究、生平传记、参考资料等均集中在一类，不因著作的内容学科性质而分散。然而因不同的分类法采用标准的次序不一，体系结构也有所不同。《中图法》将原著、生平传记、研究等分别依作家和被传人、被研究人以及著作细分；而《科图法》是将每位经典作家的原著及其研究、传记、书目、索引等集中。

"马列"类图书资料分类标引方法如下：

一、原著

原著是指五位经典作家自己写的著作，即全集、选集、文集、选读、单行著作、书信集、日记、函电、诗歌、手迹、语录、专题汇编、读书札记、摘录，以及自己汇辑的著作等。原著就内容而言，除全集以外,均有综合性和专题性之分。

1. 综合性与专题性著作　综合性原著,依其编辑出版形式和写作形式分别归入"全集"、"选集"、"文集"、"选读"、"书信集"、"日记"、"函电"、"语录"等相应的类;专题性的应入"专题汇编"类,并依专题汇编复分表细分,或将各大类类号加在"专题汇编"类号后面。

例:《毛主席的五篇哲学著作》一书,入"专题汇编"类,并依专题汇编复分表细分,标引为:A463;06.41;互见标引为:Ba4;10/06.4。

2. 单行著作　单行著作是指单独刊行的个别著作。《中图法》规定:单行著作可按写作年代分,或按专题汇编复分表细分。但要注意:专题汇编对单行著作"时期"类而言,可以看作是一个没有交替符号的交替类。故在一个单位只能择其一,不能同时标引,否则就会重号。

例:斯大林著《关于苏联经济状况和党的政策》一书(1926年4月13日),按单行著作标引,标引为:A324/2604;按专题标引,标引为:A326。

《科图法》规定:单行著作依书名排或按时期分,时期类目是交替类。

对原著中的科学著作和专题汇编,除了在本类标引外,还要在有关学科作互见标引。因为这些著作中论述的问题是有关学科的一部分,在有关学科作互见标引后,有利于提高检全率,也可充分发挥这些著作的实用价值。《中图法》用"a"标志;《科图法》将本类号码加在学科号码之后,用斜线"/"隔开,斜线"/"以后的号码代表该书的书次号,排在有关类的前边。

例:列宁著《论民族自决权》(1914年5月)一书,《中图法》标引为:A224;互见标引为:D063a。《科图法》选用交替类,标引为:04.34;互见标引为:33.7034/04.3。

全集、选集中的单篇著作,单行著作中的某一章节,某一问题,若需要,还可在有关学科作分析标引。

3. 诗歌、手迹　五位经典作家的诗歌集、手迹应入本类有关类目,然后在文艺有关类目作互见标引。

例:《毛主席诗词》一书,标引为:A44;互见标引为:I22。

4. 革命导师主持编辑的著作　革命导师自己编辑的著作入该类,主持编辑的著作依其内容入有关各类。

例:毛泽东主持编辑的《中国农村的社会主义高潮》一书,标引为:F320;29.312。

二、生平传记

有关革命导师的生平事迹、活动及思想体系的著作,包括传记、回忆录、年谱、年表、纪念文集、画册、照片等。

1. 传记、回忆录与文艺著作　革命导师的传记、回忆录,无论是自传或他人所作,一律入本类有关专类;一位革命导师论述另一位革命导师的著作应依作者标引,可在所论及的人物名下作互见标引;但关于革命导师的文艺著作,应入文艺有关类目。

例一,斯大林著《论列宁》(1924 年 1 月 28 日)一书,首先依斯大林标引,标引为:A323;《科图法》选用交替类,标引为:05.33;然后在列宁名下作互见标引,《中图法》标引为:A735;《科图法》选用交替类,标引为:04.77。

例二,(苏)卡普列尔·A. 著《列宁在十月》(电影剧本)一书,应入文学类,标引为:I512.35;47.2748。

2. 年谱、年表、纪念文集、阐述、研究等著作　论述革命导师对马列主义理论的贡献,对无产阶级革命事业的领导作用和他们的思想方法、工作方法等著作入本类的有关类目。有关五位经典作家的年谱、年表、纪念文集、旧居、纪念堂等著作也入本类的有关类目,但关于纪念堂的建筑问题入"建筑科学"有关类目。

例:《列宁是怎样工作和学习的》一书,入列宁的"阐述、研究"类,标引为:A735;04.71。

3.肖像、照片、画传　五位经典作家的肖像、照片、画传应入本类有关类目;若是作为艺术欣赏或艺术技巧研究的艺术作品,应入艺术有关类目。

三、对原著的研究著作

对革命导师原著研究以及解说、提要等参考资料入本类有关类目;运用马列主义对各学科门类的专题研究入有关各学科;阐述和研究马列主义在我国某方面传播和发展的著作,依内容入有关学科;总论马列主义、毛泽东思想发展的著作入本类。

例一,《学习〈毛泽东选集〉第五卷》一书,入本类,标引为:A841.1;06.5。

例二,《〈关于正确处理人民内部矛盾〉浅说》一书,标引为:A841.26;06.5。

例三,《马列主义与自然科学》一书,入"自然科学(总论)"类,标引为:N0;50。

四、编译或阐述上有错误的著作

各国出版的马克思、恩格斯、列宁、斯大林、毛泽东著作的译本或汇编本以及关于他们的生平传记,在编译或阐述上有错误或歪曲者,仍入相应类目,但应通过目录组织或各单位自己制订的区分符号区分开来。

第二节　哲学部类图书资料的分类标引方法

哲学是关于自然知识和社会知识的概括和总结,是人们对于整个世界(自然、社会和思维)的根本观点的体系。

关于哲学的图书资料在图书分类法中常指四个方面:

(1)马克思主义哲学,即辩证唯物主义和历史唯物主义;

(2)哲学史及其研究,以及哲学家的哲学著作及其研究;

(3)与哲学有关的学科,如:逻辑学、伦理学、心理学、美学以及无神论、宗教等;

(4)各学科的一些哲学著作,如:教育哲学、物理哲学等。

我国现行几部分类法,在哲学类均收前三个方面的著作(《科图法》关于"无神论、宗教"另立类目,在此只作交替类)。第四方面的著作视具体情况而定。

哲学类划分类目的标准有:学说、学派、政治观点、历史、方法、理论、地区、时代、哲学家、著作形式、学科及分支,《中图法》的结构以图表表示:

理论	马克思主义哲学以及总论马克思主义三个组成部分的问题 哲学基本问题 辩证唯物主义 历史唯物主义 哲学流派及其研究		
哲学史	各时代、各朝代哲学史 哲学思想史	哲学家	著作形式
有关学科	逻辑学 道德哲学 ……		

《科图法》哲学类的体系结构与《中图法》基本一致,仅将"哲学派别及其研究"列入"哲学史"类。

标引方法如下:

一、哲学理论的著作

哲学理论是以马克思主义哲学为主体,以学科内容为主要标准序列的。《中图法》除此之外还序列了"哲学流派及其研究"。

1. 马克思主义哲学的著作　论述马克思主义哲学的著作入B0;11。

2. 各代哲学家的哲学论著　现代哲学家有关哲学问题的专著,无论作者的国籍和政治倾向如何,一律按著作内容主题归入哲学理论及其下位类。近代和古代哲学家的哲学论著,不论其具体内容如何,一律入世界各国哲学史有关类目中。对马克思主义哲学著作在阐述时有明显的政治错误的论著,《中图法》可用总论复分号"－08"加以区分;《科图法》可用总论复分号"0399"加以区分。

例:阳作华著《哲理与情趣》一书,属札记性的哲学随笔。书中广泛涉猎各个知识领域,从不同的侧面和角度比较系统地阐释了辩证唯物主义的一些基本原理。应入"辩证唯物主义"类,标引为:B02;11.1

3. 哲学流派及其研究的著作　综合论述各哲学流派及其研究的著作入此,有关各国哲学流派的著作入各国哲学史。

例一,(捷)林哈尔特著《美国实用主义》一书,应入美国哲学史,标引为:B712;15.63。

例二,杨天石著《泰州学派》〔以明朝王艮(江苏泰州人)为代表的学派〕应入"中国哲学史"有关类目,标引为:B248.3;13.532。

二、哲学史的著作

1. 哲学史、哲学思想史的著作　哲学史、哲学思想史受地区、时代的制约,关于各国各时代哲学史、哲学思想史的著作入各国各时代哲学类。

例:《美国哲学史》一书,入"美国哲学"类,标引为:
B712;15. 63。

2. 哲学家的全集、文集 哲学家的全集、哲学文集入各国各时代哲学史,有专类的入专类,无专类的入"其他"类。哲学家的其他学科著作,入有关各类。需要时,在该哲学家名下作互见分类标引。

例:薛华译《黑格尔政治著作选》一书,不入"哲学"关,而入"政治类",标引为:D095. 16;31. 0399;互见标引为:B516. 35;15. 1851。

3. 哲学家传记的著作 关于哲学家传记以及哲学家思想评传的著作入各国各时代哲学史,有专类的入专类,无专类的入"其他"类。凡一哲学家撰写其他哲学家思想评传、传记的著作,均入被传人名下。若必要可在历史类里的哲学家传记类作互见标引。

例:(苏)阿尔森著《康德传》一书,应入德国哲学史康德专类,标引为:B516. 31;15. 1845。互见标引为:K835. 1651;26. 181。

4. 哲学家之间对哲学著作的相互评论、研究的著作 一个哲学家评论、注释、研究另一哲学家的哲学著作,《中图法》入被评论、注释、研究的哲学家名下,并在研究、评论者名下作互见分类标引;而《科图法》则相反。

例:(清)王夫之著《张子正蒙注》一书,张子即宋代张载。《中图法》标引为:B244. 4(张载);《科图法》标引为:13. 6174(王夫之)。互见标引为:B249. 22(王夫之);13. 4242(张载)。

三、各学科的一些哲学著作

由于哲学是自然知识和社会知识的概括和总结,所以它与各学科都有联系,它们之间是应用和被应用的关系。如:物理哲学、历史哲学、艺术哲学等。若用哲学的原理论证某学科的著作,应首先在该学科作标引,必要时,在哲学类作互见标引,若用某学科的实例来说明哲学原理的著作,其标引先后应与前述相反,这两者均应服从本单位专业的需要。

四、与哲学有关的学科的著作

1. **逻辑学的著作**　逻辑学是关于思维形式及其规律的科学。其分支包括形式逻辑、辩证逻辑、数理逻辑、概率论和科学思想方法等。由于它是一种思维方法,所以应用很广泛。总论逻辑学及其应用的著作,入逻辑学;逻辑学在其它方面、事物或学科上的应用,首先入应用到的类,然后在此作互见标引。"数理逻辑"现在已发展成为数学的一个分支,所以在"数学"类列出正式类目,在此只作为交替类。

例:该书编写组编的《辩证逻辑纲要》一书,标引为:B811;16.1。

2. **美学的著作**　美学是研究人对现实审美关系的一门科学。由于人对现实的审美关系主要表现在艺术当中,美学研究的主要对象也是艺术,因此,在类分美学图书时,与艺术的美学研究不容易区分清楚、美学不研究艺术中的规律和原则,只研究艺术中的哲学问题。这就是两者的区分所在。标引时,总论美学的著作入此,专论美学与某一学科关系的著作入有关各类。

例一,周钧韬著《美与生活》一书,应入美学,标引为:B834;18.4。

例二,杜书瀛著《论李渔的戏剧美学》一书,从美学和文学的角度,论述了李渔关于剧本结构、戏剧语言、戏剧真实、戏剧导演和戏剧的社会作用等方面的精辟见解和美学思想。应入艺术,标引为:J80;48.7

3. **道德哲学的著作**　道德哲学亦称伦理学,是关于道德及其起源和发展,人们的行为准则,人们相互间和人们对社会、国家等义务的学说。

道德哲学类的列类标准,《中图法》与《科图法》不一致。《中图法》按政治观点列类,分为共产主义道德和封建、资产阶级道德。《科图法》是以共产主义道德为主体的。

①道德修养与专业人才的知识修养的著作要分清,前者入本类,后者入有关学科。

②对待恋爱、婚姻、家庭态度与论述恋爱、婚姻、家庭制度或问题的著作要区分,前者入本类,后者总论性入"社会学";专论某一国家的著作,《中图法》入各国政治制度有关类目;《科图法》入"33.65社会学"中的"家庭与婚姻"类。

③关于家庭婚姻等共产主义教育的著作,《中图法》入"政治"类的"政治思想教育"类;《科图法》入本类。

例一,王复初主编的《道德法庭》一书,以恋爱、婚姻、家庭、遗产等问题为主,收有38篇文章,应入"道德哲学"类,标引为:B823;17.4。互见标引为:D648;38.135。

例二,上海文化出版社编《精神文明之花》一书,选编了65篇与家庭生活有关的文章,从不同角度显现了人们心灵之美,是一本家庭生活方面的道德教科书。可入"政治"类的"政治思想教育"类有关类目,也可入"道德哲学"类,标引为:B824;17.4。互见标引为:D648;38.135。

4. 心理学的著作 心理学是研究心理规律的科学。它既具有社会科学的性质,又具有自然科学的性质,同时,它孕育于哲学之中,直到19世纪中期才发展成为一门独立的科学。根据它的历史和性质,《中图法》序列在哲学类,《科图法》正式类序列在生物类,在哲学类作交替。

类分心理学著作,应将一般心理学与应用心理学的著作区分清楚。前者入"心理学";后者,《中图法》除了医学心理、生理心理的著作入此类外,其余社会实践心理的著作均入有关各类。其实医学心理学应入R,在此还应增设变态、病态心理,超意识心理,管理心理学。《科图法》除了心理治疗法、教育心理学、体育心理学、航空心理学与宇宙航行心理学等著作入有关各类外,其余各社会实践心理学入"心理学"类。

例一,(日)保坂荣之介著,苗琦、刘兴才译《如何增强记忆力、注意力》一书,应入"心理学"类,标引为:B842.3;59.832。

例二,张恩宠、卢志英著《儿童心理与教育漫谈》(教育科普丛书)一书,应入"儿童童心理学"类,标引为:B844.1;59.825。

例三,该书编写组编写的《教育心理学》一书,应入"教育"类,标引为:G44;38.14。也可在"应用心理学"类下采用组配法集中,标引为:B849:G44;59.825。

5.无神论、宗教及宗教学的著作 无神论、宗教都属于社会意识形态。无神论是否定一切宗教信仰和鬼神迷信的学说。而宗教则是相信并崇拜超自然的神灵,是自然力量和社会力量在人们意识中的歪曲、虚幻的反映。宗教学是以宗教为研究对象的科学,主要研究宗教产生和存在的根源,发生和走向消亡的过程及其规律,社会表现形态和社会作用等。

此类的内容范围:关于无神论、宗教的一般著作(宗教理论、历史、地理、考古以及与其它社会各领域的关系的著作);宗教学与其它学科产生的边缘学科(如:宗教艺术、宗教文学等)的著作;宗教的种类及组织派别的著作;宗教家的传记著作等。

《中图法》关于"宗教考古"、宗教与社会各领域的关系、宗教的边缘学科等在此一概不列出类目,仅将"宗教艺术"在此列作交替类目。《科图法》除了边缘学科外,在此均列出类目,并将"宗教文学"、"宗教艺术"在此列作交替类目。两者的范围不一,故类分"无神论、宗教"的著作,应依分类法的体系结构而定。同时要分清图书资料本身的差异,如研究神话的著作入此类;用文学体裁写的神话故事作品入文学;论述破除迷信的著作入此类。科普读物专科的入有关各学科;综合性的科普读物入"自然科学(总

314

论)"类。

例一,郭朋著《明清佛教》一书,应入"宗教"类,标引为:B949. 2;49. 3042。

例二,该书编辑组编辑《自然之谜》一书,应入"自然科学(总论)"类,标引为:N49;50. 59。

例三,青岛市文学艺术界联合会编《崂山的传说》一书,共收40余篇传说故事,包括神话、风物、传说、爱情故事、生活故事等,应入"文学类",标引为;I277. 3;44. 79。

6. 思维科学的著作 思维科学是研究思维规律和方法的科学。这门科学现在发展很快,已从哲学中分化出来成为一门独立的学科,研究的图书资料也不少。应在哲学类下列一类目,以便类分这方面的图书资料,如《思维科学简论》、《思维科学探索》等。

第三节 社会科学部类图书资料的分类标引方法

社会科学是研究各种社会现象及其本质与发展规律的科学。它与自然科学相对构成科学知识的两大系统。它包括政治、法律、军事、经济、语言、文字、文化、科学、教育、体育、文学、艺术、历史、地理等。对于这些学科图书资料的标引方法不打算一一叙述,只对其中普遍使用的类(如经济、文学),在实际标引时难处理的著作(如传记、回忆录、地理),以及社会科学中带共性的问题进行简单叙述。

在图书分类法里,社会科学部类进一步划分为九类、十类不等。有的一门学科就是一个大类,如:"经济学"、"文学";有的几门学科组成类组,如:"政治、法律"、"文化、科学、教育、体育"。不同的分类法对社会科学所设类目、类组的数量及其序列先后常有所不同,这是由分类法的编者对于社会科学的理解和划分不同,以及在编制时所处的时代不同而形成的。应当历史地看待这个问题。

社会科学各分支学科中可作为列类标准的有:学科性质、作者的政治观点、国家、社会制度、时代、人物等。在学科性质中,又有理论、问题、现状、历史、学说派别等。对于这些列类标准,采用的先后次序不同,会形成不同的分类体系。不过学科的理论都是集中序列在各类之首,既不分国,也不分时代,但分学派,少数还分政治观点。对于各学科的历史、现状、概况、方针、政策、组织、机构等一般可按国家、时代区分,有的分类法不按国家区分。社会科学部类绝大多数学科的体系结构是地区国家与学科问题两种划分标准先后采用。强调国家性质特点则先采用前者,强调学科性质特点则先采用后者,必要时,再采用前者,这是社会科学部类各学科体系结构的显著特点,也是分析和掌握其体系结构的主要线索和方法。

下面着重论述几个共性问题和几个大类图书资料的标引方法。

一、共性问题的著作

1. 学科内容与政治观点的著作 随着开放政策的实施,持各种政治思想观点的图书资料日益增多,对于它们的处理,《中图法》(第2版)和《科图法》(第2版)均有规定。对于明显反动的,攻击污蔑社会主义制度的图书资料,除了依其内容所属学科标引外,在学科类号后加观点区分号"-08"或"0399",也可采用目录组织的方法解决;对于持不同学术观点者不宜标引。

例:宋美龄著《与鲍逻廷谈话回忆》一书,书中提到的鲍逻廷是当时苏联派来中国当孙中山先生的顾问的,作者1926年与鲍逻廷谈了几次话,50年之后,1976年作者将这些谈话回忆整理出版,同时加上自己的评语。作者的目的是攻击社会主义,宣扬资产阶级民主制度。这样的书，用《中图法》标引，应入"政治制度史"类，标引为：D693.09 较恰当。

2. 政治与历史方面的著作 政治著作与历史著作的划分，由于所涉及的内容互有牵连、重叠，从分类法的类目设置、范围注释到具体图书资料的性质鉴别和归类，常有难于明确之处。通常有两种处理办法：一是以著作内容所涉及的时代为划分的标准。研究某年代以前的著作为历史，以后的入政治；另一种是以著作的内容重点、写作方式为标准。具体划分时，这两种标准是交互采用的。首先依著作内容的时代进行划分，然后对当代的著作再依研究的问题和作者的目的作进一步区分。具体说：关于世界各国政治方面的图书资料，以 1945 年为界，凡论述 1945 年 9 月 2 日以前的著作，属于政治制度方面的入"各国政治制度史"，属于历史方面的著作入历史类。苏联以 1917 年 10 月 1 日为界，中国以 1949 年 10 月 1 日为界。凡论述 1949 年以前的著作，属于政治制度方面的入"中国政治制度史"；属于历史方面的入历史类。对于论述世界各国 1945 年以后、苏联 1917 年以后、中国 1949 年以后的著作，再依研究论述的内容和作者意旨来划分。凡是对政治形势，政治概况，政府的方针、政策，政治活动、政治事件等一切政治问题进行阐述、研究、评论的著作入各国政治。凡是对政治活动、政治事件的发生、发展和结果进行系统叙述的著作以及综述现代的历史著作入各国历史。对于台湾 1949 年以后的政治著作入地方政治概况。

例一，（日）久保淳志著，祝寿臣等译《日本人事考核制度》一书，主要介绍日本目前实行的新的人事考核制度。应入"政治"类中"日本人事制度"类，标引为：D731.333；32.435。

例二，（美）戴维·卡恩著，夏海涛、王伟译《希特勒的间谍》一书，作者是美国的一位历史学家。书中详尽地研究了 1945 年以前希特勒的情报机构及其活动的情况，应入德国政治制度史，标引为：D751.69；25.181。

3．传记、回忆录、日记等著作　　传记是记载人物生平的图书资料，其内容或是赞扬歌颂某人、某些人的丰功伟绩，或是批判揭露某人、某些人的罪恶史。

传记研究的主要对象是人。人总是在社会环境里生活、工作，人离不开自己的事业，所以在描述人物生平时，必须涉及到他（他们）所从事的事业或所在的社会环境。因此，我国现行的几部分类法，关于科学家传记图书资料采用的是既集中又分散的办法。有的分类法将所有传记在历史类集中，将科学家传记在各学科科学史列作交替类；有的分类法，将科学家传记在历史类设交替类，在各科学史里作正式类列出。一个图书馆、情报单位，采用何种办法，应根据本单位读者检索习惯而定。

回忆录是一种文体，是作者对自己或他所熟悉的人物过去的生活经历和社会活动的历史追述。在回忆人物时，也离不开对人物从事的事业或所处社会、自然环境的叙述。有的回忆录侧重于对事物的描述。

日记也是一种文体，作者运用这种文体对自己日常思想、生活、工作等真实情况依日记载。

传记、回忆录和日记的著作标引方法如下：

①以人物为题材的文学作品　　以人物为题材的文学作品应入文学类。传记文学入文学。

例：张麟著《徐海东将军传》一书，是一部文学性的革命传记小说，应入文学类，标引为：I247.5；44.572。

②关于科学活动、历史事件的记实、回忆、日记等著作　　科学活动、历史事件的记实、回忆、日记等著作，虽然涉及到人，但重点在记述科学活动、历史事件本身，应依其内容性质所属学科入类。

例一，（俄）谢·阿·多勃隆拉夫著《一个俄国军官的满洲札记》（义和团资料丛编），本书作者是沙俄侵华军队的将官，他以随

318

笔、日记和回忆录等形式,详细地记述了1900年间沙俄侵略军疯狂围剿我东北通化、海龙一带忠义军、六合拳的作战经过。应入中国史,标引为:K256.7－51;22.2737081。

例二,(美)吉米·卡特著,裴克安等译《保持信心——吉米·卡特总统回忆录》一书,记述了作者四年总统生涯的各个方面,应入"美国政治"类,标引为:D771.2;32.563。

③兼论人及其事业的著作　以被传人为主,也涉及到被传人所从事的事业的图书资料可入传记或入各学科。各学科里有专类的入专类,无专类的入各学科的科学史。

例:齐苔编著《李时珍和〈本草纲目〉》一书,概要介绍了李时珍一生献身科学的事迹和《本草纲目》的内容。此书以人为主,应入传记,标引为:K826.2;61.042。再为《本草纲目》在"综合本草"类作互见标引。

④多方面有成就的人物的传记著作　在政治上闻名,又在科学上取得了很大成就的人物传记,一般可依被传人的职业而定。若是职业革命家、政治家,应按其政治身份归类;否则按其科学成就归类。在多学科上有成就的人物传记,若被传人有很多著作,综合性图书馆、情报单位依本单位需要的学科归类,以便充分发挥该书的效用。

例:《竺可桢日记》一书,竺可桢是我国卓越的科学家和教育家,该书的内容涉及到政治、军事、经济、科学、教育等方面的重要历史演变的记载,从中可以了解竺可桢的为人处世和治学之道。但竺可桢在气象学上是最有成就的科学家,应入"科学家传记"类或"气象学史"类。标引为:K826.1;56.4042;互见标引为:P4－092;26.18564。

⑤被传人的时代和国籍的划分　被传人的时代和国籍如何划分? 特别是被传人跨时代、双重国籍的怎么办? 若被传人已经去世,一般依卒年和去世的国籍归类;若被传人还活着,依当代和现

在的国籍归类。

例:董乐山译《伤残的树(我的父母和童年)》(韩素音自传)一书,是英籍女作家韩素音自传之一,该书的内容是写她的中国父亲在欧洲留学时与她比利时母亲恋爱结合的故事,以及她在童年时期的生活见闻。应入英国当代人物传,标引为:K. 358. 615. 6;47. 110454。

4. 地理学的著作　地理学是一门研究地球表面即人类生活在其中的地理环境的科学。既涉及社会科学,又涉及自然科学。在图书分类法中具体包括:地理学、区域地理学、地理志、社会文化地理学、历史地理、经济地理、自然地理以及地图学和地图。

《中图法》将地理与历史同列一类,并将经济地理和自然地理分属"经济"和"地球科学"类,在地理类只设交替类。又将部门自然地理学中的生物地理、医学地理、环境地理分设在"生物学"、"医学"和"环境科学"类,在自然地理学处只设交替类目。关于社会文化地理、军事地理各列在所属类里。

《科图法》将总论地理学、自然地理学列在自然科学中的地理学类,将政治经济地理列作交替类目。将地理志、地图、专类地理、游记、杂记列入"历史"类中世界、各国史之后。

关于地理的类目在图书分类法中分布很散,因此在类分地理著作时,依图书分类法的体系结构标引。

①总论地理学的著作　总论地理学的原理、方法、发展历史以及有关地理学研究的组织机构、会议、人员等的著作,入"地理学";专论某一方面地理的著作,则入有关各类。

例一,王成组著《中国地理学》(上册)一书,应入"地理学",标引为:K90(2);57. 1042。

例二,华东师范大学等编《中国经济地理》(高等学校试用教材)应入"经济地理"类,标引为:F129;28. 29。

②社会文化地理的著作　社会文化地理是指军事地理、人口

地理、民族地理等。

总论社会文化地理的著作,《中图法》入"地理学",《科图法》入"地理志"。专论各种社会文化地理学入有关各社会科学类。

③自然地理的著作　总论自然地理的图书资料入自然地理;专论各种自然地理者入有关各学科。

例:傅抱璞著《山地气候》一书,论述山地对气象的影响。属部门自然地理,应入气候学,标引为:P463.21;56.45521。

④区域地理、地理志与地方史志的著作　凡从地理学的角度研究一个地区的自然、经济、居民、国家制度、文化生活、风俗习惯以及物产资源等方面的图书资料应入区域地理、地理志;凡从历史的角度综述各地方的自然、经济、社会、文化和历史发展的图书资料入地方史志。

例一,(埃及)塔·谢尔夫著,唐裕生译《利比亚地理》一书,对利比亚的地质、地貌、气候、动植物、地下水、居民、工农业和交通运输等方面作了比较全面的介绍。应入区域地理,标引为:K941.3;25.514。

例二,山东省地方史志编纂委员会编《山东史志资料》(1982年第2辑　总第2辑),本辑内容包括从1840年至1982年间山东的政治、经济、军事、文教、科技、人物以及自然社会等方面的重要史料和资料性文章。应入地方史志,标引为:K295.2;22.622。

⑤名胜古迹与考古学的著作　凡侧重介绍历代各地方的名胜古迹的建筑艺术、山水、风光、古迹、游览观赏等内容的著作入"名胜古迹"类;凡侧重于文物的发掘、考证、保管等内容的著作,入"考古学"类。

例一,山东省文物考古研究所等编《曲阜鲁国故城》一书,总结1977年春至1978年冬山东文物考古工作者对曲阜鲁国故城进行系统勘察的成果。应入"考古学",标引为:K872.52;26.32722。

例二,洛阳博物馆编写《洛阳名胜古迹》一书,应入地理学,标引为:K928.706.1;22.79123。

⑥游记著作与散文作品　游记著作与散文作品之间无明显的差别,一般来说,凡是通过对生活事件或山川、景物的描述,以抒发作者情感或发表作者议论的文学作品为散文,入"文学"类;凡是对自然、名胜、城乡物产、习俗、风土人情等的见闻实录的著作为游记,入"地理"类。但是现在不少的作品将两者结合起来作为游记散文。这样的著作标引起来有点困难,一般依出版的目的和本单位读者需要归类。无论入"散文"或入"游记",在目录里都应同时标引,相互作互见标引。

例:蒋静选编《现代游记选》,编写我国"五四"以来的现代游记作品,出版者的目的是供旅游用的,应入游记,标引为:K928.9;22.8。需要时,还可在散文处作互见标引。

二、经济类图书资料的分类标引方法

经济学是研究人类社会各种经济关系和经济活动规律的科学。其内容包括:

(1)政治经济学理论;

(2)世界及各国经济概况、经济史、经济地理;

(3)经济计划与管理;

(4)部门经济。

在我国现行的分类法中,将上述内容分成理论、概况、部门三部分,并按从一般到具体的方式编列。各部门经济也是分成这三部分,按此方式编列。现将《中图法》(第 2 版)经济类体系结构列表如下:

政治经济学	政治经济学诸问题				
	经济思想史	地区	时代	理论体系	派别
世　界 中　国 各　国	经济概况 经济史 经济地理				
经济计划与管理 农业经济	部门经济学、管理体制、组织与管理等				
工业经济 交通运输经济 邮电经济	世界 中国 各国	经济概况 经济史 经济地理			
贸易经济 财政、金融	各种经济				

标引方法如下：

1. *经济理论的著作*　经济理论在《中图法》(第2版)中包括马克思主义政治经济学(总论)、政治经济学诸问题(含各种观点)、各种社会生产方式和经济思想史。

①马克思主义政治经济学著作与其它各经济学派著作的区别

《中图法》和《科图法》均将马克思主义政治经济学与其它各经济学派分开列类,并将其它经济学派列入"经济思想史"中,在"经济思想史"下再按地区—时代—学派序列。

类分这些著作时,总论马克思主义政治经济学的著作入"马克思主义政治经济学"类(F0;27.1);总论其它各经济学派及其代表人物的著作和研究评论他们经济思想的著作均入"经济思想史"有关各类;用马克思主义观点和其它学派观点研究政治经济学诸问题的著作,均入政治经济学诸问题有关各类;经济学家关于非经济学的专著,入有关各学科。

例一,(苏)列·阿·列昂节夫著,张仲朴等译《恩格斯和马克思主义经济学学说》一书,是总论性的,应入"马克思主义政治经济学"类,标引为:FO;27.1。

例二,《英美经济学家评论凯恩斯主义》一书,应入"经济思想史"类,标引为:FO91.384;27.4448。

②政治经济学理论著作与各部门经济一般理论著作的区别

政治经济学理论与各部门经济之间的区别主要在于所研究的内容范围有别。类分这些著作时,应注意其研究问题的内容范围。如果是关于经济科学的一般性问题的著作,无论是综合性的或是研究个别问题的,都应分入"政治经济学理论"类;如果是属于部门经济范畴的问题,则应分入部门经济的一般理论。

例一,雍文远主编《社会必要产品论》(社会主义政治经济学探索)一书,应入"政治经济学"理论中的有关类目,标引为;F047.2;27.2767。

例二,王国英等编《税收知识问答》一书,属于部门经济理论,应入"税收"类,标引为 F810.42;29.72。

③政治经济学理论著作与各国经济著作的区分 各国经济是以某一地区的经济形态和发展规律为研究对象的。它与政治经济学理论著作的区分,一是所涉及的地区范围不同,二是论述问题的角度不同。故总论社会经济形态及其发展规律的著作,以及以一国或几国的经济实况来总结、论证一般理论的著作,均入政治经济学诸问题;专论某一个国家经济形态及其发展规律的著作,以及以一般理论来指导论述一国经济发展的规律和问题的著作入各国经济。

例一,中国人民大学经济系编《社会主义经济理论专题讲座》一书,应入"政治经济学"的有关类目,标引为:FO4;27.27。

例二,朱剑农等《中国社会主义所有制问题研究》一书,应入"中国经济"中的有关类目,标引为:F121.2;28.222。

④经济学各论　随着国民经济的大发展,经济学领域发展更快,产生了许多新的分支学科和边缘学科。如:宏观经济学、微观经济学、静态经济学,以及非生产领域经济学等,有关这方面的图书资料很多,《中图法》为此应设专类。

2.世界及各国经济的著作　论述世界及各国经济的著作除了要与政治经济学理论著作区分清楚外,同时还应注意本身一些界线的划分。

①各国经济著作与部门经济著作的区别　各国经济在分类法中主要包括各国经济概况、经济史和经济地理。它是从整体的角度对某一地区的这些方面进行研究的。部门经济则是从具体的角度以特定经济活动领域或国民经济部门为研究对象的。故论述各国经济概况、经济史、经济地理的著作入"各国经济";只论述某一部门经济的政策、计划、组织、管理等的著作入各部门经济;若论述某一国家的某一部门经济的著作则先入部门经济,然后依国家细分。

例一,孙执中主编《日本垄断资本》一书,主要论述了1946—1982年间日本垄断资本发展的历史过程,应入日本经济的"经济史"类,标引为:F131.39;28.438。

例二,孙振远编《苏联四个时期的农业体制改革》一书,属于部门经济的著作,应入"农业经济"类,然后依"世界地区表"复分,再依专类附表复分,但《中图法》所设各国农业经济的专用复分表中未列出此类,只好作上属标引,标引为:F351.2;29.34(《科图法》在此不分地区)。

②世界经济概况中几个国家范围(非地区性)的经济著作与各国经济著作的区别　《中图法》(第2版)和《科图法》(第2版)均在"世界经济概况"类下列出了几个国家范围的类目。这些类目是从整体的角度对这些类型国家经济概况的研究,故从某几个国家范围的角度总论它们的经济概况的著作入其有关类;若不是

以某几个国家范围的角度,而只论述其中一个国家的著作入该国经济类。

例一,《争取世界的生存》(发展中国家和发达国家经济关系研究)一书,标引为:F112.1;28.14。

例二,П.Г.布尼奇编,马宾译《苏联经济管理体制问题》一书,标引为:F151.23;29.5273。

3. 经济计划与管理的著作 "经济计划与管理"是一门研究经济工作规律和方法的科学。

关于这个问题,交叉性较大。因为无论是整个社会经济领域,还是各部门经济乃至于部门中的各个小部门经济(如农业经济中种植业、畜牧业、渔业等)都有经济计划与管理问题,其区别在于内容范围的不同。分类法中"经济计划与管理"这个类是以整个国民经济的计划与管理为研究对象的;部门经济中的计划与管理,则是以特定的部门或方面为研究对象。故总论经济计划与管理的原理和一般方法以及同时论述几个经济部门的理论与方法的著作入该类;专论某部门经济计划与管理的著作入该部门经济中的有关类目。

总论管理与方法的著作入"管理学"类。

例一,袁春阳编《价值工程》一书,该书论述的是价值工程理论应用于企业管理,故入"经济计划与管理"类中的"企业经济"类,标引为:F270;29.1。

例二,肇鸿等编《工业企业全面质量管理》(《工业企业管理丛书》)一书,就应入"工业经济"类中的有关类目,标引为:F406;29.24。

4. 经济学著作与其他学科著作的区别

①若是运用具体事例论述经济原理的著作,入经济类;若是运用经济原理研究特定问题的著作或关于经济学与其他学科所形成的边缘学科的著作均入应用到的学科门类。

例一,《炼钢炉前的经济学》一书,它以实例论证社会主义生产力与生产关系,故入经济学,标引为:F042;27.2762。

例二,《教育经济学》一书,研究教育领域的经济问题,入教育类,标引为:G40－054;38.1038。

②论述现代新技术、新方法、新理论应用于经济企业管理或论证某一问题的著作入经济类;专论某项新技术、新方法、新理论的著作入其所属学科类。

例:侯文铿等著《电脑会计学》一书,应入经济学中的"会计"类,标引为:F232;29.87。

三、文学类图书资料的分类标引方法

文学是借形象反映社会生活的语言艺术。古代曾将哲学、历史、文学等书面著作统称为文学。现代专指用语言塑造形象以反映社会生活,表达作者思想感情的艺术。

文艺,一般为文学与艺术的总称。文艺学是研究文艺的各种现象,从而阐明其规律及基本原理的科学,亦称"文艺科学"。

文学与艺术是既有联系又有区别的两种事物,它们的关系用框图表示:

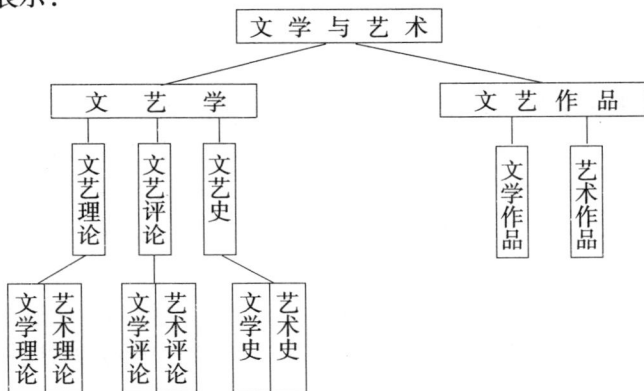

在图书分类法中文学和艺术都是作为一个基本大类单独列类的;但总论文学与艺术的文艺学又列入文学类,故"文学"类包括总论文学与艺术的著作和专论文学理论、评论、历史、文学作品等两大部分。"艺术"类包括艺术理论、艺术评论、艺术史和艺术作品。

"文学"类首先按文艺学和文学作品展开类目。文艺学跟科学著作一样,以内容的学科性质为列类标准,按文艺理论、文艺评论、文艺史分别列类。《中图法》将文艺理论依其内容集中序列在"文学"类的前面,文艺评论和文艺史都先按地区分别列入世界及各国文学,并置于各国文学作品的前列。《科图法》列出一般文艺理论和各国文艺理论。文学作品不同于科学著作,虽然它也涉猎人类整个世界乃至宇宙的各个方面,但这些仅仅是作者的创作素材,同一种素材,可以用不同的艺术形式来表现,用语言艺术来描述就成为文学作品,所以文学作品的内容题材不能作为列类的主要标准。另一方面,由于文学作品的作者总是站在一定的阶级立场上认识生活,反映生活,所以文学作品就要受到作者的国别、时代的制约。因此,作者的国别、时代也是文学作品列类的主要标准。《中图法》、《科图法》均按照:国家—体裁—时代序列。

标引方法如下:

1. 文艺学的著作

①兼论文学和艺术的理论著作 凡兼论文学和艺术的理论著作,按分类法的注释入"文学理论"类;专论艺术理论的著作,入艺术类的艺术理论。

例一,李准、丁振海著《毛泽东文艺思想新论》一书,是作者系统地学习、研究毛泽东文艺思想的成果,应入文学理论,标引为:I0;42.2。

例二,温肇桐编《美术理论书目》(1949—1979)一书,入美术理论,然后依总论复分表细分,标引为:J06-7;48.036。

②文学理论和创作方法的著作　文学理论和创作方法分为一般和各体两部分，凡一般文学理论和创作方法入前者，各体文学理论和创作方法入后者。各国的文学理论，《中图法》入一般"文学理论"，《科图法》入"各国文学"。论述具体作品的创作方法，《中图法》入该体文学理论和创作方法，《科图法》跟随原著归类。

例一，楼适夷编《创作的经验》一书，应入一般"理论与创作方法"类，标引为：I04；42.33。

例二，《作家谈儿童文学》一书，收集陈伯吹等六位作家的文章，分别从不同的方面谈了儿童文学的创作问题。入各体文学理论和创作方法，标引为：I058；42.28。

③各国文学作品的评论与研究的著作　各国文学作品的评论与研究，不同的分类法类目设置不同，在《中图法》中有两个并列类目，即各时代文学评论与研究和各体文学评论与研究。《科图法》只设各体文学评论与研究。标引时关于某一时代的某一体作品的评论和研究入该体文学评论与研究。具体某一作品的评论与研究，《中图法》入该体的评论和研究，《科图法》随原著归类。

例：胡文彬、周雷著《红学丛谭》一书，主要对曹雪芹的生平思想和《红楼梦》的版本源流进行研究，标引为：I207.411；44.566。

④文学史的著作　文学史在分类法中分世界文学史和各国文学史。各国文学史在《中图法》中有两个并列类目，即"文学史"和隶属于各该体文学评论和研究类下的历史，如："诗歌史"、"小说史"、"戏剧史"等类。标引时，各国各体文学史，《中图法》入各国各体文学类，《科图法》入各国文学史。

⑤作家及其作品评论的著作　关于作家及其作品的评论和研究，《中图法》入"各时代文学评论和研究"或"各体文学评论和研究"；《科图法》入"文学史"或"各体文学史"。关于文学家传记的著作，《中图法》入"传记"类，《科图法》入"文学史"类。

例：李宗浩主编《高士其及其作品选介》一书，是一本介绍高士其的生平、作品和作品分析三者合一的书。高士其是搞生物细菌的科学家,也是科普作家,他的作品大多数是供儿童阅读的科学故事、科学小品、科学童话等。《中图法》应入"儿童文学评论和研究"类;《科图法》应入"儿童文学史"。标引为:I207.8;43.498。

⑥文学欣赏的著作 "文学欣赏"在分类法中未列出专类,但参看"J05 艺术评论"类下注释得知"艺术欣赏"入"艺术评论",故"文学欣赏"可入"文学评论"类。但对具体文学作品的欣赏应入I1/7有关各类。

2.文学作品

①文学作品的国家、地区、时代的划分 文艺学的著作,只依著作的内容归类,不考虑作者的国别、时代和民族,而文学作品则依作者所属国家、地区、时代、民族分类,一般不考虑作品内容所涉及的国别、地区、时代、民族等(报告文学另论)。但各国古代神话、民歌、民间故事等民间创作,均依原创作人的国家分,不依编辑者的国籍分。

例一,朋斯克(蒙古族作家)著《金色兴安岭》(小说)一书,应入少数民族文学,标引为:I291.24;44.9125。

例二,(英)戴维等著,袁华清等译《马可·波罗》(电影剧本)一书,生动地叙述了13世纪意大利旅行家马可·波罗来华的沿途经历和他在元朝宫廷任职17年的见闻。应入英国文学,标引为:I561.35;47.1148。

②作者的国籍和时代的划分 若作者的国籍是跨越好几个国家,但作品却是在某一个国家写的,就归入那个国家的文学类。若作品是作者跨越两个或两个以上国家写的,可依作者在哪个国家写得多一些或最后在那个国家完成而归类。无固定国籍的作者,以出生地作为国籍入类。若一本书有两个作者,这两个作者的国籍不同,一般以第一作者的国籍入类。若需要可在有关国家互见标引。港台作家的文学作品,也应入中国文学有关各类。

330

至于跨越两个时代作者的作品归类问题,可根据分类法本身的规定而定。《中图法》规定:凡跨两个时代的作家之作品集,分入后一时期;建国前的作品建国后重印,仍给建国前的号码;建国前解放区的作品,给建国后的号码。除此之外,有的单位采取依作者的写作全盛时期集中在同一类里,或同一作者的不同作品集中在最先到馆的那部作品的所属类里。

③报告文学作品　报告文学是作者借助于形象将现实生活中具有典型意义的真人真事,经过适当的艺术加工,迅速地反映出来,达到教育读者的目的。

报告文学作品标引的方法,分类法中有规定。《中图法》规定:凡对现实生活中的真人真事,用文学笔法适当艺术加工,报导人物事迹的入报告文学;叙述人物的传记、生平事迹或回忆录入"传记"类。《科图法》规定:用报告文学体裁描写的英雄模范事迹入报告文学,具体叙述英雄模范的生平活动入传记。

这说明报告文学与一般图书的区别就在于艺术加工与否。但是,在类分图书的实际工作中是很难判明该书艺术加工程度的。因为,报告文学最大的特点就是真实而迅速地反映生活激流中的各种斗争和各项建设成就,诸如技术革命、技术革新、发明创造的经验、体会、科研体会等新人新事,多用报告文学体裁来反映。如果单纯用"艺术加工的程度"来判明一书的归属,那么,在"政治、经济"、"军事"等类下所列的有关"成就"、"体会"、"经验"等类目则无书可归。因此,仅用"艺术加工的程度"来判明图书资料的类别是不确切的。

另外,一般读者很少会到文学类里去查找这方面的图书资料,从而就不能充分发挥这些著作的作用。尤其是科技方面的报告文学与专题通讯报导有难分之处,对读者来说,常会先从内容方面来考虑掌握利用这种图书资料,很少会先从一种文学样式来考虑的。如果作为一种文学作品归类,就会降低该书的使用率。所以,现在不少单位根据需要作了适当的变通。我们认为对用报告文学体裁写的著作不能一概而论,而应考虑图书资料的内容性质,作者意旨,读者对象,本馆性质、任务的需要以及分类体系的安排。

一般可按如下方法标引:

a. 文学专业单位,可将报告文学作品一律集中标引。

b. 一般性的图书馆、情报单位,若报告文学著作的内容是反映"四化"建设成就的,就可入"政治"或"经济"有关类目;若其内容是革命的回忆录,应入报告文学,还可在历史有关类作互见标引;若是外国作家用这种体裁反映中国的一些实际情况,应依内容入中国的有关类目。如:解放前的入历史,解放后的入政治,解放前解放区的入政治;若用这种体裁反映某研究成果、经验、某工程技术革新的经过、经验体会,应入各学科,可在报告文学类作互见标引。

c. 其它专业性的图书馆、情报单位,只将本专业有关报告文学作品入本专业类,其它作品仍入报告文学类。

例一,许世友著《我在红军十年》一书,属革命回忆录,标引为:I251;44.654。

例二,贾梦雷等著《新路》一书,用报告文学的体裁,反映安徽省滁县地区推行联产责任制以来,农村中出现的巨大变化,在经济专业单位可入"农业经济"类,标引为:F327.54;29.33。

④用文学体裁写的科学著作、科普读物和科幻读物

a. 科学著作

当今不少科学著作,为了吸引读者,扩大影响或向读者宣传、普及科学知识,作者在不影响真实性的前提下,往往借助于文艺形式系统地描述科学知识,从而增强它的可读性。这种写作形式的著作,既有科普读物,又有科学专著,还有科幻读物。这些著作、读物的标引方法不能一概而论。

科学专著一律根据其内容主题所属学科标引。

例：《纽约工商八大金刚》一书，为故事性的人物、经验介绍，主要介绍美国八大金刚创业史和他们独特的经营方法。故入美国经济而不入美国文学。标引为：F471.2；28.563。

b. 科普读物

科普读物是作者将科研成果和科学技术或自然常识，用浅显、通俗的语言或借用文学体裁的形式进行系统介绍的著作。从内容来看，既有专科性，又有专题性；从读者对象来看，既有儿童阅读的，又有初等文化程度的成年人阅读的；从体裁来看，有科学小说、科学小品、科学故事、科学童话、科学史、科学游戏等。对于这些著作，一般来说，专科的入专类；综合性的入自然科学总论。也有的单位将它们一并集中在自然科学总论；对于专为儿童写作的科学故事、科学童话等应入儿童文学类。

例一，周天著《蜜蜂王国见闻》一书，以散文笔调，通俗地描写了蜂群内部的分工，恒定群体温度；用舞蹈代替语言以相互交流等十分有趣的生活；同时还写了蜜蜂同大自然、同人类的有益关系。这是专题性的科普读物，应入"农业科学"的专类，标引为：S89 - 49；69.6059。

例二，迟莹洁著《在蚕的王国里（小学生文库）》一书，讲有关蚕儿的故事，是专为儿童写的，可入"儿童文学"中的"科学故事"类，标引为：I287.52；44.85。

例三，侯进民、史义民编《世界趣事新编》一书，编译世界趣事，包括"科学家与发明创造"，以及文化艺术、建筑、自然、生物等方面的最新发现、发明、创造、趋势等。应入自然科学总论，标引为：N49；50.59。

c. 科幻读物

科幻读物是作家将科学上最新成就和科学的预测、幻想，运用文学的各种体裁描述的作品。论内容，有专科，也有综合；论读者对象，有儿童读的，也有成人读的；论体裁，有科幻小说、科幻诗、科幻论文、科幻报告文学等。这类作品的作用也同一般文艺作品一样，可启迪人们思考，培养心灵，但不宜作科学根据来引证应用。标引时，应依体裁和读者对象而定。

例一，忻趵、晓野著《盘古洞怪物之谜》（少年科学文艺丛书）一书，是一部儿童的中篇科学幻想小说，标引为：I287.4；44.85。

例二，（英）威尔斯著《月球上的第一批人》一书，是一部描述登月旅行的科幻小说，标引为：I561.45；47.115。

例三，（美）丹尼斯·梅雷迪思著《随航天飞机出航》（科幻报告文学）一书，标引为：I712.55；47.6365。

⑤双体裁的作品　文学作品的写作形式，有诗歌、戏剧、小说、报告文学、散文、民间文学等。这均是传统的单一形式，然而现在文学作品的写作形式有所发展，往往将传统的单一形式混合使用，产生新的写作形式，如：电视剧、电视小说、散文诗、寓言故事、成语故事、滑稽悲剧等。对于这些多体裁作品的标引，现有的分类法，有专类的入专类；无专类的，可依其重点体裁归类。

第四节　自然科学部类图书资料分类标引方法

自然科学是研究自然界的物质形态、结构、性质和运动规律的科学。传统的科学分类将其分成基础科学和应用技术两大系统。随着科学发展的新特点，现代科学分类将其分成基础科学、技术科学和专业科学技术三大系统。技术科学是自然科学中新发展起来的一门学科，它一方面综合利用基础科学理论，另一方面总结专业科学技术的经验，将两者有机地结合起来，发展成为专业科学技术的基础理论，如：医用数学、农业物理学、金属学等。可以说技术科学是基础科学的特殊应用，而专业科学技术又是在技术科学指导之下发展的，技术科学成为基础科学和专业科学技术之间的桥梁，三者的关系极为密切。然而我国现行的几部分类法,仍然按照传统的科学分类方法列类,即将基础科学单独列类,将技术科学和专业工程技术一同列入应用技术大类。

标引自然科学的图书资料并不难,只要能概括出其内容主题,依主题学科性质归类即可,必要时再依形式复分。当然这需要分类人员有足够的基础知识才行。除此之外,对于基础科学与应用技术的总论与专论、综合与专题、应用与被应用等方面的著作要区分清楚。下面重点讨论几个大类的分类标引方法。

一、基础科学图书资料的分类标引方法

基础科学是研究自然界发展规律的科学。它是技术科学和专业科学技术的理论基础,其中有的学科还应用于社会科学。

基础科学包括:数学、物理、化学、生物学、天文学、地球科学等六大学科。一般按照从低级到高级、从简单到复杂的顺序列类。

基础科学的图书资料包括:

(1)论述某学科发展规律的科学史及其发展现状、概况的著作;

(2)关于某学科科学家及其学术思想的著作;

(3)论述某学科及其分支的专著;

(4)某学科及其总论应用的著作,以及专论一种理论、一种方法、一种技术在某学科应用的著作。

我国现行的几部分类法关于基础科学列类,绝大部分与技术科学、专业科学技术分别设置。并且,有的分类法将它们各自独立成类;有的分类法将它们组成几个类组,然后再依各学科的内容层层展开。例如:《中图法》将数、理、化组成类组,为"数理科学和化学"类,然后"化学"类按物质、问题、方法、应用等标准列出类目,"无机化学"按各族、各种元素进一步展开,"有机化学"按各种结构进一步展开等,形成一个完整的化学分类体系。

对于基础科学的图书资料分类标引方法,不打算按学科一一叙述,只将基础科学中共性的问题重点叙述。

标引方法如下:

1. 总论与专论的著作 总论某基础科学各个方面或综述各分支的著作,应入该学科;专论某学科中的一个问题或一个分支的,入该学科的问题或分支类。

例一,(瑞典)L.戈丁著,胡作玄译《数学概观》一书,对高等数学的大部分内容作了简明的、介绍性的论述。应入高等数学,标引为:O013;51.61。

例二,刘玉翘、陈汉卿编著《集合初步知识》一书,主要介绍集合论的一般知识,集合论是高等数学中的一个分支,应入该分支学科,标引为:O144;51.38。

总论某学科中某种事物的各个方面的著作应入该种事物;专论某学科中某种事物的一方面,首先入该种事物,若分类法在该种事物类下列出各个方面的细目,则再依这一方面进一步细分。如:总论生物的形态学、生态学、细胞学、遗传学等的著作,应入“生物学”;专论生物形态学,入“形态学”;专论某类生物的形态学入某类“生物形态学”;总论某种生物的形态学,首先入某种“生物”,若图书分类法在某种生物下列出细目,或注明仿分,可依形态学细分。

例一,钟安环编著《生物学引论》一书,概述生物学的各个方面,应入生物学,标引为:Q1;58。

例二,(美)Leland G. Johnson、E. Petev Volpe 著,于豪建译的《发育生物学中的形态模式和实验》一书,专论生物形态学,应入“生物形态学”,标引为:Q13;58.16。

例三,(日)尾崎久雄著,吴尚忠译《鱼类消化生理》(上册)一书,专论鱼的生理,应入“鱼纲”,标引为:Q959.4;59.1912。

2. 基础科学与技术科学和专业科学技术的著作 凡是论述基

础科学的基本概念、学科内容、基本规律和基本理论的著作,入基础科学有关各类。

例一,《冶金实用数学》一书,主要介绍冶金工艺过程分析上常用的及重要的数学方法的原理及其应用,应入技术科学,标引为:TF;76。可互见标引于基础科学中的"数学"类,标引为:O29:TF;51.99。

例二,黄义主编《弹性力学基础及有限元法》一书,应入基础科学的"力学"类,标引为:O343;52.52。

总论某一种基础科学及其应用的著作入该基础科学。凡用工程技术的实践来论证某一基础科学的基本理论的著作入该基础科学;从检索意义来说,凡是既有基本理论又有技术实践的著作,均可根据本单位读者需要归入一类后,在另一类作互见标引,供不同读者检索使用。

例:陈予恕编著《非线性振动》一书,系统地介绍了研究非线性振动的主要方法,并提出了一些工程技术课题中非线性振动问题的实例,应入基础科学,标引为:O322;52.22。

3.科学现状与科学史的著作 科学现状与科学史在著述方式上都是对科学概况的描述。不同的是科学现状只对当今科学发展的动态、成果、水平进行介绍,而科学史则是对科学的产生、发展和展望进行系统的全面概述。但是,今天的现状就是明天的历史。因此,两者主要是时间上的区别。我国现行的几部分类法,有的将科学现状与历史分设类目,有的组成类组。《中图法》属于前者,《科图法》属于后者。

总论科学史入"自然科学(总论)"类,专论各科科学史入各学科,不入社会科学中的"历史"大类。在各学科类中有专类的入专类,无专类的就归入大类,然后再依总论复分表中"历史"类复分。

例一,科学史集刊编辑委员会编《科学史集刊》一书,应入"科学史"类,标引为:N09;50.4。

例二,(美)查尔斯·帕纳蒂著《科学和技术23项突破》一书,应入"科学现状"类,标引为:N1;50.4。

例三,亨利·M·莱斯特著,吴忠译《化学的历史背景》一书,应入化学史,标引为:06－09;54.04。

二、医药、卫生图书资料的分类标引方法

医药、卫生是医学、药学和卫生学的总称,也简称为医学,是研究如何维护人体生理、器官等健康发展以及同疾病作斗争的一门学科。

医药、卫生图书资料包括:

(1)卫生学的著作;

(2)医学的著作;

(3)药学的著作。

我国现行几部分类法的"医药、卫生"类编制时,贯彻以预防为主,突出中国的原则,首先列出预防医学、卫生学,再列中医,然后列现代医学各科,最后列特种医学。而中医又按我国医学传统分类方法编列,即:基础理论、临床学、各科学系统各部位医学、特种医学。其中将各科、各系统及器官各部位的肿瘤、结核在"内科"类集中列出。对药物学,有的分类法包括中药学;有的分类法将中药学随中医学集中编列。

标引方法如下:

1.人体学与医学著作 人体学是研究人体结构、人体生理的科学。《中图法》将人体学列入"医药、卫生"类;《科图法》在"医药、卫生"类,只列出了"医用人体学"类。这是总论性的类目,关于人体的各方面学科在此只列出交替类,在生物学列出正式类。标引时,凡论述人体结构各系统、各部位、各组织的生理生化、生物物理学的著作入"人体学"类;凡论述人体各系统、各部位、各组织的各种疾病的诊断、治疗、护理的著作入"中医"和现代医学有关

338

各类。

例：（美）杰拉尔德·L·波特奈著《青光眼诊疗指南》一书，应入眼科治疗，不入人体解剖学，标引为：R775；64.525。

2. 中医与西医以及中西医结合的著作　中医与西医是我国医学研究中的两大系统，各自独立，然而又相互学习、互相结合，共同来治疗疾病，通称中西医结合治疗法。同时中医也在逐步运用现代科学技术的成就，努力创立新医药学。因此，现在出现的医学书籍比较复杂，有专论中医的，有专论西医的，还有兼论中西医的。特别是兼论中西医的著作，分类时要注意，不同的分类法安排不一样。《中图法》规定："中西医结合临床治疗的著作，一般入 R 4/78 临床各科医学，如内容侧重中医，则分入'R2 中国医学'。"（《〈中图法〉使用说明》1981 年版 113 页）《科图法》规定："关于中西医结合，或用中西医两法治疗各种疾病以及中西医汇编的图书资料，均按医学分类系统分入有关各类。例：中西医结合治疗烧伤为 64.4413。"（《科图法》第 2 版 136 页）这两种标引方法是对排架而言的。作为检索来说，凡是中西医结合的著作，无论是中医为重点，还是西医为重点，或是中西医并重，甚至是各自按自己的理论体系论述，只是有关章节编入有中医或西医的内容，除根据本单位读者的需要归入中医或西医外，必要时，可在西医或中医作互见或分析标引，便于相互学习。

例一，石毓澍、马腾骧主编《临床肾脏病学》一书，简要叙述了肾脏解剖生理及该病的有关检查和治疗技术，比较详尽地叙述了常见肾脏病及其并发症，讨论了中医中药对肾疾病的认识及较有效的药方。应在"中医"、"西医"两类中同时标引，标引为：R692；63.34。互见标引为：R256.2；62.4934。

例二，刘守身等编著《中西医结合治疗骨折的护理》一书，入专科护理学，标引为：R473.6；63.65。互见标引为：R246；62.19。

另外，我国现有的分类法对中医列类都太简单，使很多有关的

339

图书资料无类可归,估计《中图法》第 3 版会大大扩充中医类目。

3. 总论疾病与专论各种疾病的著作　总论疾病的预防、诊断、治疗和护理的著作,分别入"预防医学"、"诊断学"、"治疗学"和"护理学";专论各科、各系统及器官、各部位各种疾病的预防、诊断、治疗的著作,均入各科、各系统及器官、各部位各种疾病,唯独护理仍入"护理学"类。因为分类法上所列"护理学"类既收总论,又收专论各科、各系统及器官、各部位各种疾病的护理学的著作。

例一,张允泰等编写《怎样诊断疾病》一书,入"诊断学",标引为:R44;63.2。

例二,夏立照编《血吸虫病的诊断与鉴别诊断》一书,应入"血吸虫病",标引为:R533.1;63.8871。

4. 结核病和肿瘤病的著作　关于各科、各系统及器官、各部位的结核病和肿瘤病的著作,均集中入"结核病"和"肿瘤病"类,不入各科、各系统及器官、各部位疾病。

例一,林巧稚主编,王元萼等编《妇科肿瘤》一书,不入"妇科疾病",而入"肿瘤科"类,标引为:R737.3;63.85577。

例二,许学爱编写《肺结核病》一书,应入肺结核病,标引为:R521;63.874。

5. 医药、卫生器械的著作　医药、卫生器械制造的著作入"机械工业"类,使用的著作入"医药、卫生"类。但在"医药、卫生"类,现行几部分类法处理不一样。《中图法》将其分散在有关各类,《科图法》将其适当集中。《中图法》将总论医疗器械使用的著作入"R197.39";专论中医医疗器械使用的著作入中医有关类目。如"针灸用器械"入"R245.09"专类,专论"药用器械"入"R955",专论各科医疗机械设备入"R 5/78"有关各类。《科图法》将专论药用器械使用的著作入"61.2247",专论中医医疗器械入"62.28",总论和专论各种医疗器械入"61.267"及其以下有关各类。

6. 医学与相关学科的著作

①医用基础理论与基础学科的著作　医用基础理论是医学的技术科学,是数、理、化、生在医学技术中的应用。凡是论述研究医用基础科学的著作入"医学"类。

例:谢楠柱等主编《医用物理学基础》一书,应入"医学"类,标引为:R312;61.54。

②放射医学、放射卫生学与原子能生产放射防护的著作　放射医学是医学中的特种医学,研究医学上利用放射能过程中的有关问题。

放射卫生学又是放射医学中的一门学科。因此,放射医学和放射卫生学均属于医学类。我国现行的几部分类法,将两者分别列类,放射医学列入"特种医学"类,将放射卫生学从放射医学中抽出,列于"预防医学"中。因此,专论放射卫生学的著作入预防医学;总论放射医学的著作入放射医学;而专论原子能生产技术中的放射防护的著作,应入"原子能技术"类。至于放射性物质对人体影响、对环境的污染及防护的著作,《中图法》在医学类只列出交替类,而正式类集中列在"环境科学"类;《科图法》将其入"放射卫生防护"类。

例一,刘增鼎等译《放射敏感性和剂量的空间分布》(国防放射防护委员会14号出版物)一书,应入"放射卫生学"类,标引为:R144.1;61.2184。

例二,孙世则等编著《放射损伤临床》一书,入"放射医学"类,标引为:R818;64.933。

例三,王同生等编《核辐射防护基础》(教材)一书,入"原子能技术"类,标引为:TL7;72.38。

③药用动植物、矿物的著作　论述作为药物的动物、植物、矿物以及化学物质的种类、性能、作用、配伍、药理的著作入"药物学"类;论述药用作物的栽培入"农业科学"类;药用动物的饲养入

"畜牧业"类;化学药物的生产入"化学工业"类。若一本书、一份资料既论述了某一药物的性能、作用、药理,又论述了它的栽培、生产或饲养,应根据图书馆的性质、读者需要或论述重点归类。

例一,丁光迪著《中药的配伍运用》一书,入药剂学,标引为:R94;63.34。

例二,居学锋编写《茯苓的人工栽培》一书,入"农业科学"类,标引为:S567.3;66.918。

三、农业科学类图书资料的分类标引方法

农业科学是研究利用动植物的生命机能,通过人工培养以取得产品的科学技术。其内容除农业作物外,还包括畜牧、蚕桑、林业和渔业等。因此,我国现行的分类法,均将农、林、牧、蚕、蜂、渔等合列为农业科学大类。

农业科学图书资料内容包括:

(1)论述农业技术科学和农业科学史的著作;

(2)论述农业工程的著作;

(3)论述农、林、牧、蚕、蜂、渔、水产生产技术及其生产机械的制造与使用的著作;

(4)论述农业生产经营管理的著作;

(5)论述兽医植物保护的著作;

(6)论述各种农作物、园艺作物、材木、牲畜的生物学著作;

(7)论述各种农产品粗加工以及农产副业的著作。

我国现行的几部分类法将上述内容除了第四点列入"经济"类(在此只列交替类),鱼类生物学列入"生物科学"类外,其它均列入"农业科学"类。首先列出农业基础科学,再列农业科学技术、方法,最后以研究的对象列出诸类目。

标引方法如下:

1. **农艺学的著作** 总论农作物与园艺作物、农艺学的著作入

342

"农艺学"类;专论各种农作物和园艺作物的农艺学著作入各种农作物、园艺作物有关类目。

例一,赵铁男等编著《种子品质分析》一书,应入"农艺学"类,标引为:S331;65.629。

例二,闵绍楷、熊振民编著《水稻遗传和品种改良》一书,应入大田作物的栽培技术,标引为:S511.03;66.142。

2. 各种物产病虫害及其防治的著作　我国现行的几部分类法,关于各种物产的病虫害及其防治,是在农业、林业、畜牧业、渔业等类下集中列类的。所以,凡是总论或专论各种物产的病虫害及防治的著作,分别入"植物保护"、"森林保护"、"兽医"、"蚕的病虫害及其防治"、蜂的"病虫害防治"、"鱼病防治"等类。

例一,何秉耀主编《羊病防治》一书,应入兽医类,标引为:S858.26;69.3946。

例二,杨有乾、李秀生编著《林木病虫害防治》一书,入"森林保护学"类,标引为:S763;68.76。

3. 植物保护的著作　植物保护在分类法中作为一门学科单独列出。各种农作物和园艺作物的保护,从大田作物、园艺作物类中抽出,集中列在植物保护类下,在农作物、园艺作物类设交替类目。

标引时,总论植物的病虫害及其防治方法的著作,入植物保护有关类目。专论某种农作物、园艺作物的病虫害及其防治方法的著作,首先归入植物病虫害,然后再依具体作物细分。

例:朱涌泉、赵世库编著《蔬菜虫害防治》一书,入植物保护类,标引为:S436.3;65.842。

4. 农业科学与相关学科的著作

①农业技术科学与基础科学的著作　基础科学与农业科学技术相结合,产生了农业技术科学。对于论述基础科学在农业上的应用,或农业技术科学的著作,无论农业类是否列出专类,均入"农业科学"类。

例：中华人民共和国农业部主编《农业微生物》（农业生产技术基本知识）一书，入"农业生物学"类，标引为：S182；95.284。

农业科学与生物科学的关系尤为紧密，两学科之间除了应用与被应用关系外，还具有共同的研究对象——有机物质，但各自研究的方面不同。生物科学研究有机物质的生命现象，而农业科学是利用有机物质的生命机能，并通过人工培养取得产品，为人类服务。因此，同一有机物质在"生物科学"和"农业科学"类会同时列出。图书资料的内容往往既研究有机物质的生命现象，又研究如何培养有机物质的生命机能，无法将它们区分开来。因此，我国现行几部分类法均将农业科学所研究的有机物质的生物学问题，在农业类同时列出，并规定：凡属各种农作物、园艺作物、林业、牲畜业等的生物学著作（包括生理、生化、生态等），均集中在农业科学有关各类之下，而不归入生物科学。

例：苏锦祥主编《鱼类学与海水鱼类养殖》（全国高等水产院校试用教材）一书，论述鱼类学和海水养殖两个方面的问题。应在"农业科学"和"生物科学"类标引。该书的完全分类号标引为：S969.1＋Q959.4；69.739＋59.1912。

②农业经济的著作　关于农业经济的著作，一般入经济类，不入农业类，因为分类法在农业类只列出交替类。

例：吉林省农业委员会编《农业生产责任制》一书，入"农业经济"类，标引为：F325.22；29.3381。

③化肥、农药的著作　论述化肥、农药使用的著作，入"农业科学"类；论述化肥、农药生产的著作，入"化学工业"类。

例一，福建省农业厅植保处等编《常用农药的使用方法》一书，着重介绍当前生产上最常用的38种农药的特性、剂型、防治对象、使用方法及注意事项。应入"农业科学"类，标引为：S48；65.859。

例二，俞俊棠主编《抗生素生产设备》一书，抗生素是细菌肥料,应入"化学肥料工业"类,标引为:TQ 446.5;81.491。

④农业机械制造与使用的著作 对于农业机械制造与使用,不同的分类法,处理不一样。《中图法》将农业机械的使用与制造列于"农业科学"类,在机械工业类只列出总论"专用机械"的类目;《科图法》将农用机械制造列入"机械工程"类,农用机械使用列入"农业科学"类。因此,关于农业机械使用与制造的图书资料,应根据不同的分类体系进行不同的标引。

另外,农、林、牧、渔机械的使用,在"农业科学"类也不是集中列类。《中图法》除了大田作物和园艺作物的机械集中列类外,其它机械列入各类,如:植物保护机械列入"植物保护学"类,林业机械列入"林业"类等等;《科图法》将大田作物、园艺作物、植物保护机械集中列类,其它机械各列其类。因此,在类分论述农业机械使用的图书资料时,也要依不同的分类体系进行不同的标引。

例一,江西省农业机械研究所编《水稻动力中耕机》一书,介绍了中耕机的类型、结构、使用、保养及故障排除等知识。应入"农业科学"类,标引为:S224;65.54。

例二,胡由芳等著《甜菜挖掘收获机的部件选择及整机设计》一文(载于《甜菜糖业》1983年第2期第58页),《中图法》将该文入"农业科学"类,标引为:S225.7;《科图法》将该文入"机械工程"类,标引为:79.254。

⑤农田水利的著作 图书分类法一般将"农田水利"列入"农业科学"类,在"水利工程"类只设交替类。因此,关于"农田水利"的著作,一般入"农业科学"类,不入"水利工程"类。

例:沙金煊编著《农田地下排水计算》一书,应入"农田水利"类,标引为:S276;65.44。

⑥绿化建设与绿化规划的著作 《中图法》将"绿化建设"列入"林业工程"类,"绿化规划"列入"建筑科学"类;而《科图法》将这两方面列入"建筑科学"类。因此,标引这方面的著作时,依分

类法的体系结构而定。

例：胡广志著《四旁绿化营林技术》一文（载于《农村科学实验》1983 年第 5 期第 10 页），《中图法》将该文入"农业"类，标引为：S731.52；《科图法》将该文入"建筑科学"类，标引为：86.62。

⑦农产品初加工与食品工业的著作　农产品初加工，是指将收获的农产品进行脱粒、清除、选择、分级、干燥等工序。食品工业是以农产品为原料，制成能直接食用的产品。因此，关于农产品初加工的著作入"农业科学"类；关于以农产品为原料进行食品生产的著作入"食品工业"类。

例一，李庆龙编写的《社队粮食保管常识》一书，入"农业科学"类，标引为：S379；65.695。

例二，粮食部教材编写组编《碾米工艺与设备》一书，应入"食品工业"类，标引为：TS212；83.11。

四、工业技术类图书资料的分类标引方法

工业、工程技术科学和工业、工程科学技术在我国现行的几部分类法中是合列为一大类的。但是，类目名称不一，有的称为"工业技术"，有的称为"工程技术"，有的称为"技术科学"。所指的都是将基础科学的基本理论应用到工业、工程的生产技术实践中去所形成的技术科学、专业科学技术、操作方法、生产技能以及相应的生产工具和其他的物质设备。

关于工业技术的图书资料，论学科范围，有论述技术科学、专业科学技术、组织管理三大类型著作；论系统，有论述工业技术的一般著作，有专论各种工业、工程的著作。对于工业技术的著作，分类法不一定全列入"工业技术"类。我国现行几部分类法将各系统工业、工程的组织管理均列入"经济"类，其余的列入本类。但《中图法》将"交通运输"、"航空、航天"从"工业技术"类中抽出，单独列为大类与"工业技术"类并列。

346

工业技术系统均按照原料生产—材料生产—成品生产—动力生产—生产资料、消费资料的生产等进行序列。各工业系统的生产均按照理论、设计、计算、制图、结构、构件、零部件装置、材料、机械设备、工艺方法、产品、副产品及其分析、检验、应用、工厂、车间、综合利用等序列。

标引方法如下：

工业技术内容广泛，各工业系统相互利用、互相渗透形成许多新的学科，标引工业技术的著作时除了注意以内容性质为主要标准，形式特征为辅助标准外，还要对以下几种著作区分清楚。

1. 总论与专论的著作　对于总论工业技术的基础理论、所用材料、规格、标准、创造发明、专利以及一些通用技术、学科及其应用的著作，应入总论性类目——"一般工业技术"类；专论这些通用技术、学科在某一工业技术、某项工程中的应用的著作，入该"工业技术"类和该项工程类。

例一，黄炎编《工程弹性力学》一书，是总论性的著作，入"工程基础科学"类，标引为：TB125；71. 2124。

例二，(日)西忠雄主编，孙域丰等译《建筑喷涂材料与施工》一书，是专论性的著作，入"建筑科学"类，标引为：TU56；86. 1692。

另外，在某一工业技术、或某一工程技术中也有总论与专论的类目，标引时也要注意。如：总论微波技术的著作要入"微波技术"类；专论微波器件的著作要入"微波电子管"类；专论微波元件的著作入"电子元件"类。

例一，(英)F. L. 沃纳著，宋孟宗等译《微波衰减测量》一书，是总论微波技术的著作。入"微波技术"类，标引为：TN015；73. 4598。

例二，李嗣范编著《微波元件原理与设计》一书，是专论元件的著作。应入"电子元件"类，标引为：TN61；73. 7613。

2. 概括与具体的著作　分类法中，为了类分概括某种工业技术、某项工程的各个方面和专指某种工业技术、某项工程的一个部分的著作,在各种工业技术、各项工程技术里均设置了一般性类目,如:"一般性问题"、"一般方法"、"一般著作"等,还设置了较具体的类目,如:"直流电机"、"交流电机"、"三极电子管"等等。因此,凡是概述、研究某种工业技术、某项工程技术的各个方面或一个方面的著作,入该项工业技术类或入该类中所设的概括性类目,即"一般性问题"的下位类;凡是专论某种工业技术、某项工程技术中具体的某种技术、事物或工程时的著作,应入具体性类目,必要时还可仿一般性类目细分。

例一,史中利编《冶金机械设备润滑》一书,应入冶金机械的一般性问题的下位类,标引为:TF307;26.182。

例二,吕玉章等编《涤棉纺织工艺》一书,系统地阐述了涤棉混纺生产各工序的生产工艺,这是整个纺织工业中的具体性著作,应入具体类目,标引为:TS114.5;85.1338。

3. 学科与事物的著作　事物常是学科的研究对象,同一事物可以成为多门学科的研究对象,但各自研究其不同的方面。所以有的著作是从多角度多学科研究事物的多方面或全部;有的著作从某角度某学科研究事物的某一方面或某一部分。故图书分类法除了以学科系统列出类目外,还为了某些图书馆读者的需要和根据图书资料的出版情况,在某些类里设立了不少事物性的类目。但这事物性的类目不等于主题法中的主题。主题法中的主题包括事物的各个方面,既有整体,又有部分。分类法中的事物通常也称主题,然而这主题的范围受到它所属学科的限制,只包括该事物所属学科的有关几方面。如:《中图法》中"石油天然气工业"类,只包括石油天然气的开、采、炼、运四个部分,而"石油、天然气经济"在经济类;"石油、天然气普查与勘探"、"石油、天然气地质"在地质类;以石油为原料的各种化工产品的生产列在"化学工业"类。因此,同一事物在分类法里涉及多门学科,记载某一事物的著作可

348

能涉及分类法的多个门类,标引这些著作时,一般应以学科分类为主,若某专业图书馆、情报单位需要将某事物的图书资料集中,也可在该事物所属学科类下适当集中。

例一,美国工程技术协会海洋培训公司编《海洋钻井和采油工艺》一书,《中图法》入"石油、天然气工业";《科图法》入"矿山工程"。标引为:TE5;74.79。

例二,四川石油管理局编著《天然气工程手册》一书,《中图法》入"石油、天然气工业"类,标引为:TE;《科图法》无综合性类可归,但可在化学工业类中"石油矿及天然气工业"类里集中,标引为:81.7。

4.制造与使用的著作 制造和使用是一门科学技术的两个方面,也是一个事物的两个方面。具体系指机械、仪器、仪表、武器、工具、电器以及各种工业产品等的制造与使用。有的著作只研究某工业技术机械的制造问题或制造与使用兼论;有的著作论述的是多项工程或多种工业适用的通用机械、仪器、仪表等的制造或制造与使用兼论;有的著作论述的是一种产品的制造或制造与使用兼论。对于这两个问题我国现行几部分类法处理的办法有两种:一是制造与使用集中;二是制造与使用分开。集中与分开的基本原则是:一种产品多种使用的,制造与使用分开;一种产品一种使用的,制造与使用一般集中。这样可以保持不同学科各自的系统性和完整性。但不同的图书分类法,对具体机械、仪器、仪表、武器、交通运输工具等的制造与使用处理不完全相同。

①在《中图法》中通用机械、仪器、仪表和动力机械的制造以及总论通用机械、动力机械的使用著作入"TH 机械、仪表工业"类和"动力工业"类;专用机械的制造与使用维修一般各入其类,只有武器,医药、卫生器械,邮政、商业机械的制造与使用是分开的。但电工、电子工业、交通运输工具以及所用仪器、仪表、器件等的设计、制造使用等的著作均随各类集中。《科图法》关于通用机械和

专用机械、仪器、仪表的制造,以及总论通用机械的使用的著作入"机械工程"类;专论通用机械在某方面的使用者,各入其类。但论述武器、电工、电子工业的仪器、仪表、器件、交通运输工具等的制造与使用的著作,均集中在各自所属的学科类。

例:(苏)B. A. 帕诺夫、Π. H. 安特列耶夫著,包学诚等译的《显微镜的光学设计与计算》一书,论述的是通用仪器,应入"仪表工业"类,标引为:TH742.02;79.844。

②化学工业、轻工业的各种产品及其使用各入其类。

例一,化工部化工设计公司主编《氮肥工艺设计手册(硝酸、硝酸铵)》一书,应入"化工肥料生产"类,标引为:TQ441.2;81.443。

例二,《甘肃农民报》社编《化肥知识》一书,论述的是化学肥料基本知识及其使用方法,应入"农业科学"类,标引为:S143;65.2541。

③总论动力机械的制造和使用以及专论其制造的著作入"动力工程"类;动力机械的具体使用,应各入其类。特别是有的动力机械已经成为有关部门的专用设备或某一机械的构件时,更应该随部门或某机械入类。

例:沈希瑾、陈炳芳编《轻便摩托车用发动机》一书,不入"动力工程"类,而应入"交通运输"类,标引为:U483;87.3892。

5. *应用与被应用的著作* 论述某工业技术部门中的一种技术、一种方法、甚至一种机械应用到另一项技术、一种机械中去的著作,一般入应用到的那项技术、那种机械的所属学科。根据图书馆读者的需要,反之也行。在分类目录里,所涉及到的类应有反映。

例一,卢国铭等编著《遥感技术基础》一书,应入"遥感技术"类,标引为:TP7;《科图法》对于遥感技术未设专类,可附属于"远距离控制"类。

例二,卓宝熙等主编《遥感原理和工程地质判释》一书,应入工程地质勘探,标引为:P642.5;71.2161。

6. 生产技术与经济效果的著作　农业技术,工业、工程技术,以及交通运输等既有生产技术问题,又有经济效果问题。所以既有专论生产技术的著作,又有专论经济效果的著作。我国现行几部分类法将各种生产技术与经济效果分别列类。凡是论述生产技术的有关政策、法令、条例、劳动组织、管理、技术革新、报酬等经济效果的著作,入经济类有关类目,个别情况才使用工农业技术门类中相应的交替类目;凡论述工农业、工程的生产技术的著作入工农业、工程技术类。

例一,蒋葆芳编著《机械制造企业管理概论》(高等教材)一书,应入"工业经济"类,标引为:F407.46;29.2713。

例二,机械工业出版社出版的《机械制造工厂和车间设计手册》一书,应集中入"机械工业"类,标引为:TH18;78.18。

7. 生产对象与其各个方面的著作　关于工业技术的著作,有的总论生产对象的各个方面;有的专论某一方面;有的兼论几个方面。即:有论述生产对象与生产技术的;有论述生产技术与设备的;有论述产品与工艺的;有论述材料、原料及制品的;还有论述产品的运营与维修及其用途的等等。我国现行图书分类法,关于各种工业技术的生产对象、生产技术、制造工艺,所用原料、材料、产品及其运营维修、用途等类目,设置不完全相同,有的详细列出细目,有的组成类组。因此,标引生产对象与其各个方面的著作,视图书分类法关于某种工业技术的类目设置情况、图书馆读者的需要,以及图书资料内容重点归类。

例一,中国建筑科学研究院混凝土研究所编《建筑材料及制品》一书,图书分类法上将建筑材料及其制品列为一类,故标引为:TU5;86.16。

例二,陆树荪等编《有色铸造合金及熔炼》一书,论述的是有色铸造合金及其熔炼过程。此书既涉及到生产对象又涉及到生产工艺,应依生产对象入类。但图书分类法里只列出了总论铸造工艺的类目,对于各种金属及其合金的铸造工艺未列出细目,故只好入总论性类目,标引为:TG29;77.28。

第五节　边缘科学、综合科学、综合技术、横向科学等图书资料的分类标引方法

现代科学技术高度综合、高度分化的趋势,使图书资料的主题内容越来越复杂。相继产生的大量综合科学、边缘科学、横向科学以及预测学等方面的图书资料便是例证。这些图书资料的主题复杂,内容广泛,有些是以特定的自然界客体作为对象,运用多学科的理论和方法进行研究的科学,如环境科学、材料科学等;有些是由两门或两门以上的学科相互渗透而形成的一门科学,如生物物理学、生物地球化学等;有些是应用一门或几门学科的理论或方法研究另一门学科的对象,从而产生一门新的科学;有些是从特定的方面,用抽象的方法研究各种事物、现象、过程所产生的新学科等。对于这些图书资料,作为以揭示图书资料的学科性为主要目的的图书分类法,是需要采取相应对策的。在标引这些图书资料时也要采用有效的措施。为了叙述的方便,将上述科学暂统称为"综合性学科"。

一、现代图书分类法对综合性学科处理的办法

1. 设置专门大类或二级类目　对于日趋成熟的综合性学科,因其研究对象、研究内容以及分支学科都很明确,有一个较完整的体系,而出版的图书资料也较多,可以独立成为一个大类,于是设置专门的大类或二级类目。如:《中图法》将"环境科学"设置成一

大类,与其他大类并列;《人大法》将"环境科学"在"自然科学"类中设置成二级类目,与其他二级类目并列。

2. 在综合性图书类设置类目 一般来说,图书分类法的"综合性图书"类的设置,是为了容纳那些内容庞杂、类无专属、无法按某一学科内容性质分类的图书资料,然而有不少图书分类法将其变成综合性图书与综合性科学兼收的类。如:《杜威十进分类法》(第19版),在"000 总类"中,设置了"控制论"、"人工智能"、"决策论"、"信息论"、"系统论"等许多综合性科学类;《人大法》在"综合参考"类也设置了"综合性科学著作"类。

3. 在总论性或概括性的类目下列出类目 综合性科学有的是社会科学范畴的,有的是自然科学范畴的,于是有的分类法就在社会科学总论类和自然科学总论类或其他概括性的类目下列出类目。如:《中图法》在"C 社会科学(总论)"之下列出了"C9 统计学"、"C93 管理学"、"〔C94〕系统学"、"C96 人才学",在"N 自然科学(总论)"之下列出了"N91 博物学"、"N94 系统学",在"TB 一般工业技术"之下,列出"计量学"、"材料科学"等等。《科图法》在"50 自然科学(总论)"之下列出"50.95 环境科学"、"50.99 显微镜学"等。

4. 在有关方法论或通用技术类下列出类目 综合性技术具有通用性,所以图书分类法一般在有关方法论或通用技术类下列出类目。如《中图法》在"TB4 工业通用技术"类下列出"爆破技术"、"粉末技术"、"薄膜技术"、"密封技术",在"TP 自动化技术、计算技术"类下列出"自动化技术、计算技术"、"射流技术"、"遥感技术"、"远动技术"等。

5. 通过类目注释指明归属 有些新产生的综合性科学,其研究的内容范围和分支都不是很明确,处于朦胧阶段,而现出版的图书资料也不多,暂不宜设立专类,于是图书分类法一般采用归并列类法用类目注释指明其归属。如《中图法》在"C93 管理学"类下注明"《决策论》入此"。

6. 采用以应用为主的列类原则 对于边缘学科或综合性、通用性技术应用于另一门学科或设备,均在应用到的学科技术类列出类目。

估计《中图法》(第3版)也会采用上述方法增设综合性学科类目的。

二、综合性学科著作标引方法

1. 入专类 若是论述某综合性学科的著作,在图书分类法中已为该学科设立了专类,该著作标引时应入专类。

例:(美)G.韦德著,刘煜宗、王菊先译《能与环境变化》一书,从科学技术、人口、能源、社会、经济等几个方面揭示美国的环境污染和环境保护问题。入"环境科学",标引为:X171.2;50.95。

2. 入应用类 若是探讨某综合性学科或综合性技术在其它学科、技术和设备中应用的著作,应入应用到的学科、技术、设备类。

例:邵燮麟编著《控制论的模化方法及应用》一书,论述的是控制论在自动化中的应用,入"自动化技术"类,标引为:TP13;73.822。

3. 入上位类 对于记载综合性学科的著作,图书分类法上无专指类,可入能包含其内容的上位类。如"城市科学",是一门关于环境生态的综合性学科,可入其上位类"环境科学",并在此类下注明"城市科学入此"。

4. 靠类标引 若是记载全面研究某一现象或实体的综合性学科的著作,可采用靠类标引法扩大类目范围,并依研究对象集中。如关于水科学的著作,它涉及到化学、水文、气象、环境、医学、农业等学科,可靠水文类标引,并在"水文学"类下加注"水科学入此"。也可将研究水的著作集中于此。

5. 利用空号增设新类 若是介绍某一新综合性学科的著作,

根据这学科研究对象、内容范围,可属于图书分类法中某一类系或类列,在该类系或类列中又未列出该学科的类目,但留有空的类号,这空类号恰好适用于这一新学科,该著作可利用这一空号,并增设新类目。不过这种方法只是权宜之计,不能多用,一旦用了,应报请图书分类法编委会批准。若与编委会所发增补新类目通告发生冲突,应立刻改正。

例:"传播学",是研究人类传播行为发生、发展规律及其与社会的关系的一门学问。其内容涉及的学科有社会学、历史学、情报学、图书馆学、语言学、心理学、美学、教育学、新闻学等,是一门综合性学科。就其内容应在"社会科学(总论)"类列出类目;也可依其主要内容在"文化、科学、教育、体育"类列出类目。

6. 类号组配加轮排 对于记载边缘性科学的著作,标引时,除了采用互见标引的方法外,还可采用组配加轮排的标引方法,提供多种检索途径。如:"青年社会学"、"军事社会学"、"旅游社会学"等。

上述标引方法尽管不是很理想,但还是符合图书分类法的编制原则,有利于揭示图书资料的学科性质的。

在标引综合性学科的著作时要注意与综合性图书的区别。综合性学科的每一学科不管是由多少个学科综合而成,但它有独立的研究对象和内容,是一门完整的学科,而综合性图书虽然具有综合性质,但其内容是松散的,不是作为一门学科来研究,而是编辑出版形式上的综合,供查阅参考的。

在标引预测学方面的著作时,有两点要注意:一是关于预测学方面的著作与科幻文艺著作要区分清楚,二是关于预测学方面的著作与以"预测学"为研究对象的著作要区分清楚。预测学方面的著作是作者根据现实的社会状况、物质条件、科学现状、自然环境以及历史经验等各种因素,进行科学的综合分析和研究归纳的结果,有一定的可靠性,故应依其内容所属学科归类;科幻文艺作品,虽然有一定的科学根据,但加进了作者的幻想和艺术手法,不能作为作者的引证,故应依体裁和读者对象归类。以"预测学"为研究对象的著作,应入"预测学"类,标引为:G303;33.628。

参考文献

1.《中国图书馆图书分类法》编委会:《中国图书馆图书分类法修订研讨会议文集》 1985 年 8 月。

2.《中国图书馆图书分类法》编委会:《〈中图法〉使用说明》 书目文献出版社 1981 年。

3. 白国应:《图书分类学》 书目文献出版社 1981 年。

4. 于光远:《论社会科学研究》 四川人民出版社 1981 年。

5. 郭建中:科学幻想报告文学 载《中国文艺年鉴》 1981 年。

第十三章　同类书排列法

在学习图书分类法的过程中,我们已经知道,任何一个大小类目及其类号,代表着一类图书资料,或同类的许多图书资料,而不能表明每一个别的具体图书资料。图书资料的科学管理和有效利用,要求具体到每一个别的不同的图书资料,及其排列次序。这就是本章要继续学习、研究的同类书排列问题。

第一节　图书分类的延续与个别化要求

一、同类书排列的意义作用和原则要求

同类书排列的意义作用,在于科学地管理和利用图书资料,常要精确到能区分同一类的各种图书资料和每一种图书资料的不同点。图书分类法中每一类目及其类号,已经反映了图书资料本身的一定属性特征,同类书的排列,就应考虑按图书资料本身的其他属性特征来继续细分,进一步揭示其属性特征,达到不完全相同的图书资料能相互区别。在某种意义上说,同类书排列就是分类的延续(亦即深化)和个别化。图书资料的科学管理和有效利用,除了明确知道同类的许多图书资料以外,还需要精确地了解不完全相同的具体的图书资料。不做到这一步,就难以科学地、精确地管

理和利用图书资料。

同类书排列的原则要求,总的说要体现分类的延续和个别化,以提高排检效率;分别说要符合图书资料固有的特点和人们检索利用的习惯;在排列层次顺序上,要适应分类的合理要求,处理好分散集中问题(相关图书,如多卷书、一书的不同版本、译本等能排列在一起);在分类排架所要求的标记符号上,做到保持同类里每册书唯一性的同时,如同分类符号一样应单纯简短,易认易排,易写易读。

二、同类书排列应视作分类的延续

把同类书排列视作分类的延续,是因为分类法中应解决而还没有解决的问题,常是通过同类书排列来部分解决的。这一点,就图书分类法中某些类目的注释看,是不难理解的。有的分类法把同类书排列问题如同附表复分一样,视作分类表的一个组成部分,称为书号安排,作为专门问题来研究、阐明。有的分类法在类表结构的附表复分及其标记符号中很难辨别分类号码和同类书排列号码,除形式上的分段或分行书写以外,近乎混为一体了。有的分类法是总的指明其用于分类排架中同类书的排列方法,或种次号或字顺号及其进一步区分排列,以达到符号的个别化。

就《中图法》第 2 版中一些类目注释看,涉及同类书排列的,有以下种种情况:

A12	马克思、恩格斯单行著作

按写作年代顺序排,多卷书以第一卷的写作年代为准。例:《共产党宣言》(1848 年 1 月),号码是 A122/4801;《反杜林论》(1878 年),号码是 A124/7800。

D220	中国共产党全国代表大会、代表会议、中央全会

依会议届次排。

F532.7	中国铁路运输经济各线路概况

按线路名称排。

K291/297　　　中国各省、市、区史志

　　　　　　　　依中国地区表分,再依下表(即专类复分表)分。

　　　　　　　　┌ 2　各专区、自治州、盟
　　　　　　　　│　　　按名称排。
　　　　　　　　│ 3　各市、中央直辖市属各区
　　　　　　　　│　　　按名称排。
　　　　　　　　│ 4　各县
　　　　　　　　└　　　按名称排。

　　（注:此专类复分表是辅助表"三、中国地区表"中的复分表。)

K82　　　　中国人物传记

K821/828　　(前面有一总的注释:以下各种人物传记……

　　　　　　　其中分传均按被传人姓名排。)

K879　　　　中国美术考古

　.2　　　　　石窟寺

　.21　　　　敦煌石窟

　.22　　　　云冈石窟

　…　　　　　……

　.27　　　　大足石窟

　.29　　　　其他

　　　　　　　依寺名排。

P112　　　　天文台(观象台)

　　　　　　　依世界地区表分,再按台名排。

P416.2　　　气象地面观测记录

　　　　　　　依世界地区表分,再按年代排。

TV152　　　中国河流泥沙

　　　　　　　依河流名称排。

Z62　　　　中国期刊、连续性出版物(综合性)

　　　　　　　按期刊名称排,再按出版年代排。

Z812.1　　　中国全国总书目

　　　　　　　依出版年代排。

再如《科图法》第 2 版中也有类似这样的一些关于同类书排

列的注释说明。如在"71.24 工业标准规格"类下,注明"各类专门标准规格,宜入有关各类;如需要集中于此处,可按标准本身系统排列。"

图书分类法中少数类目类号下,通过注释已明确的同类书排列方法,归纳起来大致有三种类型:

(1)按事物名称排,亦即按图书资料内容所论及的主题排;涉及到几个主题时,按其主要的重点主题排。这就是一种没有配给类号的不表示某种逻辑关系的事物分类。

(2)按图书资料内容所属年代或届次排,即进一步按年代或届次区分。年代或届次是某些图书资料较明确的属性特征,对揭示和利用图书资料较有意义。

在同类书按年代排列当中,有主张一般图书资料都首先按出版年排的。每种图书资料一般都有出版或写作与发表的时间,可用以揭示其时间性,对利用图书资料有特定意义。由于不同时间出版的同一种图书不便集中,按初版时间集中,又削弱了它的意义;同时在以后的版本区分号中也有揭示其时间性的意义,故实践中很少有一般图书资料都首先采用这种排列法的。

(3)按图书资料本身已有的序号排。这是当某种图书资料已能与其他图书资料相区别时所采用的一种排列方式,可揭示其固有顺序,便于习惯地按这种顺序查找利用图书资料。

图书分类法中某些类目注释已明确进一步按什么方式排的,应按分类法的要求排。那么,图书分类法中大量类目没有明确其同类书排列方法的,又怎样排呢? 应该说是按图书资料较明显的其他特征排,即是按类号类名已表示过的以外的其他性质特征排。实践中,大量的习惯的是同类书再按著者姓名排,因其比较明显,比较容易掌握统一标准,对查找利用图书资料比较方便,同类同著者的图书资料可以集中。著者是图书资料的一个重要标志,对图书资料的内容性质有直接的影响和责任。无著者,或难于确定著者,又无编译、出版、发行者时,则按书名或篇名排。书名或篇名(特别是科技图书资料的书名或篇名),通常能揭示图书资料的内容性质,常常也是据以查找利用图书资料的直接标志。实践中,有的图书分类法或图书馆对同类书都直接按书名或篇名排,而不按著者排。认为有的图书资料难于确定著者,但总有书名或篇名,且比较容易确定,索性都按书名或篇名排,要简便一些,同时一般来说可减少一个排列层次。

同类书按著者排,按书名排,和前面提到的按事物名称排,就是按著者、书名、事物名称的字顺排。这对汉字来说有多种排检法。无论采用哪一种排检方法,就一个机构单位来说,应与所编制的其他字顺目录、字顺检索工具一致,采用同一种字顺排检方法。

研究同类书排列的目的,就在于使同类图书个别化,达到方便管理和利用。

第二节　分类排架中同类书排列的号码编制

图书分类排架,是图书资料多种排架法之一,特别对图书就架揭示、推荐来说,是通行的有效的一种方法。任何藏书排架方法,从流通出纳的方法制度要求来说,是需要有号码的。图书分类排架,除分类号码以外,还必须有同类书排列号码(即通常所简称的书次号),要求在流通出纳中,一个具体的实物单位(在图书资料的内容和形式上视作相同的一卷、一册、一份),能用个别化的号码显示出来,不致混淆不清。分类号与同类书排列号(分上下行或分排书写,或一行用斜线/隔开),总称分类排架号,或称分类索取号(又称分类索书号;有时部分索书号还包括冠号在内),管理人员和读者就凭此号码排架和索取图书。

一、字顺号码的编制

分类排架中,同类书按年代、届次和图书本身的序号排。就按这些序号编同类书排列号,用以组成分类排架号。例如《共产党宣言》的分类排架号为 A122/4801。同类书按著者、书名和事物名称等字顺排,就得编字顺号,用以组成分类排架号。这里就着重谈这个问题。

字顺号码的编制方法,是根据某种文字的排检法而拟订的。拼音文字,一般按拼音字母的顺序排检,给它编字顺号码,方法比较单一,只是号码所表达的字顺有详略、繁简的不同。汉字不属于拼音文字系统,它是由不同的笔画和笔形组成的方块字,它的读音和笔画笔形之间没有必然的联系,不像拼音文字的形与声基本一致。因此,汉字的排检方法,一向就多种多样,不像拼音文字那样比较单一。

汉字的排检方法,虽说是众多纷纭,但发展到现在归纳起来可以说是两大类型:一是按声韵排检;一是按笔画形体排检(包括部首笔画法和笔画起笔法等)。这是就首先或主要采用的排检方法分的,实际上单用哪一种方法都不能排检彻底,还需要辅之以其他方法才能排检到每一个不同的汉字。

根据某种字顺排检法来编制字顺号码,有查号法和拼号法两种。

查号法,是先把所收集的字按某种字顺排检法排顺以后,再配给号码,编制成字顺号码表,然后到表中取其字顺号码。字顺号码表的配号方法,如同列举式图书分类表的配号方法一样,也有顺序制(数序制)和层累制(等级制)两种;其号码形式也有单纯符号(数字或字母的)和混合符号(含有字母与数字的)两种。

拼号法,是先把构成一字的因素,各种笔画笔形或拼音符号,加以分析归纳,分别给予代号,然后按某字的一定书写或拼读次

362

序,或详或简地取其代号,便成了所要编的字顺号码。

字顺号的拼号法,其道理貌似组配分类法的概念组配方法,实际是不宜类比的。如果仿照组配分类法中组配概念的基本方法来组配字顺号码,就会是拼音文字本身和给汉字编码了。分类排架中同类书排列的字顺号码,是用来组成分类排架号的,它要求单纯简短,在同类中只要能起区分作用就够了,不必为据以排列的字顺项目中每个汉字编一个不同的字顺号码。用每个汉字的不同字顺号码来排检汉字的字顺是可以的,但组成分类排架号则行不通,不符合简短的要求。因此,分类排架中同类书按字顺排,采用拼号法编制的字顺号码,既要基本反映字顺,更要号码本身简短。

汉字字顺号码的编制,比较常见的有:汉语拼音音序法、笔画笔形法和四角号码法等。这里分别就其基本方法作一介绍。

1. 汉语拼音字顺查号法   1951 年毛泽东指出:"文字必须改革,要走世界文字共同的拼音方向。"1957 年国务院公布"汉语拼音方案"以来,一直在推广普及汉语拼音。1959 年以后的《新华字典》已按汉语拼音字母顺序排检。

汉语拼音字顺查号法,是一个号码表的形式,常称之为"汉语拼音著者号码表"。字顺号码表中收集的汉字,不是字典中的全部,而是常出现在著者、书名、事物名称中的首字;除单字外,还可包括少部分单字起头的名称。将这些汉字按《新华字典》注音、排顺,然后就每字在著者、书名、事物名称中出现率大小的评估,分别配给多少不等的顺序号码:一字一号或一字数号,也可某名称一号或数号,数号则依次按每一字的拼音字母分配。实际上还有几个字共用一号码的,只是有的在表中列出来了,有的没有列出来,而实际使用是这样的。号码形式,可以是拼音首字母带阿拉伯数字的混合号码,也可以是单纯数字的。配号方法,一般是全部两位或三位的顺序制号码,中间也有留空号的,不表示第一、第二……字母或音节、声调等次第;如果要表示这些次第,就是层累制号码。

这里摘录武汉大学图书馆编《汉语拼音著者号码表》(1974 年油印本)中的几段,以见这种字顺号码表之一斑。把"中国科学院"按"中国科"三个字排到相应位置,再按这个名称后的第一个字的拼音首字母 A—Z 分配了 Z538—Z561 个号码。号码形式,为第一个字的拼音首字母(大写)带三位顺序数字。

取号方法:

F

fā			fū			fǔ		
发		111	夫		293	腐		351
fá			fú			扶		352
伐		112	浮		296	辅		355
fǎ			福	A—H	297	fù		
法	A—E	116	福建	A—R	311	富		361
法	F—K	117	福建人民出版社		316	副		363
法律出版社		118	福建省		318	父		366
法	L—Q	119	福建	S—Z	324	复		368
法	R—W	121	福	J—K	326	付		371
法	X—Z	122	福	L—Q	327	傅	A—D	372
fà			福	R—T	328	傅	E—K	373
发(髪)		125	福	W—Z	329	傅	L—Q	374
……			福州	A—F	330	傅	R—W	375
			福州	G—R	331	傅	X—Z	376
			福州	S—Z	332	阜		381
			……			……		

①首先明确某类号下应按什么项目名称字顺排(著者、书名或事物名称),这一点很重要,不是使用所谓"著者号码表",一律按著者取号。然后按该项目名称的第一个字,到字顺号码表中如同查《新华字典》一样,查得该字,取其顺序号。

②如果一字数号,则按项目名称的第二个字,以至第三个字,

甚至某名称后的第一个字的拼音首字母（或其他字顺排列法）确定其顺序号。

　③如果是号码表中没有收的字，则在表中相应的位置取其靠近的前一字（或后一字）的号码，就是靠近的几个字共用一个字顺号码。这一点也很重要，就是说不管号码表中有无某字，都可以给它取字顺号。

　从方法上设计几种不限于著者的项目名称，利用武汉大学图书馆编《汉语拼音著者号码表》来取字顺号（所属分类号从略）。

　①"阜新煤矿"，其字顺号为 F381；

　②"傅立叶"，其字顺号为 F374；

　③"福贡"（云南省一县名），其字顺号为 F297；

　④"福鼎"（福建省一县名），其字顺号为 F297；

　⑤"福安"（福建省一县名），其字顺号为 F297；

　⑥"福建教育"，其字顺号为 F311；

　⑦"中国科学院历史研究所"，其字顺号为 Z549（见该表，按历字拼音首字母 L 定号）；

　⑧"浟流"，其字顺号为 F296（与浮字共号）。

　2. 汉语拼音字顺拼号法　　鉴于查号法字顺号码表篇幅大，每字必查，又不可能每个字、每个不同项目名称都分配有不同的字顺号码，不少是分段、几个字共用一个字顺号码的，为求取号简便，先能以简略的字顺号能区分的就先从简，于是有采用汉语拼音字顺拼号法的。

　汉语拼音字顺拼号法，是将用作汉字拼音的首字母（或较详细的还包括各个韵母），根据所拼汉字的多少，按字母表顺序适当分段，分别给予数字代号，例如：

AB	(0)	CD	(1)	EFG	(2)
HJ	(3)	KL	(4)	MNO	(5)
PQR	(6)	ST	(7)		
WX	(8)	YZ	(9)		

对需要按字顺排的项目名称,取其第一、二、三个字的拼音首字母数字代号,所构成的号码,就是采用拼号法编制的字顺号码。号码形式,可以是纯数字的,或字母与数字混合的(由第一字的拼音首字母与第二、三字的拼音首字母数字代号组成),也可以是纯字母的(全由拼音首字母组成)。所构成的数字号码部分,如果不按小数制顺序排列,或者为求号码的整齐,数字 0 还可以用来补充项目名称中不够三个字的空位。

以《中图法》中"K897.29 中国其他石窟寺美术考古"里的"剑川石窟、天龙山石窟、响堂山石窟、巩县石窟、西湖石窟等依寺名排"为例,采用拼号法给它们编三种符号形式的字顺号码为:

剑川石窟	317	J17	JCS
天龙山石窟	747	T47	TLS
响堂山石窟	877	X77	XTS
巩县石窟	287	G87	GXS
西湖石窟	837	X37	XHS

拼号法的纯数字、纯字母及字母数字混合,以及查号法的字母数字混合字顺号码的比较:

为说明问题,假设某类的书需要按著者姓名字顺排,有以下一些著者需要编字顺号码,分别用拼号法的各种符号形式(①、②、③)和查号法(④)给这些著者编字顺号为:

	①	②	③	④
范宏钧	233	F33	FHJ	F155
傅家华	233	F33	FJH	F373
傅 洪	23(或230)	F3(或 F30)	FH	F373
傅汉滨	230	F30	FHB	F373
高建军	233	G33	GJJ	G228
郭俊杰	233	G33	GJJ	G584

从以上几组举例看,纯数字的字顺号码,顺序性强,易写易读,但不同项目名称的重号多,缺乏拼音的直感性。纯字母的字顺号

码,不同项目名称的重号比较少,拼音的直感性强,但不易读不易写,顺序性差。字母与数字相混合的字顺号码,顺序性比纯字母的强,也比较容易写容易读,有一定拼音直感性,重号比纯数字的少,但比纯字母的多。看来,字母与数字混合的字顺号码形式比较符合要求一些。总的来说,采用拼号法编的字顺号码,比采用查号法编的字顺号码,重号的可能性要多一些。同类里不同的字顺项目名称,其字顺号码相同时,都需要再进一步加区分符号(加区分符号的方法见第 374 页本节第三"个别化的区分符号问题")。但拼号法,如不需要加区分符号时,编字顺号要简单得多。

3. 笔画笔形字顺查号法 笔画笔形排检法是适应汉字的结构特点和读者习惯的一种基本方法,当汉语拼音还不十分普及,不为广大读者所熟悉掌握的情况下,尤其如此。所以,按汉字的笔画笔形来编字顺号码,还有相当的实用价值。

笔画笔形字顺查号法(号码表),所收汉字的范围、要求和配号方法,与汉语拼音字顺查号法基本相同,所不同的,是前者采用笔画笔形的方法来排检汉字,和只宜采用纯数字的号码形式。这里摘录《中国科学院图书馆图书分类法》中注释举例所采用的《笔画起笔著者号码表》里的一段示例如下:

	10	11	12	13		87	88	89	
0		下,工,士, 土,寸,与	卞	王(乙)					0
1	〔1〕 一,乙	大	六	天,夫,开 井					1
2	〔2〕 ⊖二,十	兀,弓,尸 习	文	元,无,云 支,五					2
3	丁	卫	亢,户,心 火	扎,廿,艺 木,切					3
4	七,刁,力 了	也,刃,飞 子	⊖ 韦	屯,戈,区 太					4
5	① 卜	①上,山 小	王(、)	厄,历,不					5
6	①八,人 入,九,几	①乞,千 勺	(一)	尤					6
7	〔3〕广,之 ⊙义	凡,丸,久 乃	(→)	匹,互,尹 引,尺					7
8	⊖三,干 于	川,么,幺 女	(丨)	书,丑					8
9	万	〔4〕 ⊙方	(丿)	巴					9

〔1〕、〔2〕、〔3〕……表示笔画数,⊙、⊖、①……表示起笔笔形,(、)、(一)、(→)……表示项目名称第二个字的起笔笔形。

号码排列,采取坐标式以缩小篇幅。例:万,一个字一个字顺号为109;广、之、义,三个字共用一个字顺号为107;王,一个字配给125、126、127、128、129、130 六个号码,在其中按项目名称第二个字的起笔笔形确定字顺号。

这里列举几个在某些类里（类号从略）需要按字顺排的项目名称，作为例子来说明取字顺号的方法：

万县（四川省）　　字顺号为　　109

义县（辽宁省）　　字顺号为　　107

广昌（江西省）　　字顺号为　　107

广丰（江西省）　　字顺号为　　107

王树梁（著者）　　字顺号为　　126

王世阁（著者）　　字顺号为　　126

丰都（四川省）　　字顺号为　　124（表中没有由丯订正后的丰，按其字顺与韦字共号。）

4. 笔画笔形字顺拼号法　汉字按形体结构排检的方法中，除按笔画笔形排检以外，还有按形体结构中的笔形代号顺序来排检的方法。例如，有多年来使用的"四角号码法"，后来又有"三角号码法"以及"高低笔号法"等。汉字是由各种笔形及其多种排列组合而构成的方块字，由一定方位的笔形代号按一定顺序组成的号码，就可以用作汉字的排检顺序。每个汉字的字顺号码是拼凑出来的，其特点是不必着意数笔画，见字形默数其号码就可确定顺序。

汉字字顺排检中的号码法，用来编制分类排架同类书排列中的字顺号码，可称之为笔画笔形字顺拼号法。各种笔形，包括单笔和复笔，也属于笔画，只是不必去数笔画。类似于汉语拼音字顺拼号法，笔画笔形字顺拼号法则是将字顺项目名称中第一、二、三个字的部分笔形代号拼凑而成的字顺号码。

这里以实践中不少图书馆采用的"四角号码法"为例，来说明笔画笔形字顺拼号法。四角号码字顺法，是将方块汉字四个角的笔画笔形概括为 10 种类型，用 10 个阿拉伯数字来代表，每个字按笔顺从上到下、从左到右、从外到内定四个角的数字排列顺序，按每个字的数字号码大小定字顺。10 种类型的笔画笔形及其数字代号口诀如下：

　　横一垂二三点捺　　　一(1)丨(2)(3)、丶

　　叉四插五方框六　　　十(4)丰(5)囗(6)

　　七角八八九是小　　　(7)冂(8)八(9)小

　　点下有横变零头　　　亠(0)

（10 种类型的笔画笔形及其数字代号与说明，参见《四角号码新词典》。）

　　按照四角号码字顺法来编制分类排架同类书排列的字顺号码，为求符号简短整齐（比如都是四位数字），又容易起到字顺项目名称的区分作用，需要有一个取号规则，比如说：一个字的项目名称，取四个角的号码；两个字的项目名称，只取每个字的左上、右上两个角的号码；三个字的项目名称，取第一个字的左上、右上两个角的号码，第二、三个字都取左上角的号码；三个字以上的项目名称，只取前三个字的号码。

　　例如《中图法》"TQ522.62 煤的高温干馏中粗苯加工和产品"类，有二硫化碳、苯、甲苯、二甲苯、溶剂油、古马隆树脂等，这些如果按字顺排，按四角号码法编字顺号，则为：

苯	4423
甲苯	6044
二甲苯	1064
溶剂油	3303
二硫化碳	1012
古马隆树脂	4077

　　又如，某一门类的著作，特别是文艺作品，按著者姓名字顺排，取其字顺号，为说明按四角号码法编字顺号的重号情况，假设有以下著者，其号码为：

黄　钏	4482
赵慈峰	4482
杜敏贤	4482
甘笃生	4482

封仑伟　　　　4482

这种重号情况，是由于对汉字多种复杂的笔画笔形结构，用过于概括的四个角和十个数字来表达，并且在编制项目名称字顺号码时，为了使号码尽可能简短，一般只取两个角的号码，这样就容易产生重号情况。所谓重号，是指在同类里的不同项目名称而号码相同（这是需要进一步区分的，后面本节第三将要讲到）；如果在不同的门类里，不同项目名称而号码相同，就不算作重号。所以，实践中有些熟悉四角号码法的，还用它来编制同类书的项目名称字顺号。

二、种次号的编制

鉴于分类排架同类书排列中，任何一种字顺号都不能反映某种严格字顺排列法（前面各种字顺号举例中已有同类不同项目名称，而其字顺号相同，需要加区分号的，加区分号就可看出这种情况，后面本节第三再讲），不能完全显示字顺排列的特点和优点，而且其编号方法和号码形式并不那样单纯简短，对不同文种的图书资料难以用其中任何一种方法来统一，于是又有所谓"种次号"的编制方法，分类排架中同类书按"种次号"排。

种次号，就是按同类中每种书的分编先后次序，依次给予1、2、3…等顺序号。它不管同类书排列中项目名称的汉字形声特点，只管分编过程中每种书的先后次序。种次号与财产登记号是不同的。财产登记号，是每一本书、一份资料、一个装订单位（每个复本）各给一个顺序号，多卷书、复本书有分散的情况；种次号，则是一种书（常指所有复本和多卷书）给一个顺序号，多卷书、复本书和关于一书的评注之类的书能够集中。

何为一种书，哪些相关的书应集中到一块儿便于利用，是需要明确的。比如一书的不同版本、各种译注本（包括对其评论、研究的书）可视为一种书。通常确定为一种书是先以书名为准，因为它比较容易确定;但也有人提出先以著者为准给同类书顺序号,以便同类同著者的书集中,这在实践中不多见,可以研究。

种次号的起始号,是在每一个类号下开始的,是多头的;也可以根据各类藏书情况而定,比如限于在较概括的类目类号(三、四级为止的类目类号)下开始,减少头绪,便于管理种次号;但不宜概括、减少到近似财产登记号。财产登记号的起始号,是全部藏书统一安排的,可以一个头(或再分段),也可以按书型、文种等分为几个头,但不会太多不便管理。种次号的起始号如果概括、减少到近似财产登记号那样少的头绪,会使号码过长,不符合分类排架符号简短的要求。

种次号的管理方法,有代号卡和记号卡两种:

代号卡,就是分编过程中利用分类排架总目录,当某类里分入一种书即依次取了一号,随即竖着插入一张空白卡代表已取过的种次号。同类里连续分入几种书依次取了几个种次号,随即插入几张空白卡。当其排架卡正式做好排入时,随即将空白代号卡抽出,这就是管理种次号的代号卡方法。

种次号记录卡,是管理种次号的记号卡方法,其格式如下:

类号				类名						
00	10	20	30	40	50	60	70	80	90	
01	11	21	31	41	51	61	71	81	91	
02	12	22	32	42	52	62	72	82	92	
03	13	23	33	43	53	63	73	83	93	
04	14	24	34	44	54	64	74	84	94	
05	15	25	35	45	55	65	75	85	95	
06	16	26	36	46	56	66	76	86	96	
07	17	27	37	47	57	67	77	87	97	

| 08 | 18 | 28 | 38 | 48 | 58 | 68 | 78 | 88 | 98 |
| 09 | 19 | 29 | 39 | 49 | 59 | 69 | 79 | 89 | 99 |

卡片大小可与普通目录卡同,正反两面印上 00—99 个号码,留下准备填写类号和类名的位置。每分入某类一种书,则查其记号卡,依次属于第几种,取这个号码,并在该号码右边空格里画一钩√,表示已用过。

卡片正面的号码记完了,接着用反面的号码,在 00 前加 1,一张卡片正反两面的号码记完了,可接着用第二、三……张,依次在 00 前加 2、3、4……,表示号码的连贯,同时每张卡片的正反两面都标上类号和类名以免混乱。

这套种次号记录卡单独按分类号和已记种次号的顺序排列。如果所用到的细小类号都至少给一张记号卡,可记 199 种书,在相当时期内对某些类目来说,实际不会有这么多种书,如果三两种书也占用一张记号卡,就会使这套种次号记录卡体积臃肿不便管理。于是,有的采用排架分类号粗分的办法,在目录分类号比较细的基础上,根据各类藏书可能增长的情况,作比目录分类号要概括的分类,比如说一般分到三、四级类为止,预先作出详细规定;在目录分类号上划出排架分类号所需要分到的级位,在这一级类号下开始给种次号。这就既减少了种次号记录卡,避免了体积臃肿不便管理,也符合整个排架号简短而又比较稳定的要求。或者仅仅是为给种次号,规定较排架分类号要概括的类号,在其下给种次号,以缩小种次号记录卡的体积。这样,在每个排架分类号里面的种次号,只标志各种书的先后次序,虽会不连贯,但不作各类书的统计和清点是可行的。

利用财产登记号编种次号的可能:

种次号起始类的概括、减少,由小到大可以上推到财产登记号不分类的起始号。利用每种书中最小的、或手中新编的一本书的一个登记号作种次号，未尝不可。它不需要代号卡，也不需要种次号记录卡，先确定是否为已分编过的一种书，查书名或著者总目录，如果是，就记其已用作种次号的财产登记号为后编书的种次号；如果确定是新到的一种书，就用其财产登记号作种次号。不过分编加工程序就应先登记打号，按种清理集中一批书的复本和多卷集，然后再进行分编查重。

利用财产登记号编的种次号不连贯，不是大的缺点；按类编的种次号连贯，无十分必要去追求，首先要求的是区分，不是便于按类作统计。而问题是利用财产登记号编的种次号，会比按类编的种次号长得多，不太符合分类排架号简短的要求。这种方法，在小型图书馆藏书不会太多的情况下是可行的。但不能简化到直接利用每本书的财产登记号作分类排架的同类书排列号，造成同种书不能集中，排架混乱，不便利用（究竟不是单纯按财产登记号排的一种固定排架方式）。利用财产登记号编种次号，有点介乎分类排架和固定排架两者之间的性质，要尽可能体现分类排架的特点和要求。

三、个别化的区分符号问题

图书资料分类排架中同类书的排列，要求有体现个别化的区分符号。前面介绍的任何一种字顺号编制法都还没有全部达到这个要求，所举的例子中已发现同类里的不同项目名称，而字顺号码相同的情况，还需要加区分号，达到个别化。即令是同类里的种次号，所标识的一种书也还有种内的不同情况，需要分别加区分号，达到个别化。对需要加的区分号来说，前面介绍的字顺号或种次号，可以说是同类书的基本排列号码。当同类书基本排列号码还没有达到个别化时，就需要加区分号。这里就集中介绍个别化的区分符号问题。

应当明确的是：

①不同项目名称的字顺排列号码相同,需要加区分号,是在同一类号下,如果不是在同一类号下,则没有加区分号的问题;

②需要加区分号时,是后者与前者号码相同了,则在后者号码后面加区分号,前者不必事先加、也无从加区分号。

需要加些什么区分号,怎样来加?

还是根据同类书排列法和分类排架的要求来看这个问题。各种区分号采用什么样的符号形式,还没有一个标准,在各种"著者号码法"中也很不一致。为了说明问题,这里只能拟订几种符号形式作为示例来说明。总的要求是:

①各种区分符号在形式上要能相互区别,不宜混淆不清;

②力求符号单纯简短(从而明确按字顺区分之不能反映严格字顺,按分编先后顺序区分之偶然次序无从据以检索)。

下面分别进行介绍,虽然还难作到系统化,难免会烦琐一些,但求尽量说明其合理性。

1. 项目名称区分号　项目名称区分号就是字顺基本排列号码中的区分号。字顺号中据以取号的项目名称,同类里不同的项目名称而字顺号相同,则在后一项目名称中按字顺找其不同代号加以区分,或在区分号前还加一小圆点"·"。

第一,有的类目类号下的许多图书资料,注明按事物名称排,就按事物名称取字顺基本排列号码。当分编过程中后一事物名称的字顺号码与前一事物名称的字顺号码相同时,就需要在后一事物名称的字顺号码后面加区分号,以资区分。

例如《中图法》中 F129.957.4 福建省各县经济地理,依各县名称排。比如先分编了"福鼎县经济地理",用武汉大学图书馆编《汉语拼音著者号码表》,按福鼎县的福取字顺号为 F297。后来又分编"福安县经济地理",按福安县的福取字顺号也为 F297,就需要在后编的相同字顺号后面加区分号 A 或 .A(取自福安县的安字的汉语拼音首字母)表示"福安"。如果又给"福贡县经济地理"

编字顺号也为 F297,但它属于 F129.974.4 云南省各县经济地理,不属于同一类号下,又不与该类号下以前已编其他县名字顺号相同时,就不必加区分号。这三个是否应加区分号的分类排架号如下:

①福鼎县经济地理　　　　F129.957.14/F 297

②福安县经济地理　　　　F129.957.4/F297A

　　　　　　　　　　　　或 F129.957.4/F297. A

③福贡县经济地理　　　　F 129.974.4/F297

　　同一事物名称下的许多图书资料,再依次按什么排,比如说按著者、书名、译注者等等排,就得再依次加不同的著者、书名、译注者等区分号。

　　第二,好多类目类号下的许多图书资料,如果首先直接按著者姓名字顺排,就把著者姓名作为取号的项目名称,取其字顺基本排列号码。当后一著者的字顺号与前一著者的字顺号码相同时,就需要在后一著者的字顺号后面加区分号,以资区分。

　　例如,I247.5 中国建国后新体长篇、中篇小说,假设先分编了傅金城著的一本小说,按傅金城取了字顺号为 F373。后来又分编傅汉滨著的一本小说,按傅汉滨取字顺号也为 F373,这时就需要加区分号 H 或 .H(取自"汉"的汉语拼音首字母)表示为傅汉滨。(为了利用前面已截取的字顺号码表,不便用实有的例子,又为了能说明问题,就设计了这样两个例子。)这两个应否加区分号的分类排架号如下:

①×××(长篇小说)　　　傅金城著　　I247.5/F373

② ×××(长篇小说)　　　傅汉滨著　　I247.5/ F373H

　　　　　　　　　　　　　　　　　　或 I247.5/F373. H

　　第三,有的类目类号下的许多图书资料,需要直接按图书资料名称排时,就按书名或篇名取字顺基本排列号码。当后一书名的字顺号与前一书名的字顺号码相同时,就需要在后一书名的字顺号后面加区分号,以资区分。

例如《科图法》中06.3毛泽东个别著作及专题汇编,依书名排。用汉语拼音字顺拼号法取号,先后分编了以下几种著作,字顺号相同,后编的就需要加区分号:

①关于纠正党内的错误思想　　　　　06.3/G93
②关于健全党委责任制　　　　　　　06.3/G93J
　　　　　　　　　　　　　　　或06.3/G93.J

（其中J取自"健"字的汉语拼音首字母。）

又如04.3列宁个别著作及专题汇编,依书名排。先后分编了以下两种著作,字顺基本排列号码相同,就需要在后编的字顺号后面加区分号:

①论粮食税　　　　　　　　　　04.3/L47
②论临时革命政府　　　　　　　04.3/L47.G

（其中G取自"革"字的汉语拼音首字母。）

以上字顺基本排列号码中的区分号,只是列举了三种情况(第一,事物名称,第二,著者,第三,书名,用作项目名称取字顺基本排列号码),根据图书分类法中的具体类目性质和注释说明,还需要按其他项目名称取字顺基本排列号码时,也仿此加必要的区分号。其中著者、书名字顺基本排列号码中的区分号形式,不同于后面要讲的著者、书名区分号的符号形式;如果为求从著者、书名角度区分的符号形式能统一起来,也可以用后面要讲的著者、书名区分号的符号形式,只是意义不完全一样和不够单纯简短罢了。

2.著者区分号　著者区分号用分号";"后面加著者区分号。它是项目名称字顺基本排列号码后面再按著者排时,从第二个著者起加的一种区分号。

比如前例F129.957.4/ F297福鼎县经济地理,假设是先编的王宏钧著的一种书;后来又分编孙志恩著的有关福鼎县经济地理的一种书,就需要加著者区分号";S"(取自"孙"的汉语拼音首字母),以资区分。先后两者的分类排架号为:

①F129.957.4/F297

②F129.957.4/F2972;S

又比如 F129.957.4/F297.A 福安县经济地理,假设是先分编的孙志恩著的一种书;后来又分编沈清赐著的有关福安县经济地理的一种书,就需要加著者区分号";S"(取自"沈"的汉语拼音首字母),以资区分。先后两者的分类排架号为:

①F129.957.4/F297.A

②F129.957.4/F297.A;S

3.书名区分号　书名区分号用圆括号(　　)内加书名字顺区分号。它一般是同类同著者的多种书,为了集中,第一种书按著者项目名称取字顺基本排列号码,从第二种书起加的区分号,用来区分以后不同的书。例如(按汉语拼音字顺拼号法取字顺基本排列号码):

①探宝记(中篇小说)　　　李云德著　　　I247.5/L91

②沸腾的群山(中篇小说)　李云德著　　　1247.5/L91(F)

(其中 F 取自"沸"的汉语拼音首字母。)

4.译注者区分号　译注者区分号用短横"-"后面加译者注者字顺区分号。一书的翻译本,如果与原著一起排需要加译者区分号;如果不与原著一起排,而是不同译本一起排,需要从第二个译者起加译者区分号。一书的注释、解说以及评论等等,通常与原著一起排时,同理都需要加这种符号形式的注解者区分号。例如(中外文书分开排架):

①母亲　　　　(苏)高尔基,M.著　夏　衍译　I512.45/G23

②母亲　　　　(苏)高尔基,M.著　南　凯译　I512.45/G23-N

③母亲　　　　(苏)高尔基,M.著　沈端先译　I512.45/G23-S

④母亲　　　　(苏)高尔基,M　著　孙光瑞译　I512.45/G23-G

(其中 N、S、G 分别取自"南"、"沈""光"的汉语拼音首字母。)

以上四种类型的区分号,可以说都是依次按各种项目名称排列时,在后一项目名称中再依次按字顺找其不同代号加以区分的。

字顺区分符号 23 个汉语拼音首字母,当一定程度能反映字顺时,是有意义的,且符号比较简短;当为了力求符号简短,不能用来反映字顺时,就只能当作反映分编先后顺序的区分符号了。作为反映分编先后顺序的符号,当 23 个汉语拼音字母用完后,还可紧接着用阿拉伯数字 1、2、3……等数字符号来反映。

比如前例"沈端先"与"孙光瑞"的字顺区分号,前者取的是"沈"的汉语拼音首字母 S,后者取的是"光"的汉语拼音首字母 G。如果后者按字顺取"孙、光"两字的汉语拼音首字母 SG,符号就不简短了。即令如此取两个字母为区分号,如果后者不是"孙光瑞"而是"孙德新",又怎样用汉语拼音首字母区分呢?这时两个汉语拼音首字母区分不了,三个汉语拼音首字母也区分不了,就只得放弃字顺区分,为求符号简短,而从头开始找还没有使用过的单字母来区分,表示一种分编先后顺序了。

所以,有的"著者号码表"中采用的字母区分符号形式,并不表示字顺,而是表示分编先后顺序。与其用字母来表示分编先后顺序,不如用阿拉伯数字的数序来表示,这样,符号会更简单明确一些。

种次号因不反映字顺,一般不要求集中同类同著者的书,则无著者、书名等区分号,只有为集中同一种书的译注者等区分号,当然是按分编先后顺序用阿拉伯数字区分的。其符号形式,仍然需要在短横"－"后面标数字。当图书分类法中的类目注释指明进一步需要按事物名称排时,每一事物名称也按分编先后顺序用阿拉伯数字来标志,中间隔一小圆点"·"后,再给种次号。比如,F129.957.4/2.4－3,其中同类书排列号里的 2 表示按分编先后顺序标志的第二个县"福安县",.4 表示关于"福安县"的第四种书,－3 表示第四种书的第三种评注之类的书。

5.文种区分号　文种区分号用短横和圆括号－( )内加文种代号表示。这样与性质相近的译者区分号结合起来编制,也便于文种代号用简单的阿拉伯数字;如果另取一种符号形式,会增加符号形式的复杂化,也会多一种符号排列次序的烦琐说明。文种区分号,指的是图书资料所用的某种文字。如果不同文种的图书统一排架(同类书的基本排列号码,宜用种次号),就有必要在同类里加文种区分号;如果不同文种的图书分别排架,文种号在分类号之前,或称冠号,就不作为同类书排列来考虑。

文种区分号 -( )内的不同文种代号,可结合图书分类法中"语言文字"类的号码来编制,尽可能与之取得一致,便于记忆掌握。比如,利用《中图法》中"H3 常用外国语"里面的 1、2、3……编文种代号。中国少数民族语言文种代号,简单的办法用 0 来代表,不细分;必要细分时,用 0 替代 H212/298 中的 H2 来编制。常用外国语以外的其他语文,简单的办法用 9 来代表,不细分;必要细分时,用 9 替代 H4/95 中的 H。汉字,在我国因用于大量的图书资料,则不必使用代号,自然地能与其他文种代号相区别,且排在首位。

不同文种代号举例如下:

1	英文	012	蒙古文	944	越南文
2	法文	014	藏文	9772	意大利文
3	德文	015	维吾尔文	9773	葡萄牙文
4	西班牙文	…	……	991	世界语
5	俄文				
6	日文				
7	阿拉伯文				

文种区分号的编制方法举例如下:

① 论十大关系(1956 年 4 月) 毛泽东著 人民出版社 1976 年 12 月
A426/5604

② 论十大关系(藏文) 毛泽东著 民族出版社翻译、出版 1977 年
A426/5604 -(014)

③ 论十大关系(英文) 毛泽东著 外文出版社 1977 年

A426/5604 – (1)

④　　论十大关系(越南文)　毛泽东著　外文出版社　1977 年

A426/5604 – (944)

6.版本区分号　版本区分号用等号" = "后面加阿拉伯数字，表示从第二版起的不同版本。第一版不必加版本区分号，从第二版起各种版本统一按分编先后顺序编号，不必分别一一用其本身的序号。因其本身的序号常不一致，详细区分则符号不够单纯简短，只要能简单区分开来就可以了。例如：

① 毛泽东著作选读(甲种本)　人民出版社　1964 年 6 月第 1 版

A419/R51

② 毛泽东著作选读(甲种本)　人民出版社　1965 年 4 月第 2 版
　 (1965 年 9 月武汉第 4 次印刷)　　　　　A419/R51 = 2

③ 毛泽东著作选读　人民出版社　1986 年 8 月第 1 版

A419/R51 = 3

④ 毛泽东著作选读(乙种本)　中国青年出版社　1964 年 6 月第 1 版

A419/Z26

⑤ 毛泽东著作选读(乙种本)　中国青年出版社　1965 年 6 月第 2 版
　 (1966 年 5 月武汉第 5 次印刷)　　　　　A419/Z26 = 2

⑥ 水浒全传(一百二十回)　(元)施耐庵、(明)罗贯中著　上海人民
　 出版社 1975 年 9 月新 1 版　　　　　　I242.4/S50

⑦ 水浒(七十一回)　(元)施耐庵著　人民文学出版社　1975 年 9 月
　 第 3 版　　　　　　　　　　　　　　1242.4/S50 = 2

⑧ 水浒传(一百回)　(元)施耐庵、(明)罗贯中著　人民文学出版社
　 1975 年 10 月　　　　　　　　　　　I242.4/S50 = 3

　（例⑥如果又分编它的第 2 版，可编号为 I242.4/S50 = 1；第 3 版，可编号为 I242.4/S50 = 1.1。例⑦如果又分编它的第 2 版和第 1 版，可依次编号为 I242.4/S50 = 2.1 和 I242.4/S50 = 2.2。这些是为了把不同"回"的各种版本分别集中而采取的版本区分办法，否则可简单地统一按分编先后顺序，紧接着依次用 = 4、= 5、= 6……等等来区分。原著有不同版本问题或不同编辑整理问题，翻译注解之类的书也有同一译注者对同一书的不同译注版本问题。）

7.卷册区分号　卷册区分号用冒号和圆括号:( )标志多卷书

381

本身的序号(如果本身无统一序号,可用分编先后顺序号或分卷书名的字顺号)。·表示卷或编或册,()表示分册。如果图书本身序号分为卷或编、册、分册三级时,则依次用:(:)表示,比如:1(2:3)意即第1卷第2册第3分册。不知有无中册,先分编下册时,用:3表示下册。一书的补编、续编、附录等单独装订成册时,视作卷册依次编区分号,不必另用符号形式来区分。

　　某种类型的书,如年鉴、手册、历书等,按项目名称取基本排列号码后,需要再按年代或年月区分时,也可用冒号:这种符号形式标志年代或年月,在冒号:后面加年月数字,比如:1987或:87(用于仅限于一个世纪内的情况)即1987年;:8703即1987年3月。(不以年代为区分号,而直接以年代为基本排列号码时,当然就不用在前面加冒号:了。)

　　某种会议,再依届次区分时,也可用:()这种符号形式加届次数字标志各届次,比如:3(02)即第三届第二次会议。(直接按会议届次排,按届次取基本排列号码时,当然就不用在前面加冒号:了。)

　　按年代、届次区分或排列后,又有卷册需要区分时,则紧接着仍然用卷册区分号的方法,只是有时可省掉它前面的一个冒号:。

　　多卷书集中归类排架,如果各卷册不是分别编目,而是集中作综合编目时,其各卷册带有卷册区分号的索书号如何著录,在编目中应予注意。多卷书之类的图书在排架中,如果不是集中归入一类,而是各卷册分别归入不同门类,就不必加卷册区分号。

　　卷册区分号的编制方法举例如下:

①　日本历史　下册　(日)井上清著　天津市历史研究所译校
　　1976 年 K313.0 /J76:3

②　敬爱的周总理我们永远怀念您(续编)　北京人民出版社编辑、出版　1977 年 10 月 K821/Z24:2

③　战后世界史长编　1947 年　第一编　第三分册　《战后世界史

　　　　　长编》编委会编　1977 年　　　　　　　　　K153/Z37:1(3)

（注：本书按年代分编，40 年代为第一编，50 年代为第二编……）

④　第二次世界大战回忆录　第四卷　命运的关键　下部：挽回非
　　洲局势　第三分册　（英）丘吉尔，S. 著　福建师范大学
　　外语系翻译组等译　1975 年　　　　　　K152/Q32:4(2:3)

⑤　科学年鉴(1977)　（美）诺尔特，H. 主编　科学出版社　1978 年 3 月
　　　　　　　　　　　　　　　　　　　　　　　　　　　N54/N27:77

⑥　中国共产党第十一届中央委员会第三次全体会议公报　人民出
　　版社　1978 年 12 月　　　　　　　　　　　D220/11(3)

⑦　中国共产党第八届全国代表大会第二次会议关于中央委员会的
　　工作报告的决议　中国共产党中央委员会向第八届全国
　　代表大会第二次会议的工作报告　刘少奇　人民出版社
　　1959 年 5 月　　　　　　　　　　　　　　D220/8(02)

⑧　中华人民共和国第五届全国人民代表大会第四次会议文件　人民
　　出版社　1981 年 12 月　　　　　　　　　　D622/5(04)

　　8.复本区分号　复本区分号一般是另起一行（横着连写则用
斜线/隔开），从第二个复本起用阿拉伯数字标志，或在 F（"复"的
汉语拼音首字母，我国不宜用英文 Copy 的缩写字母 C）后标复本
次第数（目录上必要时可用铅笔只标最后一个复本次第数，表示
共有复本数）。

　　一书在某收藏单位里的复本数及其次第，对具体查找利用某
一书并无多大实际意义，一般则不标志复本区分号。但从管理上
清点藏书和出纳掌握情况来说，工作做得细的，加了复本区分号，
有它一定的方便。加了复本区分号，还可将卷册区分号移到复本
区分号后面，在排架上形成一套一套的书（即每套包括各卷册），
对出纳借阅是比较方便的。

　　复本区分号的编制方法举例如下：

①　中国通史简编　第一编　范文澜著　　　K20/F84:1
　　　"　　　"　　　"　　　"　　　　　　　K20/F84:1/2
　　　"　　　"　　　"　　　"　　　　　　　K20/F84:1/3

"	"	第二编	"	K20/F84：2
"	"	"	"	K20/F84：2/2
中国通史简编		第二编	范文澜著	K20/F84：2/3
② 中国通史简编		第一编	范文澜著	K20/F84：1
"	"	第二编	"	K20/F84：2
"	"	第一编	"	K20/F84/2：1
"	"	第二编	"	K20/F84/2：2
"	"	第一编	"	K20/F84/3：1
"	"	第二编	"	K20/F84/3：2

例①将复本区分号加在卷册区分号之后，各卷册的复本集中了。例②将卷册区分号移在复本区分号之后，各卷册的复本虽然分散了，但是在排架中能形成一套一套的书。不过在排列两书的次序时，应依次将卷册区分号（例如 K20/F84：2）排在复本区分号（例如 K20/F84/2：1）的前面。这是因为第一个复本（例如 K20/F84：2）没有加、也不必加复本区分号的缘故。

9. 图书类型区分号问题　各种图书类型，一般图书分类法的总论复分表（或形式细分表）中已分别列出，要区分，先用总论复分表已作了区分，不再在同类书排列中作区分。如果要把某种类型的书（如词典、期刊等等）集中，可用"综合性图书"类的相应号码来集中，也不作同类书排列来考虑。如果另有某种类型图书的专门分类表（如期刊分类表），又是统一分类排架，在符号上应有区别于普通书的标志（即首先按图书类型分的标志）。

10. 冠号问题　冠号，是加在类号前面（或上行）的符号，表示按不同文种、图书类型、开本大小以及贮藏地点和读者对象等首先区分。冠号本不同于前面所指意义上的区分号，但有必要时会作为分类排架符号的一部分，所以也在这里附带考虑。例如，《科图法》中明确在类号上冠以字母"A"（Atlas 的缩写），以便各种地图集中排架。有的图书馆用"#"或"T"（"图"的汉语拼音首字母）表示"图谱、舆图"等，用"△"或"G"（工具书的"工"字汉语拼音首字母）表示词典等工具书。用什么样的既简单又表意的符号来标志各种冠号，还没有统一起来，还处在各馆根据需要自行拟订的阶段。比如，我们前面提到的文种区分号（…）可移到类号前面作为冠号，也算一种方法，并且在不用（…）地区号码作为冠号的情况下，还可省掉它前面的短横"－"。还有，利用"综合性图书"类的相应号码来集中某种类型的书（如词典、期刊等），这时"综合性图书"类的相应号码实际上也起着冠号的作用。甚至，像《中图法》"总论复分表"中相应图书类型的号码，也可当作冠号移到类号之前使用。

四、各种区分符号的使用和排比次序

前面分别举例介绍了 10 种区分符号，集中起来就是：

①	项目名称区分号	. A/Z	属于字顺基本排列号码的一部分
②	著者区分号	; A/Z	集中同著者的书
③	书名区分号	（A/Z）	同类同著者的不同书
④	文种区分号	－（…）	一书所用汉字以外的文字
⑤	译注者区分号	－ A/Z	关于一书的各个译注者
⑥	版本区分号	＝……	一书的不同版本
⑦	卷册区分号	：……	一书的各卷册
⑧	复本区分号	F……	复本次第
⑧	图书类型区分号	－……	必要时用作冠号，一般属于分类号的一部分
⑩	冠号	（符号不定）	

这 10 种区分符号是否会在一个分类排架号中同时出现，而不符合单纯简短的要求？如果遇有一书同时出现其中两个以上的符号时，其使用次序怎样明确规定才有道理？当两个以上的分类排架号排比次序时，同级位的号码遇有不同区分符号，其排比次序又应怎样明确规定才有道理？这些都需要有所分析和明确。

（1）；、（）、－（）、－、＝、：等符号形式后面或其中的 A/Z 表示

字顺号码,也可用阿拉伯数字表示字顺号码;……表示用阿拉伯数字,必要时也可用字母表示其顺序;关键是它们前面的符号形式表示不同的区分号。

（2）项目名称区分号小圆点·,由于属于字顺基本排列号码的一部分,表示另一个字顺基本排列号码,是可以省掉的,从而能简化和缩短排架号。

（3）文种区分号－（ ）,是当中外文各文种的书集中排架时才使用,而当中外文各文种的书分别排架时,则不使用;分别排架要使用文种区分号,也是作为冠号使用。即令个别情况中外文书集中排架,也是大量的中文书不加文种区分号,其他文种才加区分号。

（文种区分号的使用举例,是以中文为主,加在书名区分号之后,还可在同类书排列中首先按文种分,加在基本排列号码之前,作为基本排列号码的一部分,可以采用另外一种简化符号形式,比如说用字母或数字后面带小圆点或不带小圆点。）

（4）复本区分号 F……,只是工作做得细的才加,一般是不加的,它不影响排架和取书。

（5）版本区分号 ＝……,在教学、科研等专业图书馆,在大型图书馆是必要使用的;在普通中小型图书馆无必要时可不使用,而作复本处理。

（6）译注者区分号－A/Z,在普通中小型图书馆如果不要求随原著排在一起,就不使用,而作为不同种的书,按译注者和书名编基本排列号码和区分号。

（7）卷册区分号:……,与借阅出纳方式有关,如果填写索书条除索书号外还包括书名和卷册次第号,在索书号中就不必加卷册区分号,在排架中书脊上有卷册次第号,可据以排架。如果仅凭索书号出纳借书,才有必要加卷册区分号。

（8）图书类型区分号－……,仅用来区分大量的普通图书以外的少数特种类型图书,并且一般图书分类法在总论复分表中已将它列作分类号的一部分。必要时,可把它当作冠号使用。

（9）冠号,与藏书的规模和藏书的划分有关,一般是不加冠号的;必要加时也只是少量的图书和局部的藏书才加冠号,而大量的普通图书和总的藏书部分还是不必加冠号的。

（10）一般有必要加的不同区分号形式是:A/Z、(A/Z)、－A/Z、=……这四种,并且是分别各自从后编的第二种起才加这些区分号,先编的一种是不加这些区分号的。这又主要是适应按字顺区分编号的特点才有的。如果是采用种次号编基本排列号码的方法,就没有加项目名称区分号、著者区分号和书名区分号的问题,这时就没有;A/Z、(A /Z)这两种形式的区分号,就只有译注者区分号－A/Z 和版本区分号=……这两种。

（11）这 10 种区分符号,分别看是必要的,集中起来看又是相当复杂和繁琐的,但是经过一一分析说明,一般情况下,并非每一书都同时具有这些区分符号,总的看来还是比较单纯简短的。然而,个别特殊情况下遇有一书同时具有两种以上的区分符号时,其使用次序应给予明确规定;当两个以上的分类排架号排比先后次序时,同级位的号码遇有不同区分符号,其先后次序也应给予明确规定。两种以上的区分符号在一个分类排架号中的使用次序和在两个分类排架号中同级位的排比次序,两者恰恰是相反的。列表举例并说明如下(见388页表):

a. 文种区分号－(…),在个别特殊情况有时需要使用,故在表中仍列出。冠号,在分类号之前或上一行,故未列出。复本区分号 F…,一般不使用,即令使用,或在卷册号之前,或在卷册号之后,有了卷册号代表它的位置,故未列出。大量的非多卷书的分类排架号,首先就是表中的 I247.5/S52 这种形式。

b. 表中的项目名称区分号．A/Z,属于字顺基本排列号码(例如表中的 S52)的一部分,其中小圆点·可省掉,其中 A/Z 表示字

分（排比次序↓）	基（字顺）本排列号	可　能　加　的　各　种　区　分　号						
类顺号		项目名称 区分号 .A/Z	著　者 区分号 ,A/Z	书　名 区分号 （A/Z）	文　种 区分号 –(…)	译注者 区分号 –A/Z	版　本 区分号 =…	卷　册 区分号 :…
①	I247.5/S52							:…
②	I247.5/S52		=…					:…
③	I247.5/S52		–A/Z	=…				:…
④	I247.5/S52		–(…)	–A/Z	=…			:…
⑤	I247.5/S52		（A/Z）	–(…)	–A/Z	=…		:…
⑥	I247.5/S52		;A/Z	（A/Z）	–(…)	–A/Z	=…	:…
⑦	I247.5/S52	.A/Z	;A/Z	（A/Z）	–(…)	–A/Z	=…	:…
（使用次序→）		①	②	③	④	⑤	⑥	⑦

顺区分符号（也可用数字 0/9 表示字顺），可与基本排列号码连写，成为例如 S52A 或 S520 这种简短形式。

c. 表中区分符号下面打双线和单线的，表示适应按字顺区分编号的特点时，主要用到的四种区分号；其中打双线的，又表示按种次号编基本排列号码时，主要用到的两种区分号。

d. 当一个分类排架号中有必要使用两种以上的区分符号时，其使用次序，即先用哪种区分符号，后用哪种区分符号的次序问题，也可说是先按什么标准分，后按什么标准分，进一步逐级细分，揭示其性质特征，如何符合利用图书的需要问题。表中举例采用的次序，就是从这个角度理解和设计的。

表中可以分析看出使用一种区分符号，使用两种以上区分符号的各种情况。当只需要使用一种区分符号时，各种区分符号都可使用。当需要使用两种以上区分符号时，才有各种区分符号的先后次序问题，按这个次序使用，最后或中间，实际上某种或某几种区分符号也不会或极少同时出现。所以，在一个分类排架号中这七种区分符号，只是有可能同时出现，而实际是很少有同时出

388

现的。

　　e. 当遇有两个以上的分类排架号必须排比其先后次序时（实际过程是每两个分类排架号逐一排比其次序），同级位的号码如果是不同的区分符号，其先后次序恰恰是不同区分符号在一个分类排架号中使用次序的相反次序，如图表所示，即在一个排架号中较前的区分符号排到后面。例如：

　　I247.5/S52；A/Z 排到 I247.5/S52－A/Z 的后面；

　　I247.5/S52．A/Z（或 I247.5/S52A/Z）排到 I247.5/S52（A/Z）的后面；

　　等等。

　　这是因为前面讲到加区分号时，为了使大量的分类排架号单纯简短，除卷册区分符号以外，其他各种区分符号是从第二种书起才加的，第一种书并没有事先加上去，并没有事先揭示它实有的前一特征，而紧接着又按其他特征区分，加区分符号了。如果第一种书对比着从第二种书起以后可能有的各种区分符号，都事先一一加上去，其分类排架符号必然普遍地都很复杂、冗长，不符合对分类排架符号尽可能单纯简短的原则要求。所以，两个分类排架号在排比先后次序时，同级位的两种区分符号，其先后次序理应恰恰是不同区分符号在一个分类排架号中使用次序的相反次序。

　　两个分类排架号排比中，同级位的两种区分符号明确其先后次序后，遇有同种区分号内又需要排比其先后次序时，就按字母或数字的顺序排；数字一般按整数从小到大排，如果明确是按小数制编的号码，则按小数制位位相比排其顺序；当字母与数字排比其先后次序时，按前面曾提到过的次序，字母排在数字之前。例如：

　　I247.5/S52－B 排在 I247.5/S52－D 之前；

　　I247.5/S52－B＝2 排在 I247.5/S52－B＝10 之前；

　　I247.5/S52－（9772）排在 I247.5/S52－（991）之前；

　　I247.5/S52－（014）排在 I247.5/S52－（1）之前；

　　I247.5/S52（Z）排在 I247.5/S52（1）之前。

第三节　分类目录中同类书排列法

图书分类在图书情报工作中，主要用于编制公务分类目录和读者分类目录。各种分类目录的编制，除所反映的图书资料范围及其款目组织成分与类目类号详简的不同以外，在同类书排列法上也是有所不同的。读者分类目录，在于提供检索工具、提高检索效率。这里就侧重读者分类目录，适当对照公务分类目录来讨论其同类书排列问题。

一、同类书的形成及不同类的排序

分类目录中同类书的形成。根据所用某一图书分类法，将标引在分类款目上的分类号，逐一相比，到完全相同的类号集中起来就构成了同类书。几个款目上完全相同的类号，对照分类法来看就属某一级位的类目类号。分类法中不同级位的大小类号，标引在分类款目上都可构成同类书，因此分类目录中就有许多大大小小的同类书。分类号标引在分类款目上，表明该款目所属的内容性质和范围。分类目录中形成的同类书，也就是类号所指的内容性质和范围。

分类目录中不同类的排序。在同类书的形成过程中，应该说不同类的排序问题就能解决。这特别在分类号是采用数字或字母或两者结合的符号情况下是如此。数字或字母符号本身在人们使用中是被赋予有一定顺序的，用作分类符号，在同类书的形成过程中，不同类的顺序也就不成问题了。

可是，有些图书分类法中除采用数字或字母符号以外，还采用有其他辅助符号的，如各种标点符号，、·、;、( )、《》以及常见的数学符号 + 、 − 、 = 等等。这些辅助符号相互之间及其与数字或字母之间,在人们使用中并没有习惯地赋予共同遵守的顺序,常因具体图书分类法而不同。这本来应该是某具体图书分类法采用后要明确规定的,但有的分类法在说明中就疏忽了这一点,因此在分类目录中就不能不给予明确。

数字或字母所构成的分类号,其自然顺序是与所表达类目之间的次序相应一致的。类目之间的次序无非是各类目内容性质范围之间的逻辑次序。非数字或字母的各种辅助符号用作分类号的一部分时,就要根据具体分类法所赋予它的性质含义,以及在类号中所表示的内容范围,从而明确其排比次序。如此,分类目录中不同类的排序问题才能解决。

例如《中图法》(第 2 版,包括《资料法》)用于标引的类号中,除大写字母和数字以外,还有一些辅助符号,即标志符:推荐符号小写字母 a,总论复分符号短横 -,国家区分符号圆括号( ),时代区分符号等号 =,组配复分符号冒号:,联合符号加号 +,通用时间、地点区分符号单尖括号〈 〉,民族区分符号双尖括号《》。此外,在类表中用作说明的起止符号斜线/和交替符号方括号〔〕,在读者分类目录中也可用作说明,指出概括类目和引见使用的类号。当然,交替符号方括号〔〕同间隔符号小圆点·一样,是不影响不同类号的排比次序的。其他各种辅助符号,在不同类号中当其前面的大写字母和数字相同后,两种以上辅助符号的排比次序,根据各自所表示的性质含义和内容范围,可以明确规定如下:(几个类号中的大写字母和数字用×××表示其相同。)

①×××+　　　　　　　联合符号

②×××/　　　　　　　起止符号

③×××a　　　　　　　推荐符号

④×××　　　　　　　(空白,无辅助符号)

⑤×××-　　　　　　　总论复分符号

⑥×××〈 〉　　　　　通用时间、地点复分符号

⑦×××＝　　　　　　时代区分符号

⑧×××（　）　　　　国家区分符号

⑨×××《　》　　　　民族区分符号

⑩×××：　　　　　　组配复分符号

⑪××××　　　　　　类表子目

以上各种辅助符号之间及其与同级数字（包括0）或空白之间的排比次序,有的是《中图法》在说明中已明确了的（如 F2a 排在 F2 之前,－排在0之前）;但有的还不明确,这里是参照 UDC 提供参考的排比次序,以后《中图法》若一一明确了,则按其规定的次序。

二、同类书的书次号排列法

同类书的书次号,主要用于藏书分类排架,与类号组成分类排架号（索书号）,是分类排架所必需的。我国现行的书次号主要有字顺号和种次号两种,其编制方法在前面第二节已专门讨论。分类目录中同类书的书次号排列法,也就限于与藏书分类排架有关的分类目录。与藏书分类排架有关的分类目录,因具体图书情报工作单位的需要而定,总之其同类书的排列是按书次号排列的。通常为编分类排架号,应有公务（工作）分类总目录,以免异书同号,达到索书号的个别化。

书次号按著者、书名、事物名称等字顺来编制,公务分类目录中同类书的排列,就首先按字顺号排,其次按各种必要的区分符号排,达到个别化。各种区分符号的排比次序,在前面第二节"四、各种区分符号的使用和排比次序"中已作讨论,可参考其精神来排序。

书次号按种次号来编制,公务分类目录中同类书的排列,就首先按种次号排,其次仍然有必要按少量的区分符号排,以集中相关的图书资料和达到个别化。必要的区分符号的排比次序,同前。

书次号首先按出版年来编制,近些年来我国有人提倡,有个别图书情报单位采用,是 CC 所主张的,拟集中到后面第四小节一起讨论。

三、同类书的字顺排列法

公务分类目录中同类书的排列,已提到按字顺号排的一种方法,这里则着重讨论读者分类目录中同类书的字顺排列法。

读者分类目录中同类书的字顺排列,总的说,根据图书分类法中具体类目的性质和注释说明,以及分类目录组织规则,当类号相同时,再依次按哪些项目名称字顺排(比如前面第一节已讨论到的按事物名称、著者、书名字顺排),就依次按这些项目名称的某种字顺法排。它如同主题、著者、书名等字顺目录一样依次按字顺排,是不必考虑标出字顺号码的。

可是,实践中有一种情况,不管什么分类目录,当分类号相同了,就一概再按类号下的书次号排。这是因为读者分类目录中没有——在分类款目上都著录或点明目录分类号,它不完全等同于排架分类号,而每一分类款目上几乎都著录有分类排架索书号,直接按类号下的书次号排,比较简单省事。一概这样排,没有作细致的具体分析,对某种分类目录是必要的,对它种分类目录是不适合的。这里试作些分析。

(1)公务分类目录,一般按分类排架的索书号排。索书号反映书在架上的排列位置,需要有相应的公务目录按索书号排,便于掌握书在架上的情况。索书号主要是内部公务使用的号码,借以取书、上架。对读者查找利用图书资料来说,主要是通过各种目录来检索、照抄索书号,借以要求取书借阅。至于索书号是按什么方法编制的,有些什么要求和问题,读者没有必要去了解,也无从掌握其规律而按顺序去查找利用图书资料。

(2)读者分类目录中同类书的字顺排列,依次按所要求的项目名称字顺排,不应按分类排架索书号中类号下的书次号甚至字顺号排。这是因为读者分类目录是一种检索工具,需要有读者能够掌握的严格顺序,才便于检索,而分类排架索书号中类号下的书次号包括字顺号,有很多情况是做不到这一点的。

　　a. 分类排架索书号中,有按种次号编书次号的方法。种次号不反映图书本身固有的某种顺序,是各图书情报单位在分编过程中给定的分编先后顺序,读者掌握不了这个顺序,不能直接按这个顺序进行检索,

　　b. 索书号中的字顺号,虽然反映了图书本身的一定字顺,但实际上并不能反映其严格字顺。因此,读者分类目录中同类书的字顺排列,也不应简单化地按字顺号排。字顺号实际上不能反映严格字顺的情况,在上一节"三、个别化的区分符号问题"中,项目名称区分号、著者区分号、书名区分号、译注者区分号举例时已经发现。例如:

① 福鼎县经济地理　　　　　　　　　　F129. 957. 4/F297
② 福安县经济地理　　　　　　　　　　F129. 957. 4/F297. A
③ ××(长篇小说)　傅金城著　　　　I247. 5/F373
④ ××(长篇小说)　傅汉滨著　　　　I247. 5/F373. H
⑤ 关于纠正党内的错误思想　毛泽东著　06. 3/G93
⑥ 关于健全党委责任制　毛泽东著　　　06. 3/G93. 7
⑦ 母亲　高尔基著　夏　衍译　　　　　I512. 45/G23
⑧ 母亲　高尔基著　南　凯译　　　　　I512. 45/G23 – N

　　以上相邻两个一组的字顺号是相互区别了,但字顺号的顺序并不反映所指项目名称的严格字顺。例如,"福鼎县"与"福安县"的汉语拼音严格字顺,是"福鼎县"在"福安县"的后面,然而给它们编的汉语拼音字顺号,是 F297(福鼎县)在 F297. A(福安县)的前面。这是由于索书号要求简短,不同项目名称共用一个字顺号的情况很多,加区分号是后来分编的与前已分编的字顺号相同了,只对后者加区分号,前者不必要也不可能事先一一加区分号所

形成的。

这种字顺号不能反映项目名称严格字顺的情况,在实际工作中是不可避免的。因此,在读者分类目录中,如果遇有同类书需要依次按项目名称字顺排时,就不应简单化地按字顺号排,而要在字顺号的基础上作调整,按所指项目名称的严格字顺排。例如前面所举例子中的"福安县"就应排在"福鼎县"的前面,不应简单化地按其字顺号把"福安县"(F297. A)排在"福鼎县"(F297)的后面。

c. 索书号中的字顺号,常有不反映分析、综合等分类辅助款目中所应揭示的著者、书名(篇名)等项目名称的字顺情况。读者分类目录中同类书排列,需要依次按这些款目的项目名称字顺排时,不应简单化地按索书号中的字顺号排,是显而易见的。明显的,这些分类辅助款目的类号就不同于其索书号中的类号,不至于会简单化地联系到利用索书号中的字顺号来进行排列。

d. 当不是用分类排架的方式所编制的索书号,在读者分类目录中同类书依次按项目名称字顺排时,不能简单化地利用索书号中的某种顺序号排,是更明显的。所以,读者分类目录中同类书必须要依次按项目名称字顺排时,不管任何情况,都不应简单化地利用索书号中的号码来排;而应如同字顺目录组织一样不必考虑索书号中的什么字顺号,注意直接按项目名称的某种字顺严格排;必要时,索书号中已有的字顺号只可作为参考。

(3)读者分类目录中同类书按事物名称、著者、书名等字顺排时,著者和书名(篇名)在分类款目上是已有的,而事物名称则还没有,这就需要标著。在分类款目上事物名称的标著,可结合公务分类目录中同类书用事物名称编字顺号时按照分类法中的类目注释进行。有时书名(篇名)中已有所要标著的事物名称,标划出来即可;事物名称与书名等同时,就不必另行标著,直接按书名字顺排就可以了,因为是在分类目录中同类里而不是为了分别编制书名目录和主题目录。

四、同类书的年代排列法

图书资料的年代属性特征，有内容所涉及的时间年代，有编著出版的时间年代等。揭示这些，对组织藏书和编制目录是很有意义的，藏书的剔旧和检索的求新都比较方便，也能适应学科深广度的迅速发展和图书资料量的急剧增多。这些在图书分类法类表中针对不同情况已有所考虑，必要的或列类配号或注释说明据以排列。针对所谓著者号码法又提出这一问题，是指所有同类书排列中都宜反映或首先按图书资料的编著出版年排。其中的情况和问题在第一节里已谈到，这里分别情况再作点补充。

公务分类目录索书号中的书次号，一般图书资料都首先按出版年编制，要解决好不同版次不同出版年的集中问题，否则会失掉同种书集中的意义。书次号的编制过程中，同一种书按初出版的年代编号，不同出版年才能集中。不同种书而出版年相同的情况大量存在，要注意进一步解决好不同种书的区分号问题，否则达不到索书号所要求的个别化。

读者分类目录中同类书的排列，前已提到是不必按书次号排的，有必要首先按出版年排时，分类款目上一般都著录有出版年，如同按著者、书名等字顺排一样，直接按其出版年照排。同一出版年的不同种图书资料，再按著者或书名（篇名）字顺等等排以资区分，达到个别化，便于检索利用。有必要按反纪年排时，只是年代顺序颠倒，其他则一样。

总之，读者分类目录中同类书的排列，要求首先按出版年排时，是不必要求同一种图书资料或同一著者的著作集中的，同时，没有书次号的约束，是灵活的，怎样排对读者检索利用更能提高效率，就按照分类目录组织规则，前后一致地这样排。

参考文献

1. 查启森:试论书次号的地位与作用　载《四川图书馆》　1978 年第 11 期。

2. 黄俊贵:同类图书排列问题探讨　载《图书馆工作与研究》　1980 年第 3 期。

3. 北京图书馆科学方法研究部:汉语拼音著者号码表座谈会纪要　载《图书馆学通讯》　1960 年第 3 期。

4. 刘经宇等:也谈种次号和著者号　载《黑龙江图书馆》　1979 年第 3 期。

5. 杜定友:图书分类法的路向　载《图书馆》　1962 年第 2 期。